Ullstein Sachbuch

ÜBER DEN AUTOR:

Aleksei Suetin, Jahrgang 1926, ist Verfasser zahlreicher brillianter Lehrbücher, Internationaler Großmeister, Fernsehkommentator vieler Weltmeisterschaftskämpfe und war Sekundant von Tigran Petrosjan. Suetin genießt einen hervorragenden Ruf als Theoretiker: Er betreute allein acht Bände der weltweit anerkannten 24bändigen *Enzyklopädie der Schacheröffnungen*. Mit weit über 300000 verkauften Exemplaren ist er der erfolgreichste russische Schachbuchautor in Deutschland.

Daß der Altmeister auch schachlich nach wie vor eine scharfe Klinge schlägt, stellte er beim stark besetzten Open des traditionellen Neujahrsturniers 1990/91 in Hastings/Großbritannien unter Beweis, das er souverän gewann.

ÜBER DAS BUCH:

In diesem Buch zeigt der Verfasser einem ziemlich weiten Kreis von Schachspielern der mittleren Leistungsklassen eine Fülle von Beispielen für typische Fehler und analysiert deren Ursachen: Variantenberechnung, Stellungsbeurteilung, Einteilung der Bedenkzeit, Positionsgefühl, kombinatorisches Sehvermögen und schablonenhaftes Spiel. Suetin geht jedoch nicht nur auf offenkundige Fehler ein, sondern auch auf Ungenauigkeiten und Fehler zweiter Ordnung. Welche Zusammenhänge zwischen persönlichem Stil und Fehlern bestehen, erläutert er anhand von Beispielen zeitgenössischer Großmeister. Das Buch ist keine theoretische Abhandlung, sondern soll dem Leser Vergnügen bereiten, ihm geistige Kost bieten und dadurch neue Erkenntnisse vermitteln, durch die Fehler vermieden werden können.

Aleksei Suetin

Typische Fehler

Lieber Peter
zu Deinem 68. Geburts-
tag, von Deinem
Schachfreund,
Werner Schreiber
gewidmet!
Alles Gute für die
Zukunft, wünschen
Dir   Marianne u.
        Werner

Ullstein Sachbuch

Ullstein Sachbuch
Ullstein Buch Nr. 34804
im Verlag Ullstein GmbH,
Frankfurt/M – Berlin
Aus dem Russischen übersetzt
von Bodo Starck

Ungekürzte Ausgabe

Umschlagentwurf:
Hansbernd Lindemann
Unter Verwendung einer Abbildung von
Zefa, Düsseldorf (Foto: P. Simon)
Alle Rechte vorbehalten
© 1981 by Sportverlag Berlin
Printed in Germany 1991
Druck und Verarbeitung:
Ebner Ulm
ISBN 3 548 34804 1

Juli 1991

CIP-Titelaufnahme
der Deutschen Bibliothek

Suėtin, Aleksej S.:
Typische Fehler / Aleksej Suetin. [Aus
dem Russ. übers. von Bodo Starck]. –
Ungekürzte Ausg. – Frankfurt/M; Berlin:
Ullstein, 1991
  (Ullstein-Buch; Nr. 34804)
  ISBN 3-548-34804-1
NE: GT

Es ist sicher keine Übertreibung zu sagen, daß das Thema des vorliegenden Bandes in der methodischen Literatur bisher so gut wie gar nicht abgehandelt wurde. Gewohnheitsgemäß werden in den meisten Lehrbüchern die positiven Seiten des schachlichen Schaffens und Denkens beleuchtet, während Fehler als nebensächliche Erscheinung in der Regel lediglich kurz erwähnt werden.

Das ist nur natürlich. Man muß sich im Schach – ganz gleich welche Spielstärke man besitzt – vor allen Dingen vermittels richtungweisender Methoden und nachahmenswerter Vorbilder vervollkommnen.

Doch sehen wir uns den schachlichen Alltag einmal etwas genauer an. Wir gelangen dabei unweigerlich zu dem Ergebnis, daß Fehler im Schach keineswegs eine Ausnahme darstellen. Ja, es drängt sich sogar die Schlußfolgerung auf, daß sie eine unvermeidliche Begleiterscheinung jeder Schachpartie und des Schachspiels überhaupt sind. Folglich hat der Begriff schachlicher Fehler neben seiner Bedeutung bei rein analytischen Beweisführungen noch einen anderen, weitergefaßten – ich möchte sagen – philosophischen Inhalt.

So wie es charakteristische Wendungen und Pläne für die richtige Spielführung gibt (von denen viele schon gründlich erforscht sind), muß es nach derselben Logik auch typische Fehler geben, die entweder dem unmittelbaren Geschehen auf dem Schachbrett oder dem Denken des Spielers entspringen. Gerade diesen Fragen möchte der Autor in der vorliegenden Arbeit nachgehen. Dabei mußte oft Neuland betreten werden, so daß einige der aufgestellten Behauptungen dem Leser vielleicht anfechtbar erscheinen.

Das Buch soll durchaus nicht als streng theoretische Abhandlung aufgefaßt werden. Im Gegenteil – sein Ziel besteht darin, dem Leser Vergnügen zu bereiten, ihm geistige Kost zu bieten und dadurch die Entwicklung seiner Fähigkeiten zu fördern.

Dieses Buch ist für einen ziemlich weiten Kreis von Schachfreunden der mittleren Leistungsklassen gedacht. Darüber hinaus sind die hier aufgenommenen Partien und Stellungen auch eine Warntafel für Spieler höherer Qualifikation.

Im Schach gibt es tief eingewurzelte taktische und positionelle Fehler, die durch Mängel im Denken verursacht werden. Sie können dem Spieler während seiner ganzen Laufbahn hinderlich sein, ohne daß er sie abzustellen vermag. Auf Grund eigener und fremder praktischer Erfahrungen kann der Autor feststellen, daß das Zutagetreten grundlegender angeborener Mängel im Denken ein ernstes Anzeichen für das Absinken der Spielstärke oder den Verlust der sportlichen Form ist.

Unter diesem Gesichtswinkel wollen wir die typischen Denkfehler sowie die daraus ableitbaren schachlichen Erscheinungen untersuchen.

Der Autor möchte das Vorwort mit dem bekannten Aphorismus von Tartakower: „Im Schach lernt man nur durch Fehler" beschließen. Die zugespitzten geistreichen Äußerungen dieses Schachmeisters werden unsere Arbeit auch weiterhin begleiten. Obwohl sie vor mehr als 50 Jahren formuliert wurden, haben sie bisher nichts von ihrer Aktualität eingebüßt.

Aleksei Suetin

1. Kapitel

Der Fehlerbegriff im weitesten Sinn

Fehler sind kein Zufall

Schach ist etwas sehr Kompliziertes. Es birgt eine gewaltige, wahrhaft unerschöpfliche Zahl von Möglichkeiten in sich. Das eröffnet einerseits unterschiedlichen Geschmacks- und Stilrichtungen einen weiten Spielraum, leistet andererseits aber fehlerhaften Entwicklungen und erst recht direkten Fehlern Vorschub. Zudem weiß selbst der unerfahrenste Spieler, daß es während der Partie großenteils darum geht, die besten und manchmal sogar einzigen Züge aufzuspüren, die oft aus vielen Möglichkeiten ausgewählt werden müssen. Unwillkürlich fällt mir ein Ausspruch Voltaires ein: „Die Lüge ist gegenüber der Wahrheit im Vorteil: Sie tritt in vielerlei Gestalt auf, die Wahrheit dagegen nur in einer."

Die Wahrheit in der Schachpartie oder auch nur in einer bestimmten Stellung zu ergründen, ist mitunter eine höchst mühselige Aufgabe. Die Wege der Fehler sind unerforschlich! Beispiele dafür gibt es mehr als genug. Nach der Wahrscheinlichkeitstheorie stellen sie sich am häufigsten in schlechten Positionen ein.

Als Auftakt sei der folgende Fall vorgeführt.

Petrosjan–Gligorić
Kandidatenturnier 1959

In dieser für ihn schwierigen Stellung stand Gligorić vor einem Verteidigungsproblem, das eine klare Entscheidung verlangte: Wohin sollte er mit dem Turm a2 ziehen, um ein eventuelles Vorgehen der weißen Bauern am Damenflügel zu unterbinden? Er machte einen ganz natürlichen Zug und postierte den Turm hinter den b-Bauern.

41. ... Tab2?

Das führt geradewegs ins Verderben. Dagegen konnte Schwarz die Partie mittels 41. ... Tac2! retten, z. B. 42. f6 T:f6 43. Thg4 Tf7 usw.

42. b6! ...

Die Pointe des weißen Vorhabens.

42. ... T:b6

Schwach war auch 42. ... cb
43. Tc1! Tbc2 44. T:c2 T:c2
45. Tg4!, und die Freibauern auf
der c- und f-Linie entscheiden
rasch.

**43. Thg4 Tb8 44. Tg7+ Kh8
45. T7g6.** Schwarz gab auf, denn
nach 45. ... Kh7 geschieht
46. f6! usw.

Kleine Ursachen,
große Wirkungen

Selbst geringfügige Fehler können ernste Folgen zeitigen und
sich als unkorrigierbar erweisen.
Hier einige lehrreiche Beispiele.

Englische Eröffnung
Smyslow–Castro
Interzonenturnier, Biel 1976

**1. Sf3 Sf6 2. b3 g6 3. Lb2 Lg7
4. g3 b6 5. Lg2 Lb7 6. 0–0 c5
7. c4 0–0 8. Sc3 d5** (die Öffnung
des Spiels dürfte verfrüht sein)
**9. S:d5 S:d5 10. L:g7 K:g7 11. cd
D:d5**

Auf dem Brett hat sich eine
äußerlich ruhige und fast symmetrische Lage ergeben. Doch hinter der scheinbaren Harmlosigkeit knistert kämpferische
Spannung. Mit seinem nächsten
Zug leitet Weiß weitere Vereinfachungen ein. Bedeutet dies,
daß er rasch Frieden zu schließen
gedenkt? Keineswegs! Smyslow
erkennt sehr richtig, daß
Schwarz in dem bevorstehenden
Endspiel ernsthafte Schwierigkeiten hat, den Ausgleich zu erzielen.

**12. d4! cd 13. D:d4+ D:d4
14. S:d4 L:g2 15. K:g2 Sa6
16. Tfd1 Tfc8 17. Tac1 ...**

Diese Position hat Smyslow angestrebt. Scheinbar ist Schwarz
dem Remis sehr nahe. In Wirklichkeit jedoch ist die schwarze
Stellung ziemlich gefährdet.
Jedenfalls ist nicht zu sehen,
wie er sich gegen den Ausfall
des weißen Springers nach b5
wehren soll.

17. ... Kf6 18. Sb5! Sc5

Etwas besser geschah 18. ... T:c1
19. T:c1 Sc5 20. b4 Se6, und

Weiß hat es schwerer, sein Übergewicht zu realisieren.

19. b4! Se6 20. T:c8 T:c8
21. S:a7 Tc2

Auf Kosten eines Bauern ist es Schwarz gelungen, auf die 2. Reihe einzudringen. Allein, Smyslows Einschätzung des Endspiels erweist sich als weitsichtiger als die seines Partners.

22. a4 T:e2 23. Sc8! ...

Des Pudels Kern! Nun stellt sich heraus, daß die weißen Freibauern zuverlässig von der Kavallerie geschützt werden, denn auf 23. ... Tb2 folgt 24. S:b6, wonach der Bauer b4 angesichts der Gabel auf d5 unverwundbar ist.

23. ... b5 24. ab Tb2 25. Sb6 Sc7
26. Sd7+ Kg7 27. b6 Sa6
28. Sc5 S:b4 29. b7 Sc6 30. Td7
Sa5 31. T:e7. Schwarz gab auf.

Hier kommt dem Autor ein Bonmot Tartakowers in den Sinn: „Eine ganze Partie kann auf einen bestimmten Fehler zugeschnitten sein."

Damengambit
Waganjan–Christiansen
Venezuela 1976

1. d4 d5 2. c4 e6 3. Sf3 Sf6 4. Sc3
Sbd7 5. cd ed 6. Lf4 Ld6?!

Eine zweifelhafte Neuerung. Schwarz läßt sich freiwillig auf die Verdopplung der Zentrumsbauern ein, wodurch in seinem

Lager organische Schwächen entstehen. Im folgenden nutzt Weiß die Vorzüge seiner Position geschickt aus und weist nach, daß die schwarze Stellung kaum noch zu halten ist.

7. L:d6 cd 8. e3 0–0 9. Le2 Sb6
10. 0–0 Le6 11. Db3 Tc8 12. Tfc1
Se4 13. a4 Dd7 14. a5 Sc4
15. Db4! ...

Ein wesentliches Detail. Der Anziehende bereitet die Vertreibung des aktiven schwarzen Springers vom Feld c4 vor und will danach einen Druck auf den Damenflügel ausüben.

15. ... b6 16. a6 Sa5 17. Lb5 De7
18. S:e4 de 19. Sd2 Ld5 20. Da4
Dg5 21. Ld7! Tcd8 22. Db5 h6
23. h4 Dh5 24. b4! T:d7 25. D:d7
Sb3 26. S:b3 L:b3 27. D:a7 ...

Der weiße Plan war von Erfolg gekrönt, da der gegnerische Damenflügel völlig zerrüttet wurde. Eigentlich ist der Kampf schon beendet, aber Schwarz schleppt ihn noch dahin.

27. ... f5 28. De7 f4 29. a7 Ld5
30. Tc7 Dg4 31. D:f8+! Schwarz gab auf.

Petrosjan–Ivkov
Europa-Mannschafts-
meisterschaft 1965

Diese Stellung ergab sich nach
dem Zug 15. Df3.
Der Anziehende hat sich in der
Eröffnung der etwas besseren
Chancen versichert. Wahrscheinlich mußte Schwarz nun mit
15. ... Df5 fortsetzen, um entweder den Übergang in ein Endspiel anzustreben, in dem es
Weiß nach 16. D:f5 gf schwer-
fallen dürfte, die Kraft seiner
Läufer auszunutzen, oder um die
weiße Dame aus ihrer aktiven
Position zu verdrängen und
nach 16. Dg2 durch 16. ... Lb4+
17. Ke2 oder Kf1 Sf6 ausreichendes Gegenspiel zu erlangen.
Der Nachziehende läßt indes die
Gelegenheit verstreichen, dem
Partner die Rochade zu verderben und verpaßt damit den
schwer wahrzunehmenden
Augenblick des Spielausgleichs.

15. ... Sf6 16. Ld2 Df5 17. Dg2
a5 18. 0–0–0 Lb4 19. L:b4 ab
20. h4! ...

Kaltblütig gespielt. Schritt für

Schritt führt Weiß eine vorteilhafte strategische Lage herbei,
ohne sich mit unwesentlichen
lokalen Maßnahmen aufzuhal-
ten.

20. ... Tc8

Die besseren Aussichten behielte Weiß bei 20. ... 0–0
21. f3! Sd5 22. e4 Df4+ 23. Dd2
D:d2+ 24. K:d2 Sf4 25. Ke3,
denn das Endspiel ist für seinen
Gegner keineswegs leicht zu behandeln. Im Fall von 21. f3 c5
22. e4 Df4+ 23. Kb1 hat der Anziehende Mittelspielvorteil, zumal die Drohungen auf der g-
Linie recht eindeutig sind. Dagegen taugt nach 20. ... 0–0 das
geradlinige Vorgehen vermittels
21. Tdg1 c5 22. D:g6?? D:g6
23. T:g6 nichts, da Schwarz durch
23. ... c4! eine Figur erobert.

21. e4 ...

Angesichts der Drohung 21. ...
c5 muß Weiß auf der Hut sein.
Das folgende positionelle
Bauernopfer versetzt ihn in die
Lage, mit geringen Kräften einen
starken und sehenswerten Angriff auf den gegnerischen König
zu inszenieren. Die Ereignisse
verlaufen nun zwangsläufig. Unerbittlich wird die eiserne Umklammerung immer fester.

21. ... Df4+ 22. Kb1 T:h4
23. e5! T:h1 24. T:h1 Sh5

Schwach ist 24. ... De4+?
25. D:e4 S:e4 26. Th8+ Kd7
27. e6+! fe 28. L:e6+, und Weiß
gewinnt.

25. Lc2! ...

Dieser stille Zug bildet den Auftakt zum entscheidenden Angriff. Es droht sowohl 26. L:g6! als auch 26. e6!

25. ... Ke7

25. ... Dh6 ist wegen 26. e6! nichts wert.

26. L:g6! ...

Ein ungewöhnliches Opfer. Wie sonderbar es auch anmutet, Schwarz ist nicht imstande, sich erfolgreich dagegen zu verteidigen.

26. ... fg 27. D:g6 D:d4

Ein schönes Finale wäre auf 27. ... Th8 gefolgt: 28. Dd6+ (aber nicht 28. T:h5 T:h5 29. D:h5 De4+ usw.) 28. ... Ke8 (28. ... Kf7 29. e6+ Kg8 30. D:f4 S:f4 31. T:h8+ K:h8 32. e7!) 29. Db8+ Ke7 30. D:b7+ Ke6 31. D:c6+ Kf5 32. Dd7+ Kg5 33. Tg1+ Kh6 34. De6+ Kh7 35. Dg6+ Kg8 36. Tc1, und Weiß siegt.

28. D:h5 Dd3+ 29. Sa1 Td8 30. Tg1! ...

Einfach und elegant. Der schwarze König zappelt im Mattnetz.

30. ... Td7 31. T:g7+ Kd8 32. Tg1 ...

„Der Mohr hat seine Schuldigkeit getan, der Mohr kann gehen." In der Hitze des Gefechts durfte nicht übersehen werden,

daß durch 32. ... Dd1 matt drohte.

32. ... Kc7 33. e6 Td5 34. Dg4 b3

Auf 34. ... Te5 wäre 35. Dg7+ Kd6 36. Dd7+ usw. gefolgt.

35. e7! Te5 36. Dg7 Kd6 37. D:e5+! Schwarz gab auf.

In all diesen Fällen wurden dem Verteidiger schon leichte Unachtsamkeiten zum Verhängnis. Das soll aber nicht heißen, daß sich der die Initiative besitzende Spieler dergleichen Mißgriffe leisten darf. Hier ein Beispiel für die Folgen.

Kortschnoi–Karpow
Baguio 1978

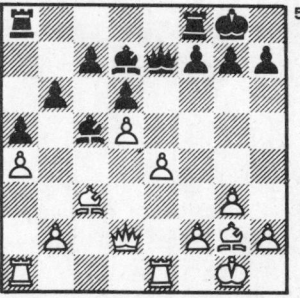

Sehen wir uns eine kritische Stellung aus der 27. Wettkampfpartie an. In dieser beinahe symmetrischen Position, in der taktische Verwicklungen keine Rolle zu spielen scheinen, besitzt Weiß einen gewissen Raumvorteil. Doch Karpow spürte mit sicherem Instinkt taktische Hilfsmittel für ein aktives Gegenspiel auf. Es geschah:

18. ... Tfe8! 19. Kh1 c6!

Einer jener lehrreichen Fälle, in denen sich ein verstecktes Einwirken auf das Zentrum als wirkungsvoller erweist als furchteinflößende Zentralbauern. So befände sich der Anziehende beispielsweise nach 20. f4 cd 21. D:d5 Tac8 oder 20. b4 ab 21. L:b4 cd 22. ed L:b4 23. D:b4 T:a4! in einer wenig beneidenswerten Lage.

Objektiv gesehen steht das Spiel noch annähernd gleich. Aber die besonnene und taktische klare Denkweise des Weltmeisters behauptet sich gegen den durch übertrieben ehrgeizige Pläne aus dem Gleichgewicht gebrachten Herausforderer.

20. e5 cd 21. L:d5 Tad8 22. Df4 ...

Klüger war 22. ed D:d6 23. Dg5 Dg6.

22. ... Df8!

Auch das ist Taktik, und zwar eine Form der Taktik, die längst nicht jedem Spieler zugänglich ist. Solche stillen Züge, die leicht übersehen werden können, sind für den Weltmeister bezeichnend.

Da gerade von Karpows Schaffen die Rede ist, möchte ich den Leser besonders auf dessen ausgeprägte Fähigkeit hinweisen, dergleichen verborgene taktische Ressourcen ausfindig zu machen.

Der Sinn des Textzuges liegt vor allem darin, einen unverwundbaren Verteidigungswall zu errichten (Deckung des Punktes g7) und zugleich aktives Gegenspiel auf den Zentrumslinien zu gewährleisten.

23. Df3 de 24. L:e5 Lg4! 25. D:g4 T:d5 26. Lc3 Ted8!

Unmerklich neigt sich die Waage zugunsten von Karpow. Schon muß Weiß seine taktische Findigkeit aufbieten, will er das Gleichgewicht aufrechterhalten.

27. Kg2 Ld4! 28. Tac1 ...

Zeitnot verstärkt die Schwierigkeiten des Anziehenden. Noch war es nicht zu spät, die Lage vermittels 28. Tad1 L:c3 29. bc usw. zu retten.

28. ... g6 29. De2? ...

Solche Fehler sind ein wahres Unglück. Jetzt gibt es kein Zurück mehr! Wahrscheinlich konnte sich Weiß nach 29. L:d4 T:d4 30. Df3 T:a4 31. Tc7! noch behaupten.

29. ... Dd6 30. L:d4 T:d4 31. Db5 Tb4 32. Te8+ Kg7 33. T:d8 D:d8 34. De2 Dd5+!, und Schwarz, der einen Bauern gewann, verwirklichte sein Übergewicht binnen kurzem.

Es drängt sich der Schluß auf, daß die schöpferische Suche des Schachspielers der Tätigkeit des Erfinders ähnelt. Meines Erachtens läßt sich aber die noch weitergehende Folgerung ziehen, daß die richtigen und fehlerhaften Tendenzen im Schach im

Grunde zwei Seiten des Denkprozesses sind – gewissermaßen die Begriffe Gut und Böse. Im weiteren kann der Leser selbst entscheiden, ob unsinnig anmutende Fehler wirklich eine so große Ausnahme darstellen. Doch zunächst wollen wir uns für die inneren Ursachen der Entstehung von Fehlern interessieren. In dem Zusammenhang sei darauf hingewiesen, daß es viele Positionen gibt, in denen man einfach schlechte Züge ausführen muß, wobei diese unter Umständen sogar mehr bewirken als gute Züge. Tarrasch, der nicht nur Großmeister, sondern auch ein bedeutender Methodiker war, schrieb einmal: „In schwierigen Stellungen muß man in Ermanglung guter Züge oft schlechte machen."

In der schachlichen Umgangssprache bezeichnet man eine derartige Situation als strategische Verluststellung oder noch kategorischer als positionellen Zugzwang.

Hier einige Beispiele dieser Art.

Petrosjan–Tal
Moskau 1963

In dieser Stellung folgte:

17. b4! ...

Man überzeugt sich unschwer davon, daß der Nachziehende vor beachtlichen Schwierigkeiten steht. Die Ursache seiner Sorgen muß man in der mißlungenen Eröffnungsbehandlung suchen. Im Grunde ist er jeden aktiven Gegenspiels beraubt und genötigt, sich passiv zu verteidigen.

17. ... ab 18. S:b4 S:b4 19. Tc7 ...

Ein wichtiger Zwischenzug. Der weiße Turm dringt wirkungsvoll auf der 7. Reihe ein. Die ganze Operation ist zudem auch taktisch berechtigt.

19. ... Dd8 20. ab g5?

Hier trifft Tarraschs Bonmot ins Schwarze. Die Verteidigungsmöglichkeiten des Nachziehenden sind eng begrenzt, und die abwartende Aufstellung 20. ... Tb8 nebst 21. ... Lb6 behagte ihm offenbar nicht. Doch nach dem Textzug ist der schwarze Königsflügel unheilbar geschwächt.

21. Dd3 ...

Nur so. Offensichtlich hat Weiß dieses Manöver bereits im 19. und wahrscheinlich sogar schon im 17. Zug vorhergesehen.

21. ... Te7

Etwas anderes gibt es nicht.

22. T:e7 D:e7 23. Le3 d4

13

Die Rolle des passiven Verteidigers gefällt Tal natürlich nicht. Deshalb forciert er lieber die Ereignisse und belebt sein Spiel auf Kosten von Zugeständnissen im Zentrum.

24. L:d4 Td8 25. e3 L:d4

25. ... D:b4? taugt nichts wegen 26. De4!

26. ed D:b4 27. d5 ...

Der Nachziehende hat die Stellung merklich vereinfacht und das materielle Gleichgewicht behauptet. Dennoch verheißen der starke Freibauer im Zentrum sowie die anfällige Königsstellung des Gegners dem Anziehenden reale Gewinnchancen, zumal der schwarze Bauer auf b7 nur Statist bleibt.
Alles in allem kann Weiß auf ein bedeutendes, wenn nicht gar entscheidendes positionelles Übergewicht pochen.

27. ... Dd6 28. Le4 Lf7

Schwarz entschließt sich, einen Bauern herzugeben. Wenig versprach auch 28. ... h6 29. Tb1!, wonach sich gleichsam ein Ring um die beengte und geschwächte schwarze Stellung gelegt hätte.

29. L:h7+ Kg7 30. Le4 Dc5
31. Tb1 Td7 32. Df3 Lg6

Der Bauer d5 war nach wie vor unverletzlich, denn auf 32. ...
L:d5? wäre 33. Df5! geschehen, und Schwarz stände elend.

33. L:g6 K:g6 34. Dd3+ Kg7
35. Tb5 De7 36. Df5 ...

Das Stadium der Vorteilsverwertung tritt in seine Rechte. Um zu siegen, muß der Anziehende aber noch einige technische Schwierigkeiten überwinden.

36. ... Td6 37. Kg2 Dd7

Am einfachsten. Das Turmendspiel ist ohne besondere Komplikationen gewonnen.

38. ... T:d7 39. Kf3 Te7
40. Tb6 ...

Weiß nutzt die Gelegenheit, seine Stellung wesentlich zu verstärken. Der schwarze Turm ist natürlich nicht imstande, seinen mannigfachen Verteidigungsaufgaben nachzukommen. Indem er den weißen König abschneidet, verliert er notwendigerweise die Kontrolle über den Freibauern d5, so daß der weiße Turm von seinen Deckungspflichten entbunden ist.

40. ... f5 41. d6 Td7 42. h4 Kf6
43. hg+ K:g5 44. Ke3 Kf6 45. Kf4,
und Weiß gewann.

Wir beenden den Abschnitt mit einem lehrreichen Beispiel, in dem Karpow seinen Positionsvorteil überzeugend verwertet.

Karpow—Bellon
Montilla 1976

7

Es geschah:

42. Ta7 Kd6 43. h4! ...

Schwarz befindet sich nun in
einem eigenartigen positionellen
Zugzwang. Der weiße Bauer
droht, bis nach h6 vorzumar-
schieren. Auf der Suche nach
aktivem Spiel trennt sich
Schwarz lieber von seinem h-
Bauern.

43. ... Ld8?! 44. T:h7 Lf6
45. Ke3 L:d4+ 46. cd b5 47. h5
Tb1 48. h6 ...

Karpow weist überzeugend nach,
daß das schwarze Gegenspiel
wenig wirksam ist, und führt die
Partie sicher zum Sieg.

48. ... Th1 49. L:b5 Th3+
50. Kf4 Th4+ 51. Kf3 Sg5+
52. Kg3 Th3+ 53. Kg4 S:h7
54. K:h3 Ke7 55. Lc6 Sg5+
56. Kg4 Se4 57. L:d5. Schwarz
gab auf.

Partien werden durch Fehler entschieden

Ein Ausspruch Tartakowers
lautet: „Die Partie wird durch
einen Fehler gewonnen — ist es
da nicht ganz gleich durch wessen, den des Gegners oder den
eigenen?"
Dazu noch zwei weitere Aphoris-
men:
„Die Schachpartie ist gewöhnlich ein Märchen aus Tausend-
undeinem Fehler."
„Die Existenz des Schachspiels
wird allein durch die Existenz
von Fehlern gerechtfertigt."
Zu diesem Thema finden wir bei
Tartakower viele treffende Be-
merkungen, auf die wir im
weiteren noch zurückkommen
werden. Zunächst wollen wir indessen einige Beispiele vorfüh-
ren, die beweisen, daß ein
schachlicher Erfolg manchmal
das Ergebnis eines eigenen Fehlers sein kann. Selbstredend
meinen wir nicht reine Glücks-
fälle, sondern kühne und gewagte Spielverschärfungen, bei
denen der Partner vom festen
Boden fort auf schlüpfrige Pfade
gelockt wird, so daß er bei jedem
Schritt selbständig schwierige
Entscheidungen zu treffen hat.
Hier zwei instruktive Vorbilder.

15

Panow—Simagin
Moskauer Meisterschaft 1943

Es folgte:

12. ... Lh8!? 13. L:f8 D:f8
14. Sd4 Lc4 15. g5 Sd7 16. Lh3
e6 17. Kb1 Se5 18. f4? ...

Erforderlich war 18. Df2! Nach
dem Partiezug gelingt es
Schwarz, die Initiative zu ergreifen, indem er unverhofft mit
einem taktischen Schlag aufwartet.

18. ... Sf3! 19. S:f3 ...

Weiß konnte das angebotene
Opfer auch mittels 19. De3 S:d4
20. T:d4! ablehnen.

19. ... L:c3 20. bc ...

Bei 20. D:c3 L:a2+ 21. K:a2 T:c3
22. bc Dc8! erhielte Schwarz
eine starke Angriffsstellung.

20. ... d5!

Der Nachziehende hat einen
Turm geopfert, dafür jedoch
gefährlichen Angriff bekommen. Doch sollte dieser – wie
die folgenden Analysen Simagins

belegen – nur zum Remis genügen.

21. Dc1 Sa4 22. ed L:a2+!

Schwach wäre natürlich 22. ...
S:c3+ 23. Ka1 S:d1 24. T:d1,
und die schwarze Offensive ist
abgewehrt.

23. Ka1 ...

23. K:a2 verbot sich wegen 23. ...
S:c3+ 24. Ka1 Db4! bzw.
24. Kb3 Dc5.

23. ... Dc5 24. de S:c3
25. Td4? ...

Erst dieser Fehlgriff führt zum
Verlust. Ein sehr schönes Finale
hätte sich nach dem naheliegenden Schach 25. ef+ ergeben:
25. ... L:f7 26. L:c8 Da5+
27. Kb2 Se2! 28. Td8+ Kg7
29. Da1 (andere Züge verhindern
das Matt ebenfalls nicht). Jetzt
gibt es für Schwarz nur einen
rettenden Zug, doch dieser setzt
zugleich den weißen König matt:
29. ... Db4.
Deshalb mußte 25. e7!! geschehen, worauf Simagin zwei interessante Varianten anführt:
1) 25. ... Le6 26. Td8+ Kg7
27. e8S+ Kh8 28. T:c8, und
Schwarz muß Dauerschach bieten;
2) 25. ... Ld5 26. L:c8 Da5+
27. Kb2, und Schwarz kann nicht
gewinnen, da 27. ... Se2'an
28. e8D+ scheitert. Eigenartiger-
weise vermag er nach 27. ...
Sa4+ 28. Ka1 gleichfalls nichts
auszurichten, z. B. 28. ... Dc3+
29. Kb1 bzw. 28. ... Sb6+ 29. Kb2

16

Sc4+ 30. Kb1 Sd2+ 31. Kb2!
Weiß war zu diesem Zeitpunkt
aber längst moralisch angeschla-
gen.

25. ... L:e6 26. L:e6 fe

Der schwarze Turm blieb unan-
getastet, und das entscheidet den
Ausgang der Partie. Gegen die
Drohung 27. ... Da5+ existiert
keine zufriedenstellende Parade.

27. Ta4 S:a4 28. c4 Td8 29. Ka2
Db4 30. Te1 Td3 31. T:e6 Sc3+.
Weiß gab auf.

Petrosjan–Smyslow
19. Meisterschaft der UdSSR,
1951

Die Lage des Anziehenden ist
nicht gerade rosig. Sein Gambit-
spiel hat ihm in der Eröffnung
keine spürbare Initiative eingebracht, und Schwarz schickt sich
bereits zur Gegenoffensive am
Damenflügel an.
Der folgende Entschluß Petrosjans ist ebenso unerwartet wie
kühn. Er entspricht aber den
Erfordernissen der Stellung, obwohl Schwarz bei korrektem

Spiel seinen Vorteil behaupten
konnte.

17. d5!? ...

Weiß setzt seinen Zentralbauern
einem vierfachen Angriff aus. Er
läßt sich vor allem von der
psychologischen Überlegung
leiten, den Kampfverlauf jäh zu
ändern. Und – so widersinnig
das auch klingt – dieses Wagnis
wird zum Wendepunkt der Partie. Der Führer der schwarzen
Steine – damals einer der An-
wärter auf die Weltmeisterschaft – sah sich außerstande,
das Stellungsproblem ebenso
konkret wie sein Gegner zu lösen. Statt dessen verließ er sich
auf „allgemeine Erwägungen",
aber die gegebene Situation erforderte ein stellungsbezogenes
Herangehen an die verwickelten
dynamischen Verhältnisse.

17. ... S:d5?

Nötig war 17. ... L:d5, wodurch
die Kontrolle über den Punkt e4
aufrechterhalten und das Manöver Sg5–e4 vereitelt worden
wäre.

18. Td1 Dc7 19. Se4 0–0–0

Die Aussichten von Schwarz
sind plötzlich schon recht unerfreulich. Beispielsweise taugte
19. ... 0–0 nichts wegen 20. L:h5.
Aber auch die lange Rochade
verspricht dem schwarzen König
keine Sicherheit. Vielleicht war
19. ... Kf8 am besten, um den
König nach g7 zu überführen.

20. Lg5 ...

Stark und logisch. Durch den Abtausch der schwarzfeldrigen Läufer bekommt Weiß Gelegenheit, auf den geschwächten schwarzen Feldern einen Angriff gegen den feindlichen König einzuleiten.

20... L:g5 21. D:g5 a4

Dieses Vorgehen ist jetzt nur eine leere Demonstration und nicht geeignet, Weiß von seinen Angriffsgelüsten abzubringen.

22. Dg3 f5 23. Sd6+ T:d6

Natürlich ist ein solcher Springer nur schwer zu ertragen. Schwarz hat zwar zwei Bauern für die Qualität, aber Weiß bleibt Herr der Lage und beunruhigt den Gegner ständig mit seinen Drohungen.

24. ed f4?

Beschleunigt das Ende. Es ist eine alte Geschichte: In beschwerlicher Stellung läßt der Fehler nicht lange auf sich warten.

25. D:g6 D:d6 26. Lf3 Lc6 27. Te1 Te8 28. L:d5 D:d5 29. Tad1 ...

Der Anziehende befleißigt sich äußerster Präzision. Das von ihm angesteuerte Endspiel ist hoffnungslos für Schwarz.

29. ... Df5 30. D:f5 ef 31. T:e8+ L:e8 32. f3 Kc7 33. Kf2 Kb6 34. Ke2 Ka5 35. Tb1 ...

Unerläßliche Genauigkeit, denn der Durchbruch b5–b4 darf selbstverständlich nicht gestattet werden.

35. ... a3 36. Kd2 b4

Auch 36. ... Ka4 taugt nichts, da Weiß nach 37. Tb4+ Ka5 38. Kc2 mühelos gewinnt.

37. cb+ Ka4 38. Kc3 a2 39. Ta1 Ka3 40. K:c4! ...

Einfach und elegant. Weiß opfert den Turm, behält aber zwangsläufig die Oberhand. Der Schluß ist leicht verständlich.

40. ... Kb2 41. Te1 a1D 42. T:a1 K:a1 43. b5 Ld7 44. b6 Lc8 45. Kd4 Kb2 46. Ke5 Kc3 47. K:f4 Kd4 48. Kg5 Ke5 49. K:h5 Kf6 50. g4 Lb7 51. Kh6. Schwarz gab auf.

Gehen wir einstweilen nur von den objektiven Gegebenheiten des Spiels aus, so gelangen wir unweigerlich zu der Schlußfolgerung, daß Fehler eine völlig normale Erscheinung im Schachkampf sind.

Wenden wir uns jetzt einer anderen, für unser Thema nicht weniger wichtigen, nämlich der subjektiven Seite des schachlichen Schaffens zu.

Zwei grundlegende Denktypen

In der Praxis kann man nur selten eine harmonische Entwicklung der Fähigkeiten junger Schachspieler beobachten. Meist begegnet man zwei Denktypen, die allerdings beide ihre volle Daseinsberechtigung haben. Bei

Vertretern der ersten Gruppe überwiegen taktische, bei denen der zweiten strategische Elemente.

Schachspieler, die der Taktik zuneigen, haben ein ausgeprägtes Empfinden für die jeweiligen Besonderheiten der Stellung. Ihr kombinatorischer Gesichtskreis erweitert sich rasch. Anders ausgedrückt, diese Spieler denken konkret.

Die Vertreter des anderen Typs erfassen schneller die positionellen Grundlagen des Spiels. Sie bevorzugen langwierige Manöver, vermeiden aber in der Regel zweischneidige Spielweisen und unterschätzen die „zufälligen" taktischen Möglichkeiten, die die Schachkunst ständig begleiten. Die Spieler dieses Typs neigen stark zu Verallgemeinerungen und — umfassender gesehen — zum abstrakten Denken.

Diese lebensechte, keineswegs künstliche Einteilung zeigt eindringlich, daß Fehler im schachlichen Schaffensprozeß nicht nur der Beschaffenheit des Spiels selbst entspringen, sondern auch zu Lasten der menschlichen Veranlagung des Spielers gehen.

Beim Training mit jungen Schachfreunden stellt sich oft heraus, daß es leichter ist, ihre starken Seiten zu fördern als ihre Schwächen auszumerzen. Sehen wir uns einige Illustrationen zu diesem Thema an.

Ungewollt kommt mir an dieser Stelle eine Erfahrung in den Sinn, die ich 1967 bei der Meisterschaft der Sportvereinigung „Spartak" gemacht habe, als ich die beiden Nachwuchsspieler Makarytschew und Umanski beobachtete. Beide waren — jeder auf seine Art — zweifellos sehr begabt.

Makarytschew zählte damals ganze 14 Jahre, dennoch behandelte er rein positionelle Stellungen schon so überzeugend wie ein Erwachsener. Aufschlußreich war unter anderem die folgende Partie, in der er es mit einem erfahrenen Spieler zu tun bekam.

Sizilianische Verteidigung
Makarytschew—Judowitsch jun.
Kislowodsk 1967

1. e4 c5 2. Sf3 Sc6 3. d4 cd 4. S:d4 Sf6 5. Sc3 d6 6. Lg5 e6 7. Dd2 Le7 8. 0—0—0 0—0 9. f4 h6 10. Lh4 d5!? 11. e5 Sd7 12. L:e7 D:e7 13. Sf3 Sb6 14. De1! Ld7 15. Ld3 Tac8 16. h4 Db4

Eine Ungenauigkeit. Richtig war 16. ... Sa5! mit guten Aussichten auf Gegenangriff. Weiß macht sich nun die verfehlte schwarze Antwort geschickt zunutze.

17. Se2! ...

Der Anziehende hat gegen ein Endspiel nichts einzuwenden.

17. ... Da4 18. a3 Sc4 19. Sc3 Da6 20. L:c4 D:c4 21. De3 Sa5 22. f5! ...

Makarytschew hat seine Kräfte

erfolgreich umgruppiert und eine vorteilhafte Stellung erhalten. Im weiteren spielt er folgerichtig und gar nicht kindgemäß auf den schlechten Läufer des Gegners.

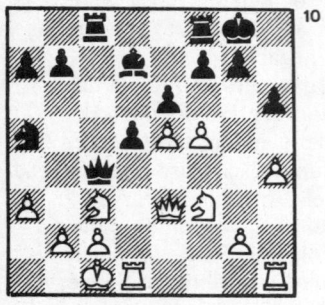

10

22. ... ef 23. D:a7 (aber nicht 23. T:d5 Dc7, und der schwarze Läufer erwacht) 23. ... Sc6 24. De3 Le6 25. Sd4 Tfd8 26. Thf1 S:d4 27. D:d4 Da6 28. Td3 Tc4 29. Df2 b5 30. Tfd1 ...

Als Ergebnis seines geglückten taktischen Einfalls, der indessen dem strategischen Plan streng untergeordnet war, hat Weiß ein bedeutendes Übergewicht erzielt.

30. ... Db7 31. Td4 Kh7 (natürlich nicht 31. ... b4 wegen 32. T:c4!) 32. Sa2 Dc7 33. De2 g6 34. Sb4 Dc5 35. c3 h5 36. Dd2 T:d4 37. D:d4 Dc7 38. g3 (alles wird schwarzfeldrig postiert) 38. ... Kg7 39. Df4 Td7 40. Td4 .Td8 41. Sd3 Tc8 42. Sb4 Dd7 43. Sc2 Db7 44. Tb4 Ta8 45. Sd4 Ld7 46. Dg5 Db6 47. De7 Le6 48. S:e6? ...

Hier macht sich die geringe Erfahrung des jungen Führers der weißen Steine bemerkbar. Der einfache Zug 48. T:b5 hätte den Erfolg verbürgt. Der Übergang ins Endspiel ist verfehlt und verschenkt den Sieg.

48. ... D:e6 49. D:e6 fe 50. T:b5 g5! 51. Tb4 f4!

Weiß hat seinen Materialvorteil behauptet, aber die Gewinnaussichten sind dahin. Schwarz verfügt über ernstzunehmendes Gegenspiel.

52. gf gh 53. f5 ef 54. T:h4 Kg6 55. Kd2 Kg5 56. Td4 h4 57. Ke3 Tb8! 58. b4 Ta8 59. Td3 f4+ 60. Kf3 Kf5 61. e6 K:e6 62. K:f4 T:a3 mit unvermeidlichem Remis.

Makarytschews schwache Seite war damals aber die Taktik. Nicht selten machte er sich offenkundiger Versehen schuldig. So bildet die folgende Partie mit einem anderen erfahrenen und starken Meister jener Zeit – sie wurde übrigens in demselben Turnier gespielt – einen scharfen Kontrast zu dem eben angeführten Beispiel.

Sizilianische Verteidigung
Makarytschew–Chassin

1. e4 c5 2. Sf3 e6 3. Sc3 Sc6 4. g3 d5 5. ed ed 6. d4? Lg4 7. dc? De7+ 8. Kd2 (er muß, denn 8. De2 scheitert an 8. ... L:f3!) 8. ... d4, und Weiß kann getrost aufgeben.

Im Gegensatz zu Makarytschew war der 15jährige Umanski kombinatorischen Verwicklungen sehr zugetan. Ich erinnere mich eines wirklich vorbildlich geführten Königsangriffs gegen den erprobten Meister Saigin.

Umanski—Saigin

Der Nachziehende hatte die Eröffnung passiv gespielt und gerade die verantwortungsvolle, aber wohl kaum zweckmäßige Entscheidung getroffen, sich mit seinem König zum Damenflügel zu wenden. Von diesem Augenblick an führt Umanski die Offensive gegen den feindlichen König mit reifer Meisterschaft.

15. Sb5 Kb8 16. Le4! D:c4(?)

Dieser riskante Entschluß gießt nur Öl ins Feuer. Der weiße Angriff wird jetzt sehr gefährlich.

17. L:c6 L:c6 18. L:a7+ Ka8 19. a4 De4+ 20. Le3 Kb8 21. f3 Dd5 22. Da5 L:b5 23. ab L:b2 24. Td1 De5 25. Kf2 Kc8 26. Th4 Kd7 27. Te4 D:h5 28. Db6 Lf6 29. T:d6+! Schwarz gab auf.

Auch in der nächsten Partie trachtete der junge Umanski im Mittelspiel danach, sich um jeden Preis auf den gegnerischen König zu stürzen, obwohl die Umstände ein geschmeidigeres Vorgehen erheischten.

Englische Eröffnung
Umanski—Suetin
Kislowodsk 1967

1. c4 Sf6 2. Sc3 c5 3. Sf3 Sc6 4. g3 d5 5. cd S:d5 6. Lg2 Sc7 7. 0—0 e5 8. Se1! Ld7 (es drohte der für Schwarz positionell unangenehme Abtausch 9. L:c6!) 9. Sd3 f6 10. f4 c4!? 11. Sf2 Tb8 12. e3 (folgerichtiger war 12. d3) 12. ... Le7 13. Dh5+ g6 14. De2 Le6 15. b3 ef 16. gf cb 17. ab 0—0 18. d4 Sd5 19. Lb2 f5

Hier gebot Weiß über die verheißungsvolle Umgruppierung 19. Sd3 nebst 20. Se5. Keine geringere Aufmerksamkeit verdiente der Plan, mittels 19. S:d5 L:d5 20. L:d5+ D:d5 21. Dc4 Tfd8 22. Tfc1 den Übergang ins Endspiel zu forcieren, wo dem Nachziehenden ein mühevoller Kampf um das Remis bevorstand. Doch je länger mein Widersacher über seinen Zug grübelte, desto mehr wuchs in mir die Gewißheit, daß er sich auf zweischneidige kombinatorische Abenteuer einlassen würde, bei denen alle oben genannten positionellen Faktoren außer Kraft gesetzt wären.

20. L:d5 L:d5 21. Db5(?) Lf7
22. d5 a6 23. Dd3 (auf 23. Dc4 ist
sowohl 23. ... Sa5 wie auch
23. ... Lf6 möglich, in beiden
Fällen mit ausgezeichnetem
Spiel für Schwarz) 23. ... Sb4
24. Dd4?! ...

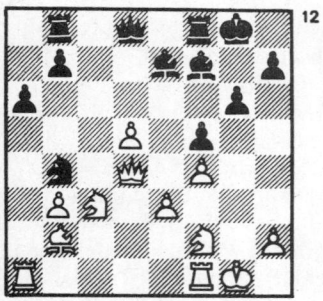

12

Nun hat mein junger Partner endgültig seine Karten aufgedeckt.
Er bricht alle Brücken hinter
sich ab und erstrebt ein Matt auf
der Diagonale a1–h8, ohne vor
materiellen Opfern zurückzu-
schrecken. Dagegen hätte 24. Dd2
Weiß noch immer eine gefährliche Initiative verbürgt.

24. ... Sc2 25. Dd2 S:a1
26. Sce4 ...

Mein Gegner war in diesem
Augenblick ersichtlich mit seiner
Stellung sehr zufrieden. In der
Tat wäre der schwarze Zusammenbruch nach 26. ... fe 27. Sg4!
kaum abzuwenden. Aber Weiß
hat die Flucht des feindlichen
Königs völlig außer acht gelassen.

26. ... L:d5! 27. Dd4 Kf7!

Gerade diese Möglichkeit war
dem Anziehenden entgangen.

Der schwarze König verläßt un-
gesäumt die gefährdete Zone. Da
Weiß zuviel Material eingebüßt hat, war er gezwungen auf-
zugeben.

Leider gelang es Umanski trotz
seiner reichen Phantasie nicht,
sich harmonisch weiterzuent-
wickeln. Er scheiterte an der
positionellen Hürde, die nun einmal genommen werden muß.
Demgegenüber glückte es Makarytschew dank zäher und ziel-
strebiger Arbeit, seinen Stil zu
harmonisieren und allmählich
Meisterniveau zu erreichen. Sein
Spiel blieb allerdings nach wie
vor ruhigem positionellem Manövrieren und den ehernen Gesetzen des strategischen Kampfes verhaftet. Er ist inzwischen
Großmeister geworden und hul-
digt dem Wahlspruch „Wissen
und Beständigkeit".

Im Zusammenhang mit diesem
Exkurs in das Denken junger
Schachfreunde kommt mir etwas
Analoges aus dem Schaffen
zweier ausgereifter Meister in
den Sinn, die beide der älteren
Generation angehören. Die
Blütezeit ihrer Laufbahn erlebte
ich als junger Mann. Ihre Denk-
probleme sind den eben besprochenen ähnlich, wenngleich
sie auch auf höherer Ebene liegen.

Gemeint sind zwei bekannte
sowjetische Schachspieler und
Antipoden in schöpferischer
Hinsicht, nämlich der Interna-
tionale Meister Alatorzew sowie
Großmeister Tolusch.

Die Stärke Alatorzews war von jeher das Positionsspiel. Doch auf dieser soliden Grundlage machten sich taktische Unzulänglichkeiten bemerkbar. Es scheint, daß dieser Umstand den arbeitsamen und zielstrebigen Alatorzew daran hinderte, Großmeister zu werden.
In dem folgenden Beispiel spiegeln sich die starken und schwachen Seiten seines Schaffens anschaulich wider.

Vierspringerspiel
Löwenfisch–Alatorzew
Wettkampf 1940

1. e4 e5 2. Sf3 Sc6 3. Sc3 Sf6 4. Lb5 Lb4 5. 0–0 0–0 6. L:c6!? dc 7. d3 ...

Die Idee dieses Abspiels besteht darin, einen Angriff am Königsflügel in die Wege zu leiten. Zu diesem Zweck lenkt Weiß den gegnerischen d-Bauern vom Zentrum weg und schafft sich zugleich eine feste Zentralstellung im eigenen Lager. Schwarz erhält dafür das Läuferpaar.

7. ... Te8 8. Se2 Sh5!

Ein feines Positionsmanöver, das den Hauptplan des Anziehenden (h2–h3, g2–g4, Se2–g3 usw.) durchkreuzt, denn auf 9. h3 kann jetzt 9. ... Df6 10. Lg5 Dg6 11. g4 h6! 12. gh D:h5 13. Sg3 D:h3 14. Le3 Lg4 nebst h6–h5–h4 folgen.

9. Lg5 f6 10. Le3 Ld6 11. Sd2 ...

Hier konnte Schwarz 11. h3 mit 11. ... g5 12. g4 Sf4 usw. beantworten.

11. ... c5 12. Kh1 Le6 13. Sg1 g6 14. g3 b6 15. f4? ...

Ein schwerwiegendes positionelles Versehen. Der Anziehende gibt dem verständlichen Wunsch nach, so schnell wie möglich seinen Hauptplan zu verwirklichen. Doch es war unerläßlich, diesen Sprengungszug beispielsweise durch De2, Tae1, b3, Sc4, Lc1 usw. umsichtig vorzubereiten.

15. ... f5!

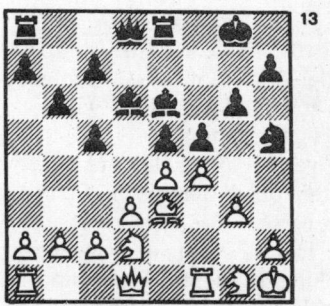

Eine vortreffliche Erwiderung. Das Bauernscharmützel im Zentrum ist günstig für Schwarz.

16. Df3 ef 17. gf Tf8 18. Se2 Dd7 19. Tg1! Kh8 20. b3 Tae8

Aufmerksamkeit verdiente die Fortsetzung 20. ... fe 21. de L:f4 22. S:f4 S:f4 und falls 23. L:f4, so 23. ... D:d2 24. Le5+ Kg8 25. Dh5 Lf5 26. Dh4 Tae8 27. Tg2 Db4!, und Weiß steht schlecht. Anstelle von 23. L:f4 war anscheinend 23. Taf1 Sd5 24. D:f8+ T:f8 25. T:f8+ Kg7 26. ed L:d5+

23

27. Tf3 Df5 mit zweischneidigem
Spiel besser.

21. Taf1 Sf6 22. Sc3 fe 23. Sd:e4
Sh5 24. S:d6 (in Betracht kam
24. b4!?) 24. ... cd 25. Tg5
Df7 26. Kg1! h6

Die Initiative liegt bei Schwarz,
aber es ist nicht leicht, sie zu
verstärken. So hätte Weiß nach
etwa 26. ... Sg7 27. Se4 Sf5
28. T:f5! ausreichendes Gegenspiel gehabt.

27. Tg2 Kh7 28. Tgf2 Lc8?

Von diesem Moment an kommt
Schwarz rasch vom rechten Weg
ab. Besser geschah 28. ... Sg7
29. Ld2 Sf5 30. Se4 Ld5 31. Lc3,
obgleich Weiß dank der Drohung
Sg5+ wohl das Gleichgewicht
behauptet hätte.
Übrigens sind wir hier auf eine
weitere charakteristische Fehlhaltung gestoßen, und zwar auf
die Überschätzung der eigenen
Stellung. In diesem Fall kann
man Tartakowers Ausspruch „Im
Schach gibt es nur einen Fehler —
die Überschätzung des Gegners"
schwerlich beipflichten. Mich
dünkt, das Unterschätzen des
Gegners ist nicht minder gefährlich.

29. Ld2 Lb7 30. Dh3 d5 31. f5! d4

32. Se4! ...
Unerwartet haben sich über der
schwarzen Stellung drohende
Wolken zusammengezogen.
Jetzt taugte 32. ... T:e4 nichts
wegen 33. Dg2! Das kleinere
Übel bestand jedoch in 32. ...
L:e4 33. de T:e4 34. Dg2! Tfe8
(schlechter ist 34. ... Sf6 35. fg+
D:g6 36. T:f6! T:f6 37. T:f6
D:g2+ 38. K:g2 Te2+ 39. Tf2,
und Schwarz steht elend)
35. fg+ D:g6 36. Tf7+ Kg7
37. D:g6+ K:g6 38. T7f6+ Kh7
39. T:h6+ Kg8 40. Tg6 mit bes-
serem Endspiel für Weiß (Analyse von Löwenfisch, 1940).
In der Partie folgte 32. ... gf?,
wonach die schwarze Stellung sofort zusammenbrach:

33. Sg5+ hg 34. T:f5! Dg6
35. T:f8 Te7 36. T8f6 De8
37. Df5+ Kh8 38. Tf8+, und
Schwarz gab auf.

Eine lehrreiche Partie.
Und nun zu Toluschs Glaubensbekenntnis, das während seiner
gesamten Schachlaufbahn eindeutig auf das Kombinationsspiel gerichtet war. Im krassen

Gegensatz dazu ließ die positionelle Grundlage seines Spiels oft zu wünschen übrig.

Als Tolusch schon im reiferen Alter war, ergab es sich, daß er mehrere Jahre hindurch mit Keres zusammenarbeitete. Das hat sich zweifellos günstig auf alle Seiten seines Spiels ausgewirkt. Trotzdem, er vermochte nicht über seinen eigenen Schatten zu springen.

Hier einige gegensätzliche Beispiele aus seinem Schaffen, die der 1947 ausgetragenen 15. Meisterschaft der UdSSR entstammen, auf der sich Tolusch in Hochform befand.

Slawische Verteidigung
Tolusch–Lilienthal

1. d4 d5 2. c4 c6 3. Sf3 Sf6 4. Sc3 e6 5. e3 Sbd7 6. Ld3 dc 7. L:c4 b5 8. Lb3!? b4 9. Se2 Lb7 (besser ist 9. ... La6) 10. 0–0 Le7 (und hier ist 10. ... Ld6 genauer) 11. Sf4 0–0 12. Sg5! Da5 13. h4 c5 14. Te1 Tac8

Vorzuziehen war 14. ... cd 15. ed Tac8, denn jetzt geht Weiß wirkungsvoll zur Offensive über.

15. Sf:e6! fe 16. L:e6+ Kh8 17. d5 c4 18. e4 Lc5 19. e5! ...

Der Anziehende führt den Angriff phantasievoll und energisch. Der Textzug leitet eine schöne Schlußkombination ein.

19. ... S:d5 20. Dh5 S5f6 21. ef S:f6 22. Sf7+ T:f7 23. D:f7 Tc7 24. Ld7!! L:f2+ (ein Verzweiflungsopfer) 25. K:f2 Dc5+ 26. Le3 Dd6 27. Tad1 T:d7 28. D:d7 D:d7 29. T:d7 S:d7 30. Ld4 Ld5 31. Te8+ Lg8 32. Te7 Sf6 33. T:a7 b3 34. a4. Schwarz gab auf. Das folgende Beispiel ist ebenfalls kennzeichnend.

Slawische Verteidigung
Tolusch–Alatorzew

1. d4 d5 2. c4 c6 3. Sf3 Sf6 4. Sc3 e6 5. e3 Sbd7 6. Ld3 Lb4 7. 0–0 0–0 8. Dc2 dc 9. L:c4 Ld6 10. Ld3 De7 11. Se2 e5 12. Sg3 g6 13. Ld2 Te8 14. e4 ed 15. Tae1 Se5?

Ein Zug, der aus allgemeinen Erwägungen heraus gemacht und von dem Wunsch diktiert wurde, im Zentrum aktiv zu werden. Er bringt Schwarz in eine schwierige Lage. Vorzuziehen war 15. ... Df8.

16. S:e5 L:e5 17. f4 Lc7 18. e5 Sd5

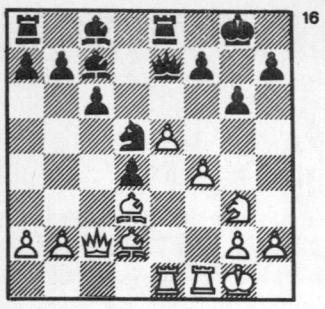

19. f5! ...

Der Auftakt zu einem heftigen Sturmangriff am Königsflügel, den Tolusch mit großem Geschick vorträgt.

19. ... L:e5 20. fg f6 (20. ... hg 21. L:g6!) **21. Lh6 Se3 22. T:e3! ...**

Der entscheidende kombinatorische Schlag. Den Schlußteil der Attacke führt Weiß äußerst schwungvoll.

22. ... de 23. g7! f5 24. S:f5 L:f5 (24. ... Dc7 25. Se7+! D:e7 26. L:h7 matt) **25. T:f5 L:g7 26. Tg5 e2 27. L:e2 De3+ 28. Kh1 D:g5 29. L:g5 Kh8 30. h4 Te5 31. Lf4 Ta5 32. De4 Tf8 33. Ld3 Th5 34. Lg5 L:b2 35. g4!** Schwarz gab auf.

Und nun ein Beispiel ganz anderer Art.

Nimzowitsch-Indische Verteidigung
Tolusch–Keres

1. d4 Sf6 2. c4 e6 3. Sc3 Lb4 4. Dc2 0–0 5. Sf3 c5 6. dc Sa6 7. Ld2 S:c5 8. e3 b6 9. Le2 La6

10. 0–0 d5 11. cd L:e2 12. S:e2 L:d2 13. D:d2 S:d5 14. Tfd1 ...

Die Partie ist bisher außerordentlich ruhig verlaufen. Es besteht eigentlich kein Zweifel, daß sie bald friedlich enden wird. Aber Tolusch erinnert sich an den „Wolf im Schafspelz", ohne daran zu denken, daß dieser „Pelz" dem Wolf selbst gefährlich werden kann. Doch davon soll sich der Leser am besten selber überzeugen.

14. ... Df6 15. Dd4 a5! 16. Tac1 D:d4 17. T:d4(?) ...

Ein unmerklicher Fehlgriff. Besser war 17. Se:d4. Das Schlimme ist, daß Weiß noch gar nichts Böses ahnt. Doch das Unheil schleicht sich langsam, aber sicher heran.

17. ... Sb4 18. Sc3 Scd3!

Ungeachtet der symmetrischen Bauernstruktur und der geringen Feindberührung der Streitkräfte hat Weiß bereits Schwierigkeiten im Endspiel, weil seine Figuren plötzlich isoliert und ohne inneren Zusammenhang dastehen.

19. Tb1 Tac8 20. a3 S:b2!

Und da ist auch schon der allmählich herangereifte, unkomplizierte, doch elegante taktische Einschlag. Interessanterweise fühlte sich Tolusch in verwickelten, kombinationsgeladenen Stellungen meist wie ein Fisch im Wasser, aber in einfachen, etwas schlechteren Positionen beging er verhältnismäßig oft elementare Fehler. Die Ursache dafür war, daß solche Stellungen nicht seinem Geschmack entsprachen. Langeweile schläfert nun einmal den Geist ein.

21. ab (21. T:b2 T:c3 ist vorteilhaft für Schwarz) 21. ... T:c3 22. ba ba 23. h3 Tb3 24. Td2 Tfb8 25. Sd4 T3b6 26. Sc6 T:c6 27. Tb:b2 Tcc8 28. Ta2 Ta8 29. Td7 h5

Zu guter Letzt ist die Partie in ein Doppelturmendspiel mit einem schwarzen Mehrbauern eingemündet, das Tolusch resignierend verlor. Es geschah:

30. Tb7 Td8 31. Tc2 a4 32. Tcc7 Tdb8 33. Ta7 T:a7 34. T:a7 Tb4 35. f4 h4! 36. Kf2 Te4 37. Kf3 f5 38. Tb7 Kh7 39. Tb8 Kg6 40. Ta8 Kf6 41. Tf8+ Ke7 42. Tg8 Kf7 43. Ta8 g6 44. Tb8 Kf6 45. Tb7 g5 46. Ta7 Tb4 47. g3 g4+ 48. Kg2 Tb2+ 49. Kg1 hg 50. hg Ta2 51. Ta6 a3 52. g5+ Kf7 53. Kf1 Tf2+ 54. Kg1 a2 55. Kh1 Kg6 56. Kg1 Kh5. Weiß gab auf.

Wir haben dem Leser ein widerspruchsvolles Bild entworfen, das letztlich dafür spricht, daß der dem Schachspieler angeborene Gesichtskreis begrenzt ist. Diese naturgegebene Beschränktheit setzt das Schach keineswegs herab, sondern bereichert es im Gegenteil sogar noch. Schließlich sorgt ja gerade das prinzipiell unterschiedliche Herangehen an Positionen und Probleme für jenes schöpferische Fluidum, das der Erweiterung unseres Wissens um diese alte, doch ewig junge Kunst so zuträglich ist. Es zeugt aber auch von der Unerschöpflichkeit und dem gewaltigen Bildungswert des Schachspiels, das die Menschen anregt, sich die harmonische Entwicklung ihres Intellekts angelegen sein zu lassen.

Wenn die Begeisterung entfacht ist

Verweilen wir noch bei einer Eigenart des Fehlers. Welcher Schachbegeisterte weiß nicht, daß dieser selten allein kommt. Im praktischen Kampf sind die Nerven der Spieler bis zum Äußersten angespannt, und daraus resultiert nur allzuoft eine gewisse Überforderung. Genau in diesem Augenblick kann der trübe Strom der Fehler den Damm durchbrechen und uns um die Früchte der vorangegangenen Bemühungen bringen. Eine Häufung von Fehlern kann andererseits aber auch psychologische Ursachen haben, wie Sorglosigkeit, Nachlässigkeit oder unbegründeten Optimismus. Die Schachkunst duldet nämlich keine Leichtfertigkeiten. Anders ausgedrückt heißt das, es gibt noch eine wesentliche Fehlerquelle, und zwar den menschlichen Charakter, das Temperament. Schach ist ohne Emotionen, ohne den Enthusiasmus seiner Anhänger undenkbar. Gerade dieser Begeisterungsfähigkeit verdanken wir zahlreiche leuchtende Vorbilder. Mitunter verschuldet diese jedoch auch Rückschläge und nicht wiedergutzumachende Irrtümer.

Zum Fehler (im weitesten Sinne des Wortes) führen also viele Wege, zumal ja an Ursachen kein Mangel herrscht. Befassen wir uns nun mit einigen subjektiv bedingten Fehlerursachen.

Verschiedene Erscheinungsformen des fehlerhaften Denkens

Beim praktischen Kampf machen sich zahllose zusätzliche Reize bemerkbar, die das Denken negativ beeinflussen. Dazu gehören in erster Linie Zeitnot, Übereifer und das Bestreben, den Spielverlauf gewaltsam zu verändern – also Erscheinungen, die größtenteils in sportlichen Erwägungen wurzeln.

Beginnen wir mit dem zuletzt genannten Fall.

Smyslow–Dorfman
45. Meisterschaft der UdSSR, 1977

18

Weiß hat die etwas besseren Chancen, trotzdem ist die schwarze Stellung wahrscheinlich haltbar. Nun ist Exweltmeister Smyslow zwar für seine Objektivität bekannt, aber in dieser Partie stand er unter dem Druck sportlichen Erfolgszwangs, da ihm ein Remis nichts nutzte. Dem und seiner Ermüdung (die Partie wurde in der letzten Runde ausgetragen) ist der irreguläre Spielausgang wohl zuzuschreiben.

69. g4!? ...

Im Kampf um die Initiative hat sich Smyslow zu einem kühnen und sehr gewagten Schritt durchgerungen. Er droht jetzt g4–g5. Die weißen Bauern sind einstweilen unverwundbar, denn auf 69. ... S:a3 entscheidet 70. g5 nebst 71. Db2+, während nach 69. ... S:d5 der Zug 70. De4 eine Figur erobert.

69. ... Df7 70. Lg2? ...

Hier gelingt es Smyslow nicht, das Variantenknäuel zu entwirren. Angriffselan duldet aber keinen Stillstand. Richtig war 70. Df2 oder 70. Dd3, wodurch die Drohung g4–g5 aufrechterhalten und der zentrale Schlüsselpunkt d4 aufs Korn genommen wird. Danach wäre die schwarze Position ziemlich unbehaglich geblieben. Jetzt indessen ändert sich die Lage auf dem Brett ungemein schnell.

70. ... h5 71. Se6+ Kg8 72. Sg5? ...

Ein grobes Versehen, das bereits zur Niederlage führt. Anscheinend wirkt sich Smyslows Müdigkeit aus. Erforderlich war 72. gh.

72. ... De8!

Eben diese Antwort war dem Anziehenden entgangen. Schwarz stellt den Gegner vor das Dilemma, entweder schwerwiegenden Materialverlust hinzunehmen oder sich auf ein Endspiel einzulassen, in dem der wichtige Bauer a3 verlorengeht.

73. D:e8 S:e8 74. Le4 S:a3 75. L:g6 Sc4!

Am einfachsten. Schwarz spielt unverzüglich seinen Haupttrumpf, den Bauern a4, aus.

76. gh a3 77. Lb1 Sd2 78. La2 Sf6

79. h6 Sfe4 80. Kg2 S:g5 81. hg Se4 82. Kf3 Sc3 83. Lb3 a2 84. L:a2 S:a2 85. g6 S:b4 86. Ke4 Sa6 87. Kf5 Sc7. Weiß gab auf.

Und nun ein Beispiel für Übereifer, der ebenfalls ein schlechter Ratgeber ist.

Tal—Smyslow
45. Meisterschaft der UdSSR, 1977

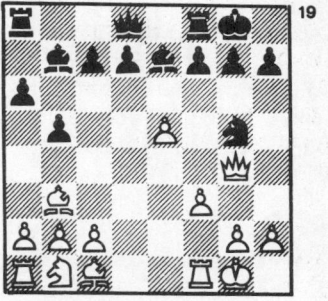

Der weiße Aufmarsch am Königsflügel sieht vielversprechend aus, zumal der Vorstoß f3–f4–f5 in der Luft liegt. Vom Siegestaumel gepackt, zog Tal, beinahe ohne zu überlegen, 12. f4(?). Unmittelbar nach der Partie räumte Tal ein, daß 12. Sc3 Kh8 und erst jetzt 13. f4 stärker (und vernünftiger!) gewesen wäre. Doch in der Hitze des Gefechts erlag er dem ersten Impuls.

12. ... Se4 13. f5 Kh8

Interessant war 13. ... Lc5+ 14. Kh1 Kh8 15. Sc3 Sf2+ 16. T:f2 L:f2 mit einer gewissen Kompensation für die Qualität.

14. Tf3? ...

Dieser unüberlegte Ausfall ist nur scheinbar aktiv und hat nicht wiedergutzumachende Folgen. Richtig geschah 14. Le3 mit annähernd gleichem Spiel.

14. ... Lc5+ 15. Kf1 ...

Der Übereifer ist erkaltet. Tal verfiel in Nachdenken, vermochte aber nichts Besseres zu finden. Auf 15. Kh1 ist 15. ... d6! am einfachsten, womit die Drohung Sf2+ noch aufgespart und das weiße Zentrum zerstört wird. Auch nach 15. Le3 De7! ist Weiß um eine gute Fortsetzung verlegen, da 16. f6 durch 16. ... L:e3+ 17. T:e3 S:f6! widerlegt wird.

15. ... d6 16. f6 g6!

Dagegen versprach 16. ... gf 17. Th3 dem Gegner wegen 18. T:h7+ Remischancen.

17. Dh4 de 18. Ke2 Dd4! (droht 19. ... Sc3+) 19. Th3 ...

Führt zu einem verlorenen Endspiel. Bei 19. Dh6 S:f6 20. T:f6 Dg4+ 21. Ke1 De4+ 22. Kd1 Tad8+ 23. Sd2 D:g2 24. c3 e4 besäße Schwarz jedoch durchdringenden Angriff.

19. ... Df2+ 20. D:f2 S:f2 21. Th4 Se4 22. Lh6 S:f6! 23. L:f8 T:f8 24. Kf1 Td8 25. c4 g5 26. Th3 g4

Gut war auch 26. ... Sg4, doch Smyslow befolgt einen Plan, der die völlige Lahmlegung der weißen Kräfte vorsieht.

27. Tc3 b4 28. Tc1 Td4 29. g3 Lf3

30. a3 a5 31. ab ab 32. Ta5 Sd7 33. Lc2 ...

33. La4 taugt nichts wegen 33. ... Lb6.

33. ... e4 34. Te1 Lb6 35. Ta8+ Kg7 36. Td8 f5 37. La4 Se5 38. T:d4 L:d4 39. Sd2 L:b2 40. Sb3 Lc3. Weiß gab auf.

Und nun erst die Zeitnotdramen. Wie können sie doch den normalen Gang der Ereignisse entstellen! Als Beleg wählen wir einige instruktive Zweikämpfe aus dem 1978 in Baguio gespielten Match um die Weltmeisterschaft. Besonders im Gedächtnis haftengeblieben ist das dramatische Endspiel aus der 13. Begegnung. In ihr setzte der Herausforderer bei Wiederaufnahme der Partie die schwarze Stellung verbissen unter Druck. Karpow verteidigte sich aber sehr umsichtig. Als Weiß in starke Zeitnot geriet, zog der Weltmeister diesen psychologischen Umstand ins Kalkül und fing an, gefährliche Fallstricke auszulegen.

Kortschnoi—Karpow

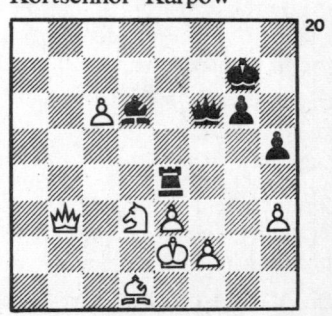

Karpow zog 52. ... Df5! und bekundete damit deutlich die Absicht, gegebenenfalls auf Gewinn zu spielen. Objektiv gesehen wäre es hier und in der Folge für Weiß am klügsten gewesen, das Remis zu forcieren, das z. B. durch 53. Dc3+ usw. zu erzielen war. Doch der vom Ehrgeiz besessene Herausforderer verlor allmählich die Übersicht.

53. Db7+ Te7 54. Db2+ Kh7 55. Dd4 Lc7 56. Dh4? ...

Daraufhin bleibt die Strafe nicht aus, und das Kampfbild ändert sich jäh. Die weiße Dame sitzt in der Falle. Um sie zu retten, muß der Anziehende in eine verhängnisvolle Schwächung seiner Königsstellung einwilligen.

56. ... Te4! 57. f4 Lb6 58. Lc2 T:e3+ 59. Kd2 Da5+ 60. Kd1 Da1+ 61. Kd2 Te4. Weiß gab auf.

Unter demselben Aspekt muß man auch die nicht weniger aufregende Entwicklung der Ereignisse in der 17. Partie sehen.

Kortschnoi–Karpow

21

Die schwarze Stellung macht einen gefährdeten Eindruck. Es ist nicht leicht, eine vernünftige Spielweise anzugeben. Der Turm e5 hat keinen befriedigenden Rückzug, und nach 27. ... T:b5 28. ab, gefolgt von S:d4, wäre das Endspiel für Schwarz höchst unerfreulich.

Karpow fand eine prächtige taktische Lösung der Frage. Obwohl die folgende Entgegnung die Probleme objektiv betrachtet wahrscheinlich ebenfalls nicht aus der Welt schafft (die schwarze Stellung ist nun einmal minderwertig), wirkt sie sich dank ihrer Erfindungskraft und dem Überraschungseffekt psychologisch nachhaltig aus.

27. ... Sc4! 28. Tb7+ (28. Sd6+? T:d6 29. T:e5 S:a3 ist selbstverständlich vorteilhaft für Schwarz) 28. ... Ke6! 29. S:d4+ (29. Lf8 d3!) 29. ... Kd5 30. Sf3 ...

Weiß sah nur diesen Springerwegzug, der wohl auf einem Rechenfehler beruht. Größere Unannehmlichkeiten hätte Schwarz indes 30. Sc2 bereitet, wonach 30. ... S:a3? wegen 31. Sb4+ ausschied. Zugleich ist auf 30. ... T:a4 die Erwiderung 31. Lf8! sehr unangenehm, nach der Schwarz mühselig um das Remis zu kämpfen gehabt hätte. Jetzt hingegen hat Karpow das Schwerste überstanden.

30. ... S:a3 31. S:e5 K:e5 32. Te7+? (einfacher war 32. T:g7) 32. ... Kd4

Von diesem Moment an verlor Weiß völlig das Gefühl für taktische Gefahren und ließ sich — allerdings in starker Zeitnot — sogar matt setzen.

Anscheinend lag die Ursache für die groben Fehler des Herausforderers in den eben betrachteten Partien nicht so sehr in dessen Ermüdung, sondern vielmehr in der übermäßigen Anspannung und natürlich in zeitnotbedingter Nervosität. Seine Versehen waren vor allem das Resultat des geschickt die gegnerische Zeitnot ausnutzenden Spiels von Karpow.

Das ist jedoch stets ein gewagtes Unterfangen, denn im Grunde geht das unbedingte Spiel auf Zeitnot ja auf Kosten des Bemühens, die besten Züge zu finden.

Jedem von uns ist schon in seinen Anfängerjahren beigebracht worden, in gegnerischer Zeitnot nicht übereilt zu ziehen oder primitive Fallen zu stellen. Diese Wahrheit gilt für alle Schachspieler, unabhängig von ihrer Leistungsstärke. So ist es nicht ausgeschlossen, daß der Wettkampf in Baguio früher zu Ende gegangen wäre, wenn Karpow in seiner zweiten Hälfte nicht begonnen hätte, das Spiel auf die gegnerische Zeitnot zu übertreiben. Das verleitete ihn zu ärgerlichen Übereilungen in der 20., 22. und in einigen weiteren Partien, in denen er gute Gewinnaussichten hatte.

In diesem Zusammenhang ist auch der folgende Fall aufschlußreich.

Szabó–Petrosjan
Interzonenturnier 1952

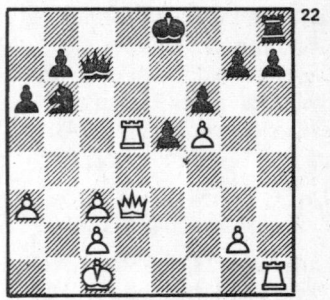

Die weiße Stellung ist gewonnen, obendrein befand sich der Nachziehende in hoher Zeitnot. Dies stiftete Szabó zu dem gewagten Unternehmen an, auf Blättchenfall zu spielen.

25. Td6 ...

Von diesem Moment an verliert Weiß den Faden. Petrosjan hielt 25. Td1 für gefährlicher; falls dann 25. ... S:d5 26. D:d5 Tf8 27. De6+ De7 28. Dc8+ Kf7 29. Dc4+ Ke8, so 30. Td5 mit der starken Drohung 31. Tc5! Auch bei 26. ... Dc8 27. Dd6 behielte Weiß verschiedene Drohungen, wie z.B. die Überführung des Turmes nach c5.

25. ... 0–0 26. Td1 ...

Eine weitere Ungenauigkeit, die den Kampfverlauf von Grund auf ändert. Richtig war 26. Th4! und wenn 26. ... Dc5, so 27. Tb4.

Jetzt hingegen geht der Vorteil an Schwarz über.

26. ... Dc5 27. Td8 D:a3+
28. Kb1 h5!

Ein vortrefflicher Zug. Er stellt die unmittelbare Drohung 29. ... Sa4! auf, gleichzeitig trennt er den weißen f- vom g-Bauern, und außerdem sorgt er für ein Luftloch. Obgleich Petrosjan angesichts des hängenden Blättchens schnell ziehen mußte, ist sein Spiel über jedes Lob erhaben.

29. T:f8+ D:f8 30. De4 ...

Ein Fehler jagt den anderen. Das kleinere Übel bestand in
30. Dd8.

30. ... De7 31. Db4 Dc7
32. Dd6? ...

Nach dem Damentausch ist Weiß verloren. Wahrscheinlich hoffte er noch immer auf die Zeitnot des Partners.

32. ... D:d6 33. T:d6 Sc4!

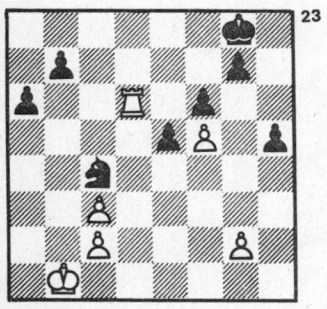

Von jetzt an entfaltet der schwarze Springer eine rege Tätigkeit.

34. Td7 b5 35. Ta7 Se3 36. T:a6
S:g2 37. Kc1 ...

Forciert gewänne Schwarz im Fall von 37. Tb6 h4 38. T:b5 h3 39. Ka2 (auch 39. Td5 e4 40. Kc1 e3 taugt nichts) 39. ... e4 40. c4 e3 41. c5 e2 42. Tb1 e1D 43. T:e1 S:e1 44. c6 h2.

37. ... h4 38. Kd2 h3

Wie man deutlich sieht, ist die weiße Position hoffnungslos.

39. Ta1 Sh4 40. c4 bc 41. Th1 ...

Auch 41. Kc3 S:f5 42. K:c4 Sg3 43. Kd5 h2 44. c4 h1D 45. T:h1 S:h1 46. c5 Sg3 47. c6 Sf5! hätte nichts geholfen.

41. ... S:f5 42. Kc3 Sd6 43. T:h3 Kf7 44. Th7 f5 45. Kb4 f4 46. Kc5 f3! 47. Th1 e4. Weiß gab auf.

Zum Abschluß dieses Teils wollen wir noch einige Bonmots von Tartakower zu diesem Thema zitieren:
„Die Tragödie der Fehler ist die Tragödie der Leidenschaften."
„Fehler können und dürfen nur starke Spieler machen."
„Fehler sind dazu da, um gemacht zu werden."

Wir haben die hauptsächlichen Ursachen für die Entstehung von Fehlern betrachtet. Ihnen haftet nichts Kompliziertes oder gar Geheimnisvolles an. Aber wie im Leben bringen einfache Sachverhalte vielfältige Erscheinungsformen hervor. Und noch etwas. Die Schachkunst bestätigt die Binsenwahrheit, daß irren menschlich ist.

Im Schach lassen sich Fehler nur in einfachen, überschaubaren Stellungen vermeiden. In schwierigen, kampfbetonten Positionen dagegen sind selbst starke Meister nicht gegen Fehler und Irrtümer gefeit. Man braucht sich ja nur zu vergegenwärtigen, daß der Schachspieler ständig gezwungen ist, dynamisch zu denken.

Das alles ist unserem ehrwürdigen Spiel jedoch keinesfalls abträglich. Im Gegenteil! Der philosophische Begriff des Fehlers ist bislang allerdings nur ungenügend untersucht worden. Diese ganze, komplizierte Frage harrt noch ihrer Erforschung.

Damit sind wir am Ende unserer etwas ausführlich geratenen Einleitung angelangt.

Bevor wir indessen zur Analyse aller erdenklichen Fehlertypen und deren Wechselbeziehung zueinander übergehen, möchte ich zunächst die Grundlagen richtiger Denkmethoden besprechen, da wir in diesem Buch die Probleme des Denkens sozusagen von innen her betrachten. In gewisser Weise wird hier alles „von den Beinen auf den Kopf" gestellt.

Dennoch ist geboten, die Orientierung nicht zu verlieren und das Ideal im Auge zu behalten, dem jeder Schachfreund bei der Entwicklung seines Denkens nachstreben sollte.

2. Kapitel

Die wichtigsten positiven Komponenten des schachlichen Denkens

Schach ist ein komplizierter Komplex. Die Vervollkommnung des Schachspielers erfordert deshalb, daß diesem möglichst viele positive Charakter- und Denkeigenschaften anerzogen werden. Dabei kommt zwei wichtigen Komponenten des Denkens eine erstrangige Bedeutung zu, und zwar der Variantenberechnung und damit verbunden dem kombinatorischen Weitblick sowie der Stellungsbeurteilung.

Untersuchen wir diese der Reihe nach. Beginnen wir mit Kombinationsbeispielen.

Die Kunst der weiten und genauen Berechnung

An den beiden nächsten Partien besticht vor allen Dingen die weite und genaue Berechnung der Varianten.

Aljechin—Koltanowski
London 1932

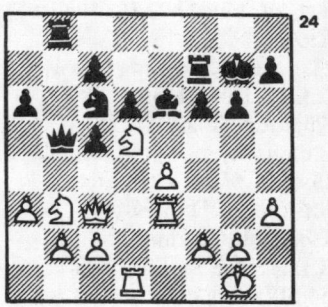

In dieser Lage scheint sich ein streng positioneller Kampf abzuspielen, doch Weiß zog unerwartet 22. S:c7!

Zu diesem Zug schrieb Aljechin: „Gewöhnlich sind sogenannte positionelle Opfer schwerer zu finden; sie müssen deshalb höher bewertet werden als jene, die ausschließlich auf einer genauen Berechnung taktischer Möglichkeiten basieren.

Die vorliegende Stellung stellt. meiner Ansicht nach eine Ausnahme dar, weil die Vielzahl und Kompliziertheit der mit dem Springeropfer verbundenen Varianten mehr angestrengte geistige Arbeit erforderte als eine beliebige allgemeine Beurteilung der beiderseitigen Möglichkeiten."

22. ... T:c7 23. T:d6 Lc4

Hier führt Aljechin folgende ins einzelne gehende, mit vielen eleganten Wendungen ausgestattete Analyse an, in der gründliche Berechnung und durchdringender Kombinationsblick miteinander verschmelzen:

I. 23. ... L:b3? 24. D:f6+ nebst 25. T:b3;
II. 23. ... Sd4? 24. S:d4 usw.;
III. 23. ... Dc4 24. S:c5! usw.;
IV. 23. ... Sd8 24. Tf3 Tf7
25. S:c5 usw.;
V. 23. ... Lf7 24. T:f6! Sd4
25. S:d4 cd 26. D:c7 K:f6
27. Tf3+ mit Gewinn;
VI. 23. ... Te8 24. S:c5 Sd8
25. b4 Sf7 26. T:e6 usw.;
VII. 23. ... Kf7 24. Tf3 Ke7
25. a4 Db6 26. T:e6+ K:e6
27. S:c5+ Kd6 (oder 27. ... Kf7
28. D:f6+ Kg8 29. Se6!) 28. D:f6+
K:d5 29. Tc3+ Kb4 30. Dd6+,
und Weiß gewinnt.
In der Partie geschah:

24. a4! D:a4 25. S:c5 Db5
26. D:f6+ Kg8 27. Sd7! Td8
28. Tf3 Db4 29. c3 Db5 30. Se5!
Tc8 31. S:c6. Schwarz gab auf.

Auch die nächste prachtvolle Kombination beeindruckt durch bemerkenswerte Präzision und weite Berechnung.

Boleslawski–Flohr
18. Meisterschaft der UdSSR, 1950

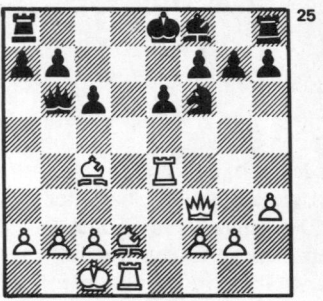

15. L:e6 fe 16. T:e6+ Le7

Auf 16. ... Kf7 wäre 17. T:f6+ gf 18. Dh5+ gefolgt, und Weiß behält die Oberhand, wie nachstehende Varianten beweisen:

a) 18. ... Ke7 19. Te1+ Kd6
20. Lf4+ Kd7 21. Df7+.
b) 18. ... Kg7 19. Lh6+ Kg8
20. Dg4+ Kf7 21. Td7+ Le7
22. Dg7+.
c) 18. ... Kg8 19. Dg4+ Kf7
(19. ... Lg7 20. De6+ Kf8
21. Lf4) 20. Dc4+ Kg7 21. Le3
Db4 (21. ... Dc7 22. Dg4+ Kf7
23. Td7+) 22. Td7+ Kg6 23. Df7+
Kf5 24. c3 Db5 25. g4+ Ke4
26. D:f6 mit schnellem Matt.
d) 18. ... Kg8 19. Dg4+ Kf7
20. Dc4+ Kg6 21. De4+! Kf7
22. La5! Lh6+ (22. ... Dc5
23. Td7+ Le7 24. Lb4) 23. Kb1
Tad8 (23. ... Thd8 24. D:h7+
Lg7 25. Dh5+) 24. Dc4+ Kg7
25. Dg4+, und Weiß gewinnt.

17. Tde1 Sd5

36

Auf den ersten Blick könnte man meinen, daß Schwarz durch 17. ... 0–0 18. T:e7 Sd5 die Qualität erobern konnte, allein darauf wäre 19. T:g7+! K:g7 20. Lc3+ S:c3 21. Te7+ Kh6 22. D:c3 mit Matt in wenigen Zügen gefolgt.

18. Lg5 0–0–0

Dem Nachziehenden ist es gelungen, den König auf Kosten eines Bauern aus dem Zentrum zu entfernen. Doch der weiße Angriff dauert an.

19. L:e7 S:e7 20. T:e7 Thf8 21. Dg4+ Kb8 22. D:g7 D:f2 23. b3 Tg8 24. D:h7 T:g2 25. T:b7+ Ka8 26. Tbe7, und Weiß siegte mühelos.

Das kombinatorische Sehvermögen

Wie wir gesehen haben, ist Variantenberechnung eine komplizierte Angelegenheit. Ihre Seele ist das Eindringen in die kombinatorischen Feinheiten der Stellung (wobei natürlich nur Stellungen gemeint sind, die überhaupt Kombinationsmotive enthalten). Hierbei ist die Berechnung vom kombinatorischen Sehvermögen (oder wie man oft auch sagt – von der taktischen Schlagfertigkeit) abhängig. Diese Schlagfertigkeit ist für das Aufspüren und die Enthüllung der kombinatorischen Harmonie einer bestimmten Position unbedingt notwendig, denn ohne sie wäre jede Berechnung ihres innersten Gehalts beraubt und würde sich in eine sinnlose, rein formale Operation auflösen. Das kombinatorische Sehvermögen gestattet es, die verborgensten Geheimnisse der Stellung zu ergründen. Diese wertvolle Eigenschaft besitzen darum auch alle hervorragenden Schachmeister der Gegenwart und Vergangenheit.

Was ist eigentlich kombinatorisches Sehvermögen? Darüber gibt das nächste Vorbild hinlänglich Aufschluß.

Polugajewski–Torre
Interzonenturnier, Manila 1976

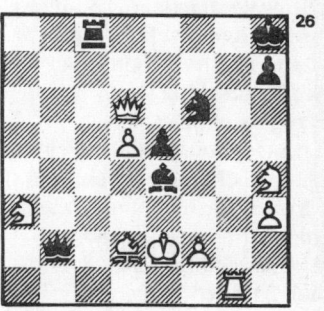

Diese äußerst verwickelte Stellung war nach dem 30. Zug von Weiß entstanden. Torre setzte nun mit 30. ... S:d5 fort und verlor. Nach Schluß der Partie suchte er zu beweisen, daß der Kampf anders geendet hätte, wenn an dieser Stelle 30. ... Ld3+ geschehen wäre. Tatsächlich verbietet sich 31. K:d3

37

wegen 31. ... Dd4+ 32. Ke2 Se4
33. Le3 Db2+! usw.
Auch 31. Kf3 Se4 32. De7 S:d2+
33. Kg2 Se4 scheint für Weiß
unbefriedigend zu sein, da der
Gegner über eine Reihe gefährlicher Drohungen verfügt.
Sich in einem solchen Labyrinth
zurechtzufinden, ist höchst
mühselig und zeitraubend. Allerdings nicht für „Auserwählte"!
In seinen Kommentaren zu dieser Partie erwähnt Polugajewski
ein sehr interessantes Vorkomm-
nis. In dieser Stellung gesellte
sich der junge, talentierte jugo-
slawische Großmeister Ljubojević zu ihnen und beteiligte sich
an der gemeinsamen Analyse.
Schon nach kurzer Zeit entdeckte er eine verborgene Rettung für Weiß, indem er in dem
letzten Abspiel nach 33. Kg2
Se4 den phantastischen Zug
34. Sc2!! vorschlug.
Nun zeigt sich, daß der als
Opfer angebotene weiße Springer
durchaus nicht die Absicht hat,
sein Leben für nichts und wieder nichts herzugeben. So geschieht nämlich auf 34. ... D:c2
einfach 35. D:e5+ und im Fall
von 34. ... L:c2 ist 35. Kh2 Tg8
36. T:g8+ K:g8 37. Sf5! sofort
entscheidend. Bei 34. ... Tg8+
schließlich kommt eine besonders hübsche Variante zu-
stande: 35. Kh2 T:g1 36. Df8+
Tg8 37. Sg6+ hg 38. Dh6 matt.
Derartige Zusammenhänge spie-
lend zu erkennen – das ist wahres kombinatorisches Sehvermögen!

In vielen kombinationsgeladenen
Positionen ist nicht so sehr eine
genaue und weite Vorausberechnung erforderlich, sondern vielmehr – wie in dem eben betrachteten Fall – ein scharfes Auge.
Hier einige Vorbilder dieser Art.

Keres–Geller
Budapest 1952

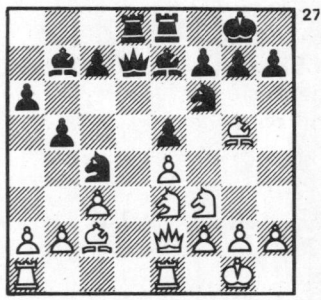

Schwarz schlug unvorsichtiger-
weise den Bauern b2:

16. ... S:b2

Nötig war 16. ... S:e3 17. D:e3
Sg4, doch Geller hat die versteckte Kombination des Gegners
nicht durchschaut.

17. S:e5 De6 18. S:f7! ...

Einen solchen Einschlag kann
man nicht berechnen, man muß
ihn sehen, und zwar vor seinem
geistigen Auge!
Durch das Springeropfer werden
König und Dame von Schwarz
auf die freigelegte Diagonale
a2–g8 gelockt. Gegen den Läu-
ferzug nach b3 hat der Nachziehende keine ausreichende
Parade, und so büßt er einen
Bauern ein.

18. ... D:f7 19. Lb3 Sc4 20. S:c4
bc 21. L:c4 Sd5 22. L:e7 D:e7
23. ed D:e2 24. T:e2 T:e2
25. L:e2 L:d5 26. a4! ...

Das ist stärker als 26. Td1,
worauf Schwarz über die be-
friedigende Antwort 26. ... Te8!
verfügt.

26. ... Td6 27. Td1 Kf7 28. a5
Te6 29. Lf1 Lb3 30. Td7+ Kf8
31. T:c7 Te5 32. Tc6 T:a5
33. Tb6 Lc2 34. T:a6 Tc5 35. Ta3
Td5 36. f3 Td1 37. Kf2 Tc1
38. h4 Lg6 39. Lc4 Ke7 40. g4 h6
41. Ld5. Schwarz gab auf.

Und noch ein Beispiel für den
geübten Kombinationsblick.

Sizilianische Verteidigung
Beresjuk–Ishnin
Sowjetunion 1976

1. e4 c5 2. Sf3 d6 3. d4 cd 4. S:d4
Sf6 5. Sc3 a6 6. Lg5 e6 7. f4 b5
8. e5 de 9. fe Dc7 10. De2 Sfd7
11. 0–0–0 Lb7 12. Dg4 D:e5
13. L:b5! ab 14. Sc:b5 h5

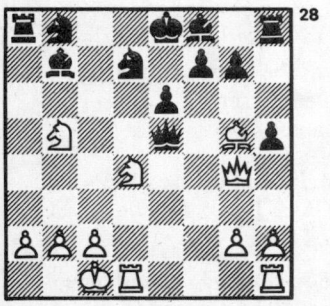

Diese Position war schon seit
langem Gegenstand eingehender
theoretischer Untersuchungen.

Man sehe, wie der Schleier ihres
Geheimnisses in der vorliegenden Partie gelüftet wurde. Ein
erstaunlich schöner Fund!

15. Sc7+!! D:c7 16. S:e6! De5
17. Sc7+!! ...

Die Pointe der Kombination.
Dank der Ablenkung der schwarzen Dame ist Weiß in der Lage,
dem Gegner den entscheidenden
kombinatorischen Schlag auf
den Zentrumslinien zu verset-
zen.

17. ... D:c7 18. De2+ Se5
19. D:e5+! Le7

Selbstverständlich nicht 19. ...
D:e5 wegen 20. Td8 matt.

20. D:c7 L:g5+ 21. Kb1 0–0
22. D:b7, und Weiß gewann.

Bleibt zu ergänzen, daß Großmeister Boleslawski Mitautor
dieser prachtvollen Kombination ist, denn er stand dem Weißspieler in diesem Turnier als
Trainer zur Seite.
Kombinatorisches Sehvermögen
und Vorausberechnung sind eng
und untrennbar miteinander verbunden. Das Sehvermögen erleichtert die Vorausberechnung
und ersetzt sie manchmal sogar.
Andererseits überprüft die Berechnung das Sehvermögen, weil
sie für eine genaue Kontrolle
über die Zwischenstationen des
taktischen Ablaufs sorgt.
Schon relativ unerfahrene
Schachliebhaber fühlen sich von
der Schönheit und Unerschöpflichkeit der Kombination ange-

zogen. Zudem ist das kombinatorische Sehvermögen (oder die taktische Schlagfertigkeit) die stärkste und wohl unentbehrlichste Waffe des Spielers. Wird sie nicht beherrscht, kann von einer Fortentwicklung überhaupt nicht die Rede sein. Nicht zufällig hat ein so hervorragender Methodiker wie Réti einmal gesagt: „Bevor man versucht, positionell zu spielen, sollte man kombinieren lernen. Möglicherweise verlieren Sie einige Partien, dafür haben Sie aber Schach spielen gelernt."

Die innere Energie der Kombinationskunst

Wir wollen noch eine besondere Eigenart der Kombinationskunst erwähnen, nämlich ihre große innere Energie. Oft tauchen taktische Ideen ganz unvermittelt auf. In solchen Augenblicken verläuft die Gedankenarbeit blitzschnell.
Als eindrucksvoller Beweis für das eben Gesagte können die beiden folgenden klassischen Vorbilder dienen, die für immer Aufnahme in der Schatzkammer der Schachkunst gefunden haben.

Réti-Eröffnung
Réti–Bogoljubow
New York 1924

1. Sf3 d5 2. c4 e6 3. g3 Sf6 4. Lg2 Ld6 5. 0–0 0–0 6. b3 Te8 7. Lb2 Sbd7 8. d4 c6 9. Sbd2 Se4?

Nun beginnt eine lange, höchst effektvolle Kombination, die Weiß energisch abschließt.

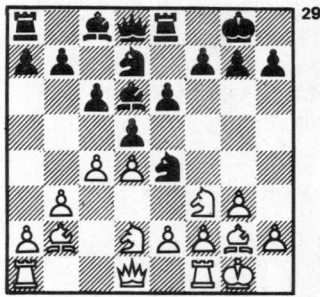

29

10. S:e4! de 11. Se5 f5 12. f3! ef 13. L:f3 Dc7 14. S:d7 L:d7 15. e4 e5 16. c5! Lf8 17. Dc2 ed 18. ef! Tad8 19. Lh5! Te5 20. L:d4 T:f5 21. T:f5 L:f5 22. D:f5 T:d4 23. Tf1 Td8 24. Lf7+ Kh8 25. Le8!! Schwarz gab auf.

Slawische Verteidigung
Breyer–Esser
Budapest 1917

1. d4 d5 2. c4 c6 3. e3 Sf6 4. Sc3 e6 5. Ld3 Ld6 6. f4!? 0–0 7. Sf3 dc 8. Lb1?! ...

Eine widersinnig anmutende Entscheidung, deren Sinn Schwarz nicht durchschaut. Der Anziehende plant eine scharfe, dynamische Offensive an der

Königsflanke und überläßt den
Damenflügel dem Gegner.

8. ... b5? (richtig war 8. ... c5)
9. e4 Le7 10. Sg5! h6 11. h4! g6
12. e5 hg

Die schwarze Lage ist bereits
kritisch. So wird er nach 12. ...
Sd5 13. h5 S:c3 14. bc hg 15. hg
fg 16. L:g6 Kg7 17. Th7+ K:g6
18. Dh5+ Kf5 auf hübsche Art
matt gesetzt: 19. g4+ Ke4
20. Dh1+ Kd3 21. Th3+ Kc2
22. Dg2 matt.

13. hg Sd5 14. Kf1! ...

Ein stiller Zug, der Schwarz vor
gewaltige Probleme stellt.
Weiß bereitet eine erstaunliche
Kombination vor, die seinen
Königsangriff krönt.

14. ... S:c3 15. bc Lb7

Vorzuziehen war der Versuch,
sich durch das Rückopfer einer
Figur loszukaufen. Allerdings ist
der weiße Ansturm nach 15. ...
f5 16. gf L:f6 17. ef T:f6 noch
immer sehr bedrohlich.

16. Dg4 Kg7 17. Th7+! K:h7
18. Dh5+ Kg7 19. Dh6+ Kg8
20. L:g6 fg 21. D:g6+ Kh8
22. Dh6+ Kg8 23. g6! ...

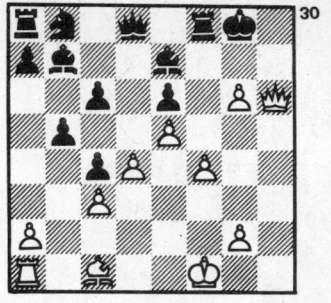

Jetzt enthüllt sich die mit dem
14. Zug von Weiß verbundene
Absicht. Stände der weiße König
auf e1, so geböte Schwarz über
die Verteidigung 23. ... Lh4+
nebst 24. ... De7.

23. ... Tf7 (anders ist das Matt
nicht zu parieren) 24. gf+ K:f7
25. Dh5+ Kg7 26. f5! ef 27. Lh6+.
Schwarz gab auf.

Weiß hat die Partie sehr
schwungvoll gespielt.

Bisher haben wir ausschließlich
Angriffskombinationen vorgestellt. Der weniger erfahrene
Leser sei vorsorglich jedoch
darauf hingewiesen, daß Kombinationsideen ebenso wirksam
und wichtig sind, wenn es gilt,
die Verteidigung aktiv zu führen.
Hier zwei Beispiele dieser Art.

Nimzowitsch-Indische Verteidi-
gung
Geller–Euwe
Zürich 1953

1. d4 Sf6 2. c4 e6 3. Sc3 Lb4
4. e3 c5 5. a3 L:c3+ 6. bc b6
7. Ld3 Lb7 8. f3 Sc6 9. Se2 0–0

41

10. 0–0 Sa5 11. e4 Se8! 12. Sg3
cd 13. cd Tc8 14. f4 S:c4 15. f5
f6! 16. Tf4 b5! 17. Th4 Db6!
18. e5! S:e5 19. fe S:d3 20. D:d3
D:e6 21. D:h7+ Kf7 22. Lh6 ...

22. ... Th8!

Unterstreicht die Vergänglichkeit
des weißen Angriffs. Nachdem
Schwarz die feindliche Dame aus
dem Spiel ausgeschlossen hat,
übernimmt er zielstrebig die
Initiative.

23. D:h8 Tc2! 24. Td1 (etwas besser war 24. d5) 24. ... T:g2+!
25. Kf1 Db3 26. Ke1 Df3. Weiß
gab auf.

Ein eindrucksvolles Vorbild für
erfindungsreiche Verteidigung
gibt auch die nachstehende Partie ab.

L. Schmid–Boleslawski
Hamburg 1960

Scheinbar ist die schwarze Stellung hoffnungslos, denn wie sollen die Drohungen auf der e- und
f-Linie abgewehrt werden?
Doch von jetzt an leistet der
Nachziehende bewundernswert
Widerstand.

17. ... d5! 18. T:e7 dc 19. Df2
Lh3!

Erneut gewinnt Schwarz ein
Tempo für die Verteidigung.

20. L:f6 L:f1 21. Te5 Dh3!
22. L:d8 T:d8 23. Te7 Tf8
24. T:b7 ...

Boleslawski hat den direkten
Königsangriff abgeschlagen. Es
scheint aber, daß Weiß ein entscheidendes Übergewicht am
Damenflügel erlangt hat. Außerdem sind die schwarzen Figuren
auf der Königsseite unbeholfen
aneinander gekettet. Doch der
Einfallsreichtum des Nachziehenden bewirkt Wunder.

24. ... Lg2 25. T:a7 D:h2 26. b4
cb 27. ab Dh1+ 28. Kb2 Lh3

29. b4 Dc6 30. Dd4 Dg2 31. De5 Df2!

Ideenreich beunruhigt Schwarz den Partner unablässig mit seinen Gegendrohungen.

32. Tb7 Lf5 33. Se2 Tc8 34. Tb8 T:b8 35. D:b8+ Kh7. Remis.

Besonders hoch im Kurs stehen Kombinationen, bei denen man mit durchgreifenden Maßnahmen des Widersachers zu rechnen hat.
In dieser Hinsicht ist auch der nächste Partieschluß charakteristisch.

Tarrasch—Walbrodt
Hastings 1895

33

Es hat sich eine scharfe Stellung ergeben, in der beide Seiten über starke Drohungen verfügen. Um so anerkennenswerter ist Tarraschs tiefe Kombination.

34. T:d4! S:g3

Auch im Fall von 34. ... cd 35. L:d4 oder 34. ... Sf6 35. T:d5 D:b2 36. T:d8 behält Weiß die Oberhand.

35. S:g3 T:g3+ 36. hg T:g3+ 37. Kf1!! T:d3 38. Tg4!

Der Schlußakkord. Schwarz gab auf.

Die Kombination hat dank ihrer gehaltvollen Verwicklungen bis auf den heutigen Tag von ihrer Aktualität nichts eingebüßt. Für die moderne Kombinationskunst sind gerade solche Beispiele typisch. Im Kampf der Meister untereinander erlebt man heutzutage nur selten einseitiges Kombinieren. Meist ist die Lage so angespannt, daß wechselseitige Drohungen und dergleichen überwiegen.

Die positionelle Meisterschaft

Wenden wir uns jetzt einer anderen Seite des schachlichen Denkens zu, nämlich der Kunst der Stellungseinschätzung und der auf einem Plan (d. h. einer Anleitung zum Handeln) beruhenden strategischen Spielführung.
Sobald sich der Spieler von einem Plan leiten läßt, wählt er aus der großen Zahl denkbarer Fortsetzungen einige wenige aus. Damit schränkt der Plan die zu berechnenden Varianten nicht nur auf ein vernünftiges, klar umrissenes Ausmaß ein, er lenkt auch das schachliche Denken in zweckmäßige Bahnen.
Der Plan reift in der Schachpar-

tie gewöhnlich unter schwierigen Bedingungen heran. Oft muß er – je nach den Aktionen des Gegners – geschmeidig abgewandelt werden. Außerdem erfordert seine Durchsetzung große Beharrlichkeit. Fehlt diese, kann man selbst in objektiv günstiger Lage auf die schiefe Ebene geraten, wenn der Gegner zielbewußt handelt.

Betrachten wir zunächst einige klassische Vorbilder für die Führung des Positionskampfes.

Damengambit
Tarrasch–Walbrodt
Wien 1918

1. d4 d5 2. c4 e6 3. Sc3 Sf6 4. Sf3 Le7 5. Lf4 c6 (aktiver ist 5. ... c5) 6. e3 Sbd7 7. h3 Sf8 8. c5 ...

Interessanterweise haben wir hier dieselben Partner vor uns wie im letzten Beispiel. Diesmal stürzen sie sich aber nicht in ein wildes Handgemenge, sondern gehen weit behutsamer zu Werke.

Bei 8. c5 schwebt dem Anziehenden ein weitgreifender Plan vor, der sich wie ein roter Faden durch die ganze Partie hindurchzieht. Er trachtet danach, Raum zu gewinnen, und verbindet dies im weiteren mit einem Spiel auf den schwarzen Feldern.

8. ... Sg6 9. Lh2 Da5(?)

Schwarz gebot über die Variante 9. ... b6 10. b4 bc 11. bc Da5 12. Dd2 La6, womit er seinen weißfeldrigen Läufer rechtzeitig

entwickelt und das Spiel ausgeglichen hätte. Nach dem Textzug bleibt dieser Läufer eingeschlossen.

10. a3 Se4 11. Ld3 S:c3 12. Dd2 Sh4 13. S:h4 L:h4 14. b4 Dd8 15. D:c3 0–0 16. 0–0 Dd7 17. Dc2! ...

Provoziert eine Bauernschwächung in der schwarzen Rochadestellung, die später zur Zielscheibe der weißen Offensive am Königsflügel wird. Allerdings ist die schwarze Position vorläufig noch fest und das weiße Übergewicht gering.

17. ... f5 18. Kh1 Ld8 19. Le5 Lc7 20. f4 L:e5 21. fe De7 22. g4! g6 23. Tf4 ...

Eine lehrreiche Methode des Positionsspiels: Weiß beeilt sich nicht, die Ereignisse an der Königsflanke zu forcieren; er konzentriert dort lieber erst einmal seine Kräfte. Bei 23. gf gf 24. Tg1+ Kh8 25. Tg3 Ld7 26. Tag1 Tg8 hätte sich Schwarz bequem verteidigen können.

23. ... Ld7 24. Tg1 Kh8 25. Dg2

a5 26. Lb1 ab 27. ab Ta4
28. gf! ...

Jetzt erfolgt der Bauerntausch
genau zum richtigen Zeitpunkt.
Jedenfalls ist Schwarz gezwungen, mit dem e-Bauern wieder-
zuschlagen, weil das Abspiel
28. ... gf 29. Tf3! Le8 (29. ...
T:b4 30. Tg3) 30. Tg3 Lg6
31. Tg5, gefolgt von h3–h4–h5,
für ihn unerträglich wäre.

28. ... ef 29. Dd2 Tg8 30. De1
Le6 31. h4 Taa8

Ohne offenkundige Fehler zu
begehen, verschlechtert Schwarz
Zug für Zug seine Stellung. Ursache dafür ist seine Unent-
schlossenheit. Er mußte unbedingt nach aktivem Gegenspiel
Ausschau halten, das sich ihm
hier mit dem Vorstoß 31. ... g5!?
anbot, z. B. 32. hg T:g5 oder
32. Tff1 g4 33. L:f5? L:f5
34. T:f5 g3! In der letzten
Variante konnte Weiß sogar in
einen gefährlichen Angriff
geraten.

32. Tff1 Tg7 33. Tg2 Tag8
34. Th2 Dd7 (noch immer war
34. ... g5 erforderlich) 35. Ld3
Ta8 36. Dg3 De7 37. Tg1 Tag8
38. Thg2 Tf8

Zum letzten Mal versäumt
Schwarz den geeigneten Moment,
sich vermittels 38. ... h6 wenigstens einige Gegenchancen zu
verschaffen. Falls dann 39. Df4,
so war 39. ... g5 angängig.

39. Df4 Tfg8 40. Dh6 Ld7 41. Kh2
Le6 42. Tg5 Ld7 43. Kg3 ...

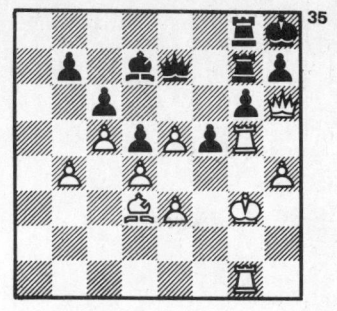

Besonnene Zurückhaltung. Weiß
überstürzt sich nicht mit seiner
Hauptdrohung h4–h5 und führt
den König zum Schwerpunkt
der Ereignisse nach f4. Dabei
sieht er dessen aktive Rolle im
bevorstehenden Kampf weitsichtig voraus.

43. ... Le8 44. Kf4 Ld7 45. h5!
Le8 (45. ... gh 46. D:h7+!)
46. hg L:g6 47. Le2! Dd8 48. Lh5
L:h5 49. D:h5 (aber nicht
49. T:g7? wegen 49. ... Dh4+!)
49. ... T:g5 50. T:g5 T:g5
51. D:g5 ...

Diese Bilderbuchstellung ist die
Krönung des geistreichen und
umsichtigen Spiels von Weiß.

51. ... Df8

Bei 51. ... D:g5+ hätte der Anziehende ebenfalls gewonnen:
52. K:g5 Kg7 53. K:f5 Kf7
54. Kg5 Kg7 55. e6 Kf8 56. Kh6
Ke7 57. K:h7 K:e6 58. Kg6 Ke7
59. Kf5 Kf7 60. Ke5 Ke7 61. b5!
Kd7 62. bc bc 63. Kf6 Kc7
64. Ke7 Kc8 65. Kd6 Kb7 66. Kd7
usw.

52. e6. Schwarz gab auf.

45

Rubinstein–Salwe
Lódź 1980

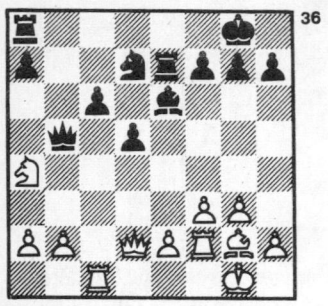

Im schwarzen Lager hat sich der
rückständige Bauer c6 als dauerhafte Schwäche herausgebildet.
Der Anziehende hat also die
Aufgabe, ihn durch Blockade
unbeweglich zu machen, um ihn
danach vorschriftsmäßig bela-
gern zu können. In der ersten
Etappe seines Planes zieht er
daher die Streitkräfte gegen den
Punkt c5 zusammen.

1. Dd4 Tee8 2. Lf1 ...

Dieser Läufer wirkt nicht direkt
auf den Punkt c5 ein, aber ihm
fällt eine bedeutende Rolle beim
Zusammenspiel der weißen Figuren zu, da er die schwarze
Dame aus ihrer vorgeschobenen
Verteidigungsstellung ver-
treibt.

2. ... Tec8 3. e3 Db7 4. Sc5 S:c5
5. T:c5 ...

Damit hat Weiß die Schwäche
c6 festgelegt. Seine nächste
Aufgabe ist es, den Bauern c6
mit allen verfügbaren Kräften
aufs Korn zu nehmen.

5. ... Tc7 6. Tfc2 Db6 7. b4! ...

Nicht nur die Figuren, auch die
Bauern sind beim positionellen
Zusammenwirken der weißen
Steine von Belang. Nun droht
sehr stark 8. b5!

7. ... a6 8. Ta5 Tb8 9. a3 Ta7

Während die weiße Streitmacht
mit jedem Zug immer fester zu-
sammengeschweißt wurde, haben
die hoffnungslos in die Defensive gedrängten schwarzen Figuren allmählich ihren Zusammenhalt eingebüßt. Das erlaubt
es dem Anziehenden, zum entscheidenden Schlag auszuholen.

10. T:c6! D:c6 11. D:a7 Ta8
12. Dc5, und Weiß gewann.
Bei den angeführten Beispielen
handelt es sich unbestreitbar um
positionelle Filigranarbeit.
Höchste Genauigkeit bei der
Befolgung des Planes, verbunden
mit kleineren taktischen Operationen – das ist hier die Hauptsache.
Diese Methode gilt heute noch
als mustergültig, obwohl man ihr
in unverfälschter Form kaum
mehr begegnet. Bedeutend häufiger stößt man auf dynamische
Pläne, die sich taktischer Mittel
bedienen. Dabei ist Tatkraft gefragt, da man ständig auf unerwartete Wendungen gefaßt sein
muß.
Auch diese Methode entstand
nicht von heute auf morgen, sondern hat eine lange Geschichte.
Hier ein älteres Beispiel für die
dynamische Partiebehandlung.

Wolf—Tarrasch
Karlsbad 1923

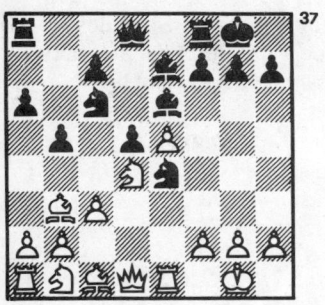

Die Stellung entstand nach
11. Sf3—d4, womit Weiß dem
Partner unangenehme Probleme
stellte. Es geschah jedoch un-
befangen:

11. ... S:e5!

Tarrasch nimmt die Herausfor-
derung kühn an und läßt sich auf
Verwicklungen ein, die in einem
Figurenopfer gipfeln.

12. f3 Ld6! 13. fe Lg4 14. Dd2
(etwas stärker ist 14. Dc2)
14. ... Dh4 15. h3 c5 16. hg cd
17. Df2 D:g4! 18. Ld1 Dg6
19. D:d4 Lc7! 20. Le3 de 21. Sd2
f5

Die Lage hat sich stabilisiert.
Für die Figur hat Schwarz zwei
Bauern und eine bedrohliche
Initiative. Im Augenblick droht
f5—f4 nebst e4—e3.

22. Dc5 Tac8 23. Tf1 Sd3
24. Dd5+ Kh8 25. Tf2 S:f2
26. L:f2 Tfd8 27. Db7 Dd6
28. Sf1 Ta8! 29. Lb3 Tbd8
30. Dd5 Tf8 31. Lc5 ...

Das entscheidende Versehen.
Remischancen bot 31. D:d6.

31. ... Dh6! 32. L:f8 T:f8 33. Td1
Lb6+ 34. Td4 Df6 35. Se3 g6
36. Sc2 Kg7 37. Kf1 L:d4
38. S:d4 Kh6! 39. Se6 Te8
40. Dd6 g5 41. g4 fg+ 42. Ke1
Te7 43. Ld5 Kg6!

Ein scharfsinniger Zug, denn
auf 44. L:e4+ gewinnt 44. ... Kf7!

44. Kd1 e3 45. Sf8+ Kg7 46. Se6+
Kg6 47. Sf8+ Kf5! 48. Dd8 De5
49. Dc8+ Kf4 50. Dc5 Kg3
51. Kc1 Kh4! Weiß gab auf.

Die Wechselbeziehung zwischen Strategie und Taktik

In den weiter oben zitierten
Partien Tarrasch—Walbrodt und
Rubinstein—Salwe waren die
strategischen Pläne klar umrissen. Bei solchen rein positionellen Gefechten haben die taktischen Operationen nur eine
untergeordnete Bedeutung. Wie
wir indessen gesehen haben,
gibt es viele Stellungen, in denen
strategische Vorhaben gleichsam
in den Hintergrund treten und die
Hauptrolle forcierten Zugfolgen
zufällt. Die Strategie wird immer
dann aus dem Felde geschlagen,
wenn der Taktik, der anderen
unabdingbaren Komponente des
Schachkampfes, der Vorrang
gebührt. Die Strategie ist für die
Grundsätze der allgemeinen
Führung der Streitkräfte verant-

wortlich, während die Taktik nach Mitteln und Wegen sucht, jene in die Tat umzusetzen. Dabei kommt es darauf an, die Pläne maximal den jeweiligen Operationen anzupassen. Wie Euwe einmal geäußert hat, erfordert die Strategie Nachdenken, die Taktik dagegen einen scharfen Blick.

Die Taktik als Kunst der Kampfesführung berücksichtigt die Eigenschaften der Figuren und Bauern sowie die verschiedenen Arten des Zusammenwirkens zwischen ihnen.

Die Schachpartie ist eine endlose Kette von Aktionen, die durch die wechselseitigen Pläne der Spieler zusammengehalten werden. Diese Pläne treten manchmal stark in Erscheinung, manchmal bleiben sie (vor allem bei scharfem Spielverlauf) im Hintergrund.

In der Wechselbeziehung zwischen Strategie und Taktik gebührt der Strategie im allgemeinen die führende Rolle. Gerade das Vorhandensein von Kampfzielen und die strenge Planmäßigkeit verleihen vielen taktischen Verfahren eine innere Vernunft. Das trifft auch für die oben betrachteten Beispiele zu, die von logischer Gesetzmäßigkeit durchdrungen sind.

In der modernen Strategie erfordert die Verwirklichung des Planes in den weitaus meisten Fällen viel taktisches Geschick und gewissenhafte Vertiefung in die Besonderheiten der Stellung. In dem folgenden klassischen Beispiel setzte der Nachziehende dem zu geradlinigen, schablonenhaften Spiel des Gegners gut durchdachte, brettumspannende Aktionen entgegen.

Spanische Partie
Tarrasch–Lasker
Düsseldorf 1908

1. e4 e5 2. Sf3 Sc6 3. Lb5 d6
4. 0–0 Sf6 5. d4 Ld7 6. Sc3 Le7
7. Te1 ed 8. S:d4 S:d4 9. D:d4
L:b5 10. S:b5 0–0 11. Lg5 ...

Ein schematischer Zug. Mittels 11. Dc3!, gefolgt von Sb5–d4–f5, konnte Weiß die Initiative ergreifen.

11. ... Te8 12. Tad1 h6 13. Lh4
Sd7 14. L:e7 T:e7 15. Dc4 Te5!

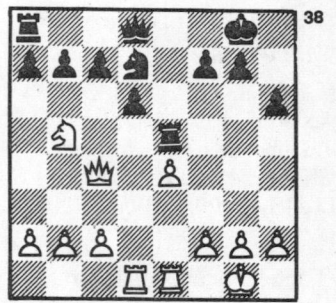

Damit geht Schwarz von der passiven Verteidigung zu aktiven Handlungen über. Er wirft kühn den Turm ins Gefecht und provoziert das Vorgehen der weißen Bauern, wodurch diese indes nur geschwächt werden.

16. Sd4 Tc5 17. Db3 Sb6 18. f4?

Df6 19. Df3 Te8 20. c3 a5! 21. b3 a4 22. b4 Tc4 23. g3 Td8!

Das Kampfbild hat sich plötzlich zugunsten von Schwarz gewandelt, zumal die Drohung c7–c5! sehr stark ist.

24. Te3 c5 25. Sb5 cb 26. T:d6? T:d6 27. e5 T:f4!!, und Schwarz siegte bald.

Betrachten wir noch ein Vorbild, das die Bedeutung der taktisch fundierten Strategie belegt. Strategische Pläne haben bekanntlich allein dann eine verläßliche Grundlage, wenn ihre Verwirklichung durch die taktischen Ressourcen der Stellung gewährleistet ist. Mitunter muß man von taktischen Operationen Abstand nehmen und positionelle Lösungen anstreben.

Aljechin-Verteidigung
Spielmann—Colle
Dortmund 1928

1. e4 Sf6 2. e5 Sd5 3. c4 Sb6 4. d4 d6 5. f4 Lf5 6. Sc3 de 7. fe e6 8. Le3 Sc6 9. Le2 Le7 10. Sf3 0–0 11. 0–0 f6 12. Sh4?! fe 13. S:f5 ef 14. d5 Sd4!

Der Positionskampf verläuft lebhaft und taktisch zugespitzt. Weiß trachtet danach, eine starke Bauernphalanx zu bilden, wohingegen Schwarz bemüht ist, diese zu zerstören und gelegentlich am Königsflügel anzugreifen. Zunächst steht die Taktik im Vordergrund.

15. L:d4 ed 16. D:d4 Sd7 17. Sa4 b5!

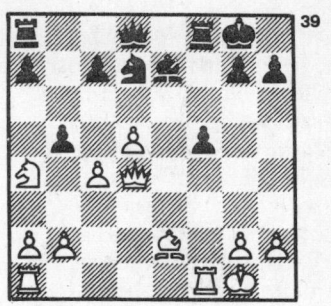

39

Ein instruktiver Gegenschlag, der das weiße Zentrum zerschlägt und zugleich dem schwarzen Angriff auf der Königsseite dient.

18. cb Ld6 19. Tae1 De7! 20. Ld3 Se5 21. Kh1 ...

Weiß befindet sich schon in ernsten Schwierigkeiten. So taugt beispielsweise weder 21. b4 Df6! 22. Kh1 Dh6 23. T:e5 Tae8 24. Tfe1 T:e5 25. T:e5 Dc1+ noch 21. L:f5 T:f5 22. T:f5 Sf3+ 23. T:f3 D:e1+ 24. Tf1 L:h2+ etwas.

21. ... f4 22. Te2 Tae8 23. Sc3 Dh4 24. Se4 Sg4

Die schwarze Offensive entfaltet sich so ungeheuer rasch, daß Weiß bereits wehrlos ist.

25. h3 f3! 26. T:f3 T:f3 27. Sf6+ Kf7! Weiß gab auf.

49

Positionsspiel und Variantenberechnung

Setzen wir unsere Betrachtung über die Verbindung von positionellem und taktischem Spiel noch ein wenig fort. Während der Partie denkt der Spieler vor allem in konkreten Varianten. Das wird durch die gesamte Schachpraxis bestätigt. Hinter den Varianten verbergen sich aber nicht nur taktische Probleme, sondern manchmal auch komplizierte strategische Pläne. Vor dem Wettkampf 1969 mit Spasski sagte mir Petrosjan einmal nach einem anstrengenden Arbeitstag, der der Analyse wichtiger Eröffnungssysteme gewidmet war: „Weißt du, der Wettkampf wird letztlich nicht durch unsere theoretische Vorbereitung und auch nicht durch den Wettstreit, die Psyche des Gegners tiefer zu ergründen, entschieden – obwohl das alles sehr wichtig ist! –, sondern durch unsere Reflexe im praktischen Kampf und wie sie trainiert sind. Ausschlaggebend wird sein, wer in der Kunst der Berechnung mehr leistet."
Im Schach sind die Fragen der Strategie und Taktik harmonisch miteinander verschmolzen. Sehen wir uns dazu ein Beispiel an, das die Rolle veranschaulicht, die kombinatorisches Sehvermögen und Variantenberechnung selbst in ruhigen Stellungen spielen.

Nimzowitsch-Indische Verteidigung
Kusmin–Tal
46. Meisterschaft der UdSSR, 1978

1. d4 Sf6 2. c4 e6 3. Sc3 Lb4
4. e3 0–0 5. Ld3 c5 6. Sf3 d5
7. 0–0 dc 8. L:c4 Sbd7 9. a4?! ...

Ein neuer, doch gekünstelter Zug, der Weiß keinerlei Vorteil verspricht.

9. ... cd 10. ed b6 11. Lg5?!
L:c3 12. bc Dc7! 13. Sd2 Lb7
14. Tc1(?) ...

Besser war 14. De2 oder 14. Db3, aber der Anziehende ist sich über die verborgenen taktischen Triebkräfte der Stellung nicht im klaren. Durch genaue, gut berechnete Aktionen erlangt Schwarz jetzt zwangsläufig ein positionelles Übergewicht im Zentrum und am Damen- flügel.

14. ... Se4! 15. S:e4 D:c4!
16. Sd6 Dd5! 17. S:b7 D:g5
18. Sd6 Df4 19. Sc4 Tfd8 20. De2
Tac8 21. Tfd1 Sf6

Als Ergebnis der positionellen

Kombination kann Schwarz, der offensichtlich weiter als sein Gegner gerechnet hat, auf starkes Druckspiel und dauerhafte Initiative pochen.

22. Se3 De4 23. Da6 Df4 24. De2 h6 25. h3 Tc7 26. Tc2 De4 27. d5?! ...

Ein verzweifelter Versuch, sich aus der Umklammerung zu befreien. Schwarz wehrt jedoch die weißen Drohungen mühelos ab und behält einen Mehrbauern.

27. ... ed 28. Td4 De5 29. Dd3 Tc5 30. Te2 Te8 31. Td2 Dc7 32. Tc2 Dc6 33. c4 D:a4 34. S:d5 S:d5 35. T:d5 T:d5 36. cd Df4 37. g3 Dd6 38. Kh2 Td8 39. Td2 g6 40. Dd4 Kh7 41. Ta2 Td7 42. h4 h5 43. Ta1, und Weiß gab auf.

Die Kunst der Variantenberechnung gehört zu den wichtigsten Seiten des schachlichen Denkens. Selbst in ruhigen Lagen ist sie durchaus kein nebensächliches Beiwerk. Allerdings kommt der Variantenberechnung bei der Lösung rein positioneller Probleme eine unterschiedliche Bedeutung zu.

Weite Berechnung ist vor allem bei wechselseitigen Flankenangriffen, in vielen Endspielstellungen und in dynamisch scharfen Situationen erforderlich. Oft gibt es strategisch zugespitzte Fälle, bei denen das Rechnen hinter logischen Erwägungen zurückzutreten hat. Gerade das hatte Réti im Auge, als er in seinem Buch „Die neuen Ideen im Schachspiel" feststellte, daß das Können des Meisters keineswegs in der Berechnung, sondern in der Beurteilung liege.

Réti schrieb: „Uneingeweihte glauben, daß die Überlegenheit des Schachmeisters in seiner Fähigkeit besteht, weit vorauszuberechnen. Fragen mich solche Schachfreunde, wie viele Züge ich bei meinen Kombinationen in der Regel vorhersehe, so sind sie sehr erstaunt, wenn ich ihnen freimütig bekenne: „Gewöhnlich nicht einen!"

In der Tat kann man in vielen kampfbetonten Stellungen die konkreten Varianten nicht mehr als ein, zwei Züge im voraus ermitteln. Es gibt aber auch häufig strategische Situationen, die eine sehr exakte Berechnung verlangen, obgleich die Anzahl der Möglichkeiten nur gering ist.

Was bedeutet es, eine Stellung einzuschätzen?

In all den eben genannten Fällen spielen Fragen der Stellungsbeurteilung, denen wir jetzt unsere Aufmerksamkeit zuwenden wollen, die Hauptsache.

Befassen wir uns zunächst mit den allgemeinsten und einfachsten Gesichtspunkten.

Selbst unerfahrene Schachspieler wissen, daß der strategische Plan stets aus der Beurteilung der jeweiligen Position zu resultieren hat. Die Stellung einschätzen heißt, die realen Möglichkeiten beider Seiten im bevorstehenden Kampf kritisch gegeneinander abwägen. Lasker bemerkte treffend, daß bei der Beurteilung vielerlei zu berücksichtigen ist. Gemeint sind vor allen Dingen objektive Faktoren, die in jahrhundertelanger Theorie und Praxis überprüft wurden. Selbstredend darf die subjektive Seite der Stellungsbeurteilung, die auf persönlicher Erfahrung beruht, keinesfalls außer acht gelassen werden. Je nach Stil und Geschmack wird der eine Meister im Mittelspiel z. B. lieber mit einem zentralisierten Springer und zwei Bauern gegen den Turm spielen, während der andere mehr auf die Kraft des Turmes vertraut.

Ein kurzer Ausflug in die Geschichte

Die methodischen Grundlagen der Stellungsbeurteilung wurden geschaffen, nachdem sich die positionelle Schule von Steinitz durchgesetzt hatte. Steinitz war es auch, der als erster den Gedanken aussprach, daß jeder Plan vorrangig auf objektiven Voraussetzungen fußen müsse und nicht auf der Begabung oder dem schöpferischen Einfallsreichtum eines bestimmten Spielers auf-

gebaut sein dürfe, wie man es bis dahin als selbstverständlich annahm. Steinitz betrat die Schacharena in der Epoche der Romantik, als die Kombination ein Gegenstand beinahe abergläubischer Verehrung war. Damals glaubte man, daß Kombinationen der reichen Phantasie und dem Können des Spielers entspringen. Darum galt die Suche nach ihnen als Hauptanliegen des schachlichen Denkens.
Von Steinitz stammt auch ein anderer realistischer Leitsatz. Dieser besagt, daß es zwecklos ist, Gewinnkombinationen zu suchen, wenn man in der Ausgangsposition keinen Vorteil besitzt, der für ein begründetes Spiel auf Sieg nun einmal Voraussetzung ist. Dabei hat man sich ständig von der objektiven Einschätzung der Stellung leiten zu lassen.
Den Unterschied zwischen der alten und neuen Schule veranschaulicht das folgende Vorbild.

Damengambit
Zukertort–Steinitz
Wettkampf 1886

1. d4 d5 2. c4 e6 3. Sc3 Sf6 4. Sf3 dc 5. e3 c5 6. L:c4 cd 7. ed Le7 8. 0–0 0–0 9. De2 Sbd7

Die Struktur mit dem isolierten weißen Mittelbauern auf d4 war seinerzeit nahezu unerforscht. Im Grunde hat Steinitz den Verteidigungsplan für Schwarz zum ersten Mal in diesem Match vorgeführt. Heutzutage wirkt sein Vorgehen ganz unkompliziert, doch verglichen mit seinen Partnern (das bestätigen vor allem die Partien des Wettkampfes gegen Zukertort!) war Steinitz mit den in solchen Lagen zu befolgenden Methoden ungleich näher vertraut. Unter diesem Gesichtspunkt wollen wir uns die vorliegende Begegnung ansehen.

10. Lb3 Sb6 11. Lf4 (aktiver war 11. Lg5) 11. ... Sbd5 12. Lg3 Da5 13. Tac1 Ld7 14. Se5 Tfd8 15. Df3 Le8 16. Lh4 S:c3!

Auch dieser Abtausch ist heute ein vielfach erprobtes Verfahren. Damals hingegen mußte die Bildung des rückständigen Bauern auf c3 wie eine Offenbarung wirken.

17. bc Dc7 18. Tfe1 Tac8 19. Dd3 Sd5 20. L:e7 D:e7 21. L:d5? T:d5 22. c4 Tdd8 23. Te3 Dd6

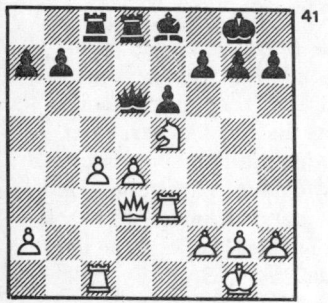
41

Mit den letzten drei Zügen hat sich Zukertort bewußt auf ein für einen Vertreter der alten Schule charakteristisches Vorgehen eingelassen. Er hat seinen guten Läufer getauscht und das

Bauerngefüge im Zentrum geschwächt, weil er auf dem ganzen Brett nur ein Ziel sieht, nämlich den schwarzen König. Nun beginnt nicht nur der Kampf zweier ungleichartiger Figuren (Springer gegen Läufer), sondern auch die Auseinandersetzung zweier verschiedener schachlicher Standpunkte. Objektiv gesehen sind die schwarzen Aussichten bereits etwas günstiger.

24. Td1 f6 25. Th3 h6 26. Sg4 Df4 27. Se3 La4 28. Tf3 Dd6 29. Td2 Lc6 30. Tg3 f5 31. Tg6? Le4

Hartnäckig hat sich Weiß Zug für Zug in die Idee verrannt, seinen Angriffsplan gegen den schwarzen König um jeden Preis in die Tat umzusetzen. Steinitz dagegen hat, indem er ständig von der realen Stellungseinschätzung ausging, allmählich vom zentralen Operationsgelände Besitz ergriffen und geht nun zu einer machtvollen Konterattacke auf die weiße Stellung über.

32. Db3 Kh7 33. c5 T:c5! 34. T:e6 Tc1+ 35. Sd1 (nach 35. Sf1 Dd5 36. Te5 D:e5 37. de T:d2 erobert Schwarz eine Figur) 35. ... Df4 36. Db2 Tb1 37. Dc3 Tc8 38. T:e4 D:e4. Weiß gab auf.

Es sei noch eine Partie aus demselben Wettkampf und zum selben Thema angeführt.

53

Damengambit
Zukertort–Steinitz

1. d4 d5 2. c4 e6 3. Sc3 Sf6 4. e3
c5 5. Sf3 Sc6 6. a3 dc 7. L:c4 cd
8. ed Le7 9. 0–0 0–0 10. Le3 Ld7
11. Dd3 Tc8 12. Tac1 Da5 13. La2
Tfd8 14. Tfe1 Le8 15. Lb1 g6!

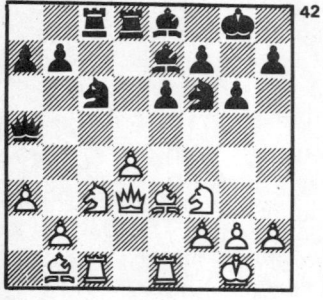
42

Mutet die Behandlung dieser
Stellung durch den Nachziehenden nicht ganz modern an? Die
Schwächung der schwarzen
Rochadefelder ist nur scheinbar,
weil Schwarz einen Läufer besitzt, der sie zuverlässig schützt.

16. De2 Lf8 17. Ted1 Lg7 18. La2
Se7! (auch dieses zentrale Blok-
kademanöver macht einen modernen Eindruck) 19. Dd2 Da6
20. Lg5 Sf5 21. g4? . . .

Der Anziehende zeigt sich der
Anspannung des Kampfes nicht
gewachsen und stürzt sich in
Abenteuer. Bedeutend zäher
war 21. L:f6 L:f6 22. Se4 Lg7
23. T:c8 T:c8, obwohl Schwarz
auch dann die besseren Aussichten gehabt hätte. Wahrscheinlich verkannte Weiß, wie gefährdet seine Stellung bereits ist,

d. h., er schätzte die Lage nicht
real ein. Nur dadurch ist es zu
erklären, daß ein so hervorragender Kombinationsspieler wie
Zukertort sich ein derart elemen-
tares taktisches Versehen zuschulden kommen läßt.

21. . . . S:d4! 22. S:d4 e5 23. Sd5
T:c1 24. D:c1 ed 25. T:d4 S:d5
26. T:d5 T:d5 27. L:d5 De2 28. h3
h6! 29. Lc4 Df3

Die schwarzen Figuren beherrschen das gesamte Brett, obendrein ist die weiße Rochadestellung unheilbar geschwächt. Das
alles ist die Folge des unterschiedlichen Herangehens der
Kontrahenten an die Bewertung
der Position.

30. De3 Dd1+ 31. Kh2 Lc6
32. Le7 Le5+! 33. f4 (33. D:e5
Dh1+ 34. Kg3 Dg2+ 35. Kh4
D:f2 usw.) 33. . . . L:f4+
34. D:f4 Dh1+ 35. Kg3 Dg1+
36. Kh4 De1+. Weiß gab auf.

Diese Beispiele zeigen überzeugend, daß Weiß bedeutend
mehr Varianten durchrechnen
mußte als sein Gegner, da er
fortwährend kombinatorische
Verwicklungen anstrebte. Und
doch stand er immer wieder vor
dem Nichts. Die Ursache dafür
ist, daß sich Schwarz von dem
Kompaß der realen Stellungseinschätzung leiten ließ, was ihm
gestattete, „aus allgemeinen
Überlegungen heraus" die
besten Züge zu finden. Demgegenüber verfügte Weiß nicht
über solche Anhaltspunkte, so

daß er mit seinen Berechnungen im Grunde eine Sisyphusarbeit leistete.

Seit jener Zeit hat die Schachstrategie einen ungeheuren Aufschwung genommen, aber die Grundlagen der Stellungsbeurteilung, die von der Steinitzschen Schule geschaffen wurden, sind unverändert geblieben. Das bedeutet, daß die komplizierten und mitunter widerspruchsvollen Probleme der Strategie direkt oder indirekt mit der Positionseinschätzung verknüpft sind. Bei dieser werden die unterschiedlichen strategischen Ideen, die manchmal sogar emotional gefärbt sind, miteinander verschmolzen.

Die methodischen Grundlagen der Stellungsbeurteilung

Wenden wir uns nunmehr dem umfassendsten Fall zu, daß bei der Stellungsbeurteilung allgemeine Überlegungen und konkrete Variantenberechnung Hand in Hand gehen. Hierbei muß (das gilt vor allem für junge, unerfahrene Spieler) der Denkprozeß geordnet ablaufen. Trotz der Schärfe und Kompliziertheit der modernen, im dynamischen Kampf geborenen Positionen muß natürlich jede sich auf dem Brett ergebende Lage mit Hilfe bestimmter Methoden bewertet werden. Nur so kann man impulsive Entscheidungen vermeiden, bei denen die Züge zufälligen Motiven entspringen.

Selbstverständlich gibt es viele Stellungen, deren Bewertung keine Probleme aufwirft. Einige lassen sich unschwer auf Grund allgemeiner Überlegungen einschätzen, andere dagegen, weil die Berechnung der Varianten Klarheit schafft. Doch meist sind die beim modernen strategischen Kampf entstehenden Stellungen derart undurchsichtig, daß sie sich weder auf die eine noch auf die andere Art ausschöpfen lassen. Trotzdem sollte man es stets versuchen.

Es empfiehlt sich − das ist heute nicht anders als früher −, die Einschätzung der Stellung am zweckmäßigsten mit dem Studium der äußeren Positionsmerkmale zu beginnen. Dabei müssen in erster Linie das materielle Kräfteverhältnis und die wesentlichsten Positionskennzeichen, wie z. B. die Postierung der Könige, die Zentrumsformation, das Vorhandensein starker und schwacher Punkte bzw. Bauern, offene Linien und Diagonalen usw., berücksichtigt werden.

Diese statische Stellungsbeurteilung ist aber nur die erste Etappe auf dem Weg zur ausschlaggebenden dynamischen Einschätzung der Lage. Die dynamische Bewertung stützt sich stets auf die konkrete Berechnung der Varianten und bezieht die künftigen Aussichten beider Seiten mit ein. Nur bei einem solchen Herangehen kann man die verschiedenen verborgenen Stellungsmerkmale erkennen und das Zusammenwirken der Streitkräfte richtig einkalkulieren.

Hübner—Karpow
Tilburg 1977

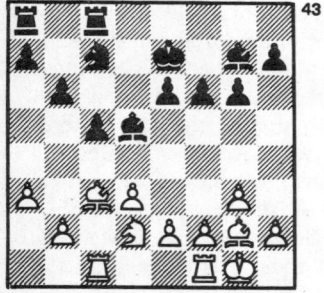

43

Beurteilt man die Diagrammstellung nur statisch, so sieht sie völlig ausgeglichen aus. Trotzdem ist der Kampf längst nicht beendet, da auch dynamische Elemente mitsprechen. Schwarz droht, die weißen Kräfte am Damenflügel und im Zentrum einzuschnüren, wobei dem Druck auf der Diagonale h6—c1 besondere Bedeutung zukommt. Dies berücksichtigend, bemüht sich Weiß, seine Figuren zu aktivieren.

18. b4?! ...

Diese Sprengung ist für derartige Situationen typisch. Gewöhnlich empfiehlt sie sich jedoch beim Übergang von der Eröffnung zum Mittelspiel, wenn noch die Damen auf dem Brett sind. Im Endspiel büßt sie erheblich an Kraft ein, zumal hier die Schwäche des isolierten Damenflügelbauern zutage treten kann. Selbstverständlich darf man den Textzug nicht als Fehler abstempeln, aber er ist ein alarmierender Hinweis darauf, daß Weiß die Orientierung verloren hat. Von jetzt an fallen die dynamischen Vorteile von Schwarz immer mehr ins Gewicht.

18. ... L:g2 19. K:g2 cb
20. L:b4+ Kd7 21. Lc3 ...

Eine weitere Ungenauigkeit. Besser war 21. Se4, um auf 21. ... Sd5 mit 22. Ld2 zu antworten.

21. ... Sd5! 22. Lb2 Lh6 23. e3 L:e3!

Der von langer Hand vorbereitete taktische Einschlag, der zwangsläufig zu einem technisch gewonnenen Endspiel für Schwarz führt. Den Schluß der Partie behandelt Karpow mit äußerster Präzision.

24. fe S:e3+ 25. Kf3 S:f1 26. S:f1 T:c1 27. L:c1 Tc8 28. Lb2 Tc2! 29. L:f6 Ta2 30. Ke3 T:a3

Nun pocht der Nachziehende auf zwei verbundene Bauern, die das Schicksal der Partie besiegeln.

31. Sd2 b5 32. Se4 b4 33. Kd4 a5 34. Kc4 Ta2 35. h4 Kc6 36. Ld4 Te2 37. Le5 Te1 38. Lf6 Tb1 39. Le7 e5, und Schwarz gewann mühelos.

Bei der in der Praxis üblichen Beschränkung der Bedenkzeit darf man an die Folgerichtigkeit von Positionseinschätzungen keinen allzu strengen Maßstab anlegen. In der Regel nimmt der Spieler die wichtigsten Merkmale der Position und das Wesen des dynamischen Geschehens sofort wahr, so daß sich die strategische Einschätzung nicht als vorläufig, sondern gewissermaßen als *analytische Kontrolle* der dynamischen Beurteilung erweist.

Das praktische Denken zeichnet sich durch treffende Kürze aus, wobei oft dynamische Gesichtspunkte überwiegen. In der Praxis stehen die Fragen der dynamischen Beurteilungsweise im Vordergrund, aber das konkrete, auf Variantenberechnung gegründete Herangehen ist das Wichtigste. Es erlaubt, bei der Einschätzung verwickelter Stellungen die beiden Hauptfaktoren des Denkens, logische Beurteilung und Berechnung, miteinander zu verschmelzen.

Das konkrete Herangehen an die Stellungsbeurteilung

Das schachliche Denken muß in erster Linie stellungsbezogen sein. Stellungsbezogen denken heißt, die jeweiligen Besonderheiten einer gegebenen Position allseitig berücksichtigen und diese mit den allgemeinen Gesetzen in Einklang bringen.

Das stellungsbezogene Denken bildet sich nicht unmittelbar und ohne Bemühen heraus. Vor allem ist ein tragfähiges Fundament vonnöten. Seiner Entwicklung geht die Ausbildung des kombinatorischen Sehvermögens voran. Auch dieser Prozeß verläuft keineswegs geradlinig. Zu Anfang nimmt der Spieler nur einfache Drohungen wahr, dann beginnt er, Doppelangriffe aller Art zu erkennen, und schließlich bemerkt er das harmonische Zusammenspiel, das Kombinationen erst ermöglicht.

Parallel dazu (oder besser ein klein wenig später) muß sich der Spieler die verschiedenen Prinzipien, positionellen Schemata sowie die typischen taktischen und strategischen Wendungen aneignen.

Von einem bestimmten Niveau an sind dann ein weiter schachlicher Horizont sowie das Verständnis für die Anforderungen, die die moderne Praxis und Methodik stellen, unabdingbar.

Noch wesentlicher ist es allerdings, bei der schachlichen Entwicklung nicht vom rechten Weg abzuirren und Fehlhaltungen des Denkens zu erliegen, von denen schon die Rede war und von denen auch weiterhin zu sprechen sein wird.

Man darf nie vergessen, daß das schachliche Denken sehr störanfällig ist und darum unentwegter Praxis bedarf und ständig trainiert werden muß.

Nehmen wir z. B. die wichtige

Frage, wie das Gleichgewicht zwischen kombinatorischem und positionellem Denken aufrechtzuerhalten ist. Eine einseitige Beschäftigung mit strategischen Leitsätzen und Überlegungen ist selbst bei gutem schachlichem Allgemeinwissen ein Wagnis. Andererseits steht ein reiner Taktiker, der keine solide positionelle Ausbildung genossen hat, ebenso auf verlorenem Posten.

Doch im Leben gibt es keine absolute Harmonie. Wie schon bemerkt, neigt jeder Schachspieler von seiner Anlage her entweder dem Kombinations- oder dem Positionsspiel zu. Sich dagegen aufzulehnen wäre gefährlich. Fördert man indessen seine starken, natürlichen Eigenschaften, so darf man nie die andere Seite des Denkens außer acht lassen. Andernfalls könnte sich das wertvolle Naturgeschenk in sein Gegenteil kehren.

Nur beim konkreten Herangehen an die Stellung kann man zum Wesen des Kampfes vordringen. Das wichtigste Anliegen eines solchen Herangehens an die Positionseinschätzung liegt darin, die Dynamik der kritischen Stellung zu ergründen und, falls möglich, die wirkungsvollste Spielweise zu finden. Dabei muß jeder einzelne Zug dem allgemeinen Plan untergeordnet sein und die wesentlichsten Aufgaben erfüllen helfen, die sich aus den ständig wechselnden Situationen ergeben.

Stellungsbeurteilung und Spielstärke

Befassen wir uns noch einmal mit einigen Schwerpunkten der Positionseinschätzung.

Die Stellungsbeurteilung ist das Hauptkriterium, von dem sich der Spieler bei der Wahl des Zuges leiten läßt, sobald es keine forcierten Varianten gibt. Diese Denkarbeit ist unkompliziert. Sie vollzieht sich unwillkürlich und braucht nicht besonders betont zu werden. Nach einem Ausspruch des bekannten sowjetischen Schachmeisters und Psychologen Blumenfeld ist die Beurteilung mit der Wahrnehmung der Stellung verbunden und ein unterbewußter Vorgang in dem Sinn, daß die Zwischenglieder großenteils, wenn nicht sogar völlig, das Bewußtseinszentrum des Gehirns gar nicht durchlaufen.

Spricht man von der Bedeutung der Positionsbeurteilung, so ist es kein Zufall, daß die Stärke eines Spielers schon immer als Synonym für sein schachliches Urteilsvermögen galt. Die Stellungsbewertung begleitet ja auch ständig das Denken des Spielers. Selbst in den Fällen, in denen elementare Taktik vorherrscht, bildet sie stets den Ausgangspunkt für die Berechnungen, ist sie bei allen Zwischenstationen des taktischen Geschehens zugegen und zeigt an, wann die Berechnung abzubrechen ist. Die Kontrolle der Rechenoperationen äußert sich nämlich in der Einschätzung der vorläufig noch vor dem geistigen Auge befindlichen Schlußstellung.

Der Schachspieler hat während des Kampfes unzählige Positionen zu begutachten. Dieser einheitliche Prozeß zerfällt aber in verschiedene Etappen. Darum muß bei den einzelnen Zwischengliedern die Beurteilung sehr rasch, mitunter sogar blitzartig erfolgen. Die hieraus resultierenden Schwierigkeiten werden allerdings dadurch gemildert, daß sich die Beurteilung auf die Bewertung der Ausgangsstellung stützen kann. Ist man tief genug in die Geheimnisse der ursprünglichen Position eingedrungen, so verläuft der Denkprozeß bis zu einem gewissen Grad — sieht man einmal von plötzlichen taktischen Umschwüngen ab — nahezu automatisch.

Hierzu ein Beispiel.

Tarrasch—Aljechin
Baden-Baden 1925

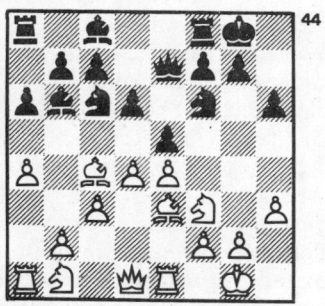

Aljechin setzte mit 11. ... Dd8!!

fort, wozu er schrieb: „Der schwerste Zug in der ganzen Partie! Schwarz zwingt den stark postierten Königsläufer auf c4 zu einer Erklärung, denn einerseits droht jetzt oder später die Auflösung e5:d4, c3:d4, d6–d5!, andererseits bereitet er gegen den Normalzug 12. Sbd2 die Antwort 12. ... S:e4 13. S:e4 d5 vor; in beiden Fällen würde der Nachziehende ein recht bequemes Spiel erhalten. Schließlich hat der Textzug auch den Vorteil, daß er dem schwarzen Königsturm die e-Linie freigibt."

In dieser Anmerkung spiegeln sich deutlich die zukünftigen Aussichten wider, d. h., wir haben es mit einer dynamischen Stellungsbeurteilung zu tun. Da das Spiel nicht forciert abläuft, beschränkt sich Aljechin auf kurze, leicht verständliche Abspiele, um eine genaue Vorstellung davon zu geben, wie sich der Kampf bei dem von ihm gemachten Zug gestalten kann. Die Einschätzung der weiteren Kampfabschnitte fußt nun auf dieser Bewertung der Diagrammstellung, so daß Aljechin den folgenden Teil der Partie sicher und mühelos bewältigt. Die guten Züge stellen sich beinahe von selbst ein.

12. Ld3 Te8 13. Sbd2 La7!

Um der möglichen Drohung 14. Sc4 zuvorzukommen.

14. Dc2 ed 15. S:d4 (15. cd Sb4! nebst 16. ... S:d3) 15. ... Se5

16. Lf1 d5! 17. Tad1 c5 18. Sb3
Dc7 19. Lf4 ...

Etwas besser war 19. ed S:d5
20. Sc4 S:c4 21. L:c4 S:e3 22. T:e3
T:e3 23. fe, allerdings wäre das
schwarze Übergewicht nach
23. ... De7! gleichfalls unbestreitbar gewesen.

19. ... Sf3+ 20. S:f3 D:f4
21. ed ...

Erforderlich war 21. e5 Lf5
22. Dd2 D:d2 23. T:d2 Se4
24. Tdd1 Tad8, und Weiß kann
sich gerade noch behaupten.

21. ... Lf5! 22. Ld3 L:h3 23. gh
D:f3 24. T:e8+ T:e8 25. Lf1 Te5
26. c4 Tg5+ 27. Kh2 Sg4+ 28. hg
T:g4. Weiß gab auf.

Die eben gegebene Beschre-
ibung des Denkprozesses unterstreicht die Notwendigkeit dynamischer Positionseinschätzungen und – verbunden damit –
des konkreten Herangehens an
die Stellung. Diese Auffassung
von der Stellungsbeurteilung
wird den objektiv existierenden
Zusammenhängen am besten
gerecht.
Hier noch ein Vorbild dieser Art.
Es stammt aus der 34. und letzten Partie eines Wettkampfes um
die Weltmeisterschaft.

Aljechin–Capablanca
Buenos Aires 1927

45

Offenbar hat sich eine völlig
harmlose, fast symmetrische
Stellung ergeben, in der nicht der
leiseste Hauch einer Gefahr zu
verspüren ist. Doch der Schein
trügt. Schwarz brauchte vermittels 20. ... h6? nur einen einzigen Zug aus „allgemeinen Erwägungen" heraus zu tun und
schon befand er sich nach
21. Dd2! in ernsten Schwierigkeiten. Der Damenzug hat einen
konkreten Sinn und ist zugleich
einer weit vorausschauenden Ab-
schätzung der Chancen entsprun-
gen. Die Hauptdrohung ist 22. Da5.
Versucht der Nachziehende, sie
durch 22. ... Lc6 abzuwehren,
dann entscheidet Weiß die Partie
dank einem Überfall auf den
Königsflügel: 22. Sh4! S:e4 (oder
22. ... L:e4 23. De3!) 23. Shf5+
gf 24. S:f5+ Kf6 25. D:h6+ K:f5
26. g4 matt.
Es klingt paradox, aber Schwarz
verfügte nur über einen einzigen,
von Lasker angegebenen Zug, der
ihm gewisse Aussichten auf eine
erfolgreiche Verteidigung bot,

und zwar über 21. ... Sa4! In diesem Fall hätte Weiß seine Stellung einfach durch 22. Tfd1 verstärkt.

21. ... Le6?

Genaugenommen kommt das der Kapitulation nicht nur in dieser Partie, sondern auch im Wettkampf gleich. Weiß gewinnt einen Bauern, wonach die Phase der Vorteilsverwertung einsetzt.

22. L:e6 D:e6 23. Da5 Sc4 24. D:a7 S:b2 25. T:c8 T:c8 26. D:b7 Sc4 27. Db4 Ta8 28. Ta1 Dc6! 29. a4! S:e4 30. S:e5 ...

Aber nicht 30. S:e4 D:e4 31. Tc1 Tc8 32. S:e5? Se3! 33. D:e4 T:c1+ 34. Kh2 Sf1+, denn nach 35. ... Sg3+ nebst 36. ... S:e4 behielte Schwarz die Oberhand.

30. ... Dd6! 31. D:c4 D:e5 32. Te1 Sd6 33. Dc1! Df6 34. Se4 S:e4 35. T:e4 ...

Der Gewinnplan sieht den allmählichen Vormarsch des Freibauern vor, wobei dieser mit einem Angriff auf die etwas geschwächte schwarze Königsstellung verbunden wird. Zunächst bemächtigt sich Weiß jedoch der wichtigen Diagonale a1–h8.

35. ... Tb8 36. Te2 Ta8 37. Ta2 Ta5 38. Dc7 Da6 39. Dc3+ Kh7 40. Td2 Db6 41. Td7 Db1+ 42. Kh2 Db8+ 43. g3 Tf5 44. Dd4 De8 45. Td5 Tf3 46. h4! Dh8 47. Db6! Da1 48. Kg2 Tf6 49. Dd4 D:d4 50. T:d4, und Aljechin ver-

wertete sein Übergewicht im Turmendspiel überzeugend.

Dynamische Einschätzung und Voraussicht

Während die Variantenberechnung letztlich auf dem richtigen Erkennen des kombinatorischen Wesens der Stellung beruht, setzt sich das konkrete Herangehen an die Positionseinschätzung das Ziel, den nicht weniger schöpferischen Prozeß der *Voraussicht* zu begreifen.

Die auf der Bewertung der Ausgangsstellung beruhende Gabe der Voraussicht ist eine der geheimnisvollsten im Schach.

Zur Bekräftigung des Gesagten seien einige Aussprüche großer Schachmeister zitiert.

Lasker (über einen hoffnungsvollen Jungmeister): „Bei unzweifelhaft vorhandener strategischer und taktischer Begabung fehlt ihm aber jene besondere Phantasie, die nötig ist, um sich die ungefähren Konturen einer vorzubereitenden schwierigen Operation vorzustellen."

Nimzowitsch: „Den Gang der Ereignisse kann man nur vorhersehen, wenn ein bestimmtes Maß an schöpferischer Phantasie vorhanden ist."

Karpow: „Die größte Genugtuung bereiten mir jene Züge (die Rede ist von rein positionellen Entscheidungen), die es erlauben, einen Blick in die Zukunft zu werfen."

Im Schach können allerdings keinerlei abstrakte Überlegungen die konkrete Veranschaulichung ersetzen. Um die angeführten Äußerungen zu verdeutlichen, soll ihnen ein würdiges Beispiel aus der Praxis von Weltmeister Karpow an die Seite gestellt werden.

Karpow–Gligorić
San Antonio 1972

Weiß setzte mit 42. Dg1! fort. Dazu schrieb Karpow: „Solche Züge sind sehr schwer zu finden! Weiß hat offensichtlich Raumvorteil und ein daraus resultierendes positionelles Übergewicht. Um dieses zu vergrößern, muß er einen genauen Plan für die Umgruppierung der Figuren entwerfen. Hier die aus der Stellung abgeleiteten Hauptgedanken:
1. Schwarz hat nur eine Schwäche, und zwar den Bauern c5. Der Angriff auf ihn muß rasch organisiert werden, denn dadurch wird die Manövrierfähigkeit der gegnerischen Figuren herabgesetzt.
2. Der beste Platz für den König ist das Feld f3, da er hier keinen Schachgeboten ausgesetzt ist, zusätzlich den Läufer g4 deckt, die Diagonale g1–a7 für die Batterie von Läufer und Dame sowie die zweite Reihe für Turmmanöver freigibt.
3. Weiß muß um die Beherrschung der h-Linie sowie um die Entfaltung der Initiative am Königsflügel kämpfen. Im geeigneten Moment kann er auch auf dem entgegengesetzten Flügel zu Operationen übergehen und den Schwerpunkt des Kampfes dorthin verlegen, indem er die größere Beweglichkeit seiner Kräfte ausnutzt. Allen diesen Forderungen genügt der letzte weiße Zug."
Der Fortgang der Ereignisse illustriert die Weitsicht der dynamischen Einschätzung Karpows.

42. ... Sb6 43. Th2 De7?

Schwarz klammert sich dogmatisch an den Besitz der h-Linie und sieht nicht die Gefahren, die auf der Damenseite heraufziehen. Besser war 43. ... a5.

44. Sb3 Kc7 45. Kf3! ...

Ein feinsinniger Zug, der ein wichtiges Glied im weißen Plan ist. Einerseits ebnet er dem Turm den Weg, andererseits gibt er dem taktischen Angriff auf den Punkt c5 neuen Auftrieb.

45. ... Sd7 46. a3! ba 47. Ta2! Th4 48. T:a3 Tgh8 49. Tb1 Tb8 50. De1! T:g4 51. K:g4 Lc8 52. Da5+. Schwarz gab auf.

Die zweckmäßige Einteilung der Bedenkzeit

Nicht allein die Technik des Denkens, auch die richtige Einteilung der Bedenkzeit ist wesentlich. Deshalb wollen wir uns kurz mit den Grundlagen dieses Problems befassen.

Im Verlauf seiner vier- bis fünfstündigen „Arbeit" am Brett — von Hängepartien sei hier abgesehen — unterliegt jeder Schachspieler einem beständig wiederkehrenden Rhythmus. Gewöhnlich verfügt jeder Partner laut internationalem Reglement über 2,5 Stunden für 40 Züge, d. h. über fast 4 Minuten pro Zug. Diese Zeit wird im praktischen Kampf jedoch keineswegs gleichmäßig aufgeteilt.

Neben unvorhergesehenen Zeitaufwendungen gibt es in jeder Partie zwei oder drei Stellen, bei denen gründlicheres Nachdenken unbedingt erforderlich ist.

Nach klassischer Auffassung ist das vor allem die Phase des Übergangs von der Eröffnung zum Mittelspiel, wenn es gilt, einen strategischen Plan zu schmieden. Ein anderer kritischer Augenblick ist der Höhepunkt der strategischen Auseinandersetzung, in der die widerstreitenden Absichten beider Seiten aufeinanderprallen, so daß die gegenseitigen Chancen genau geprüft werden müssen.

Die übrigen, weniger verantwortungsvollen Entscheidungen werden in der Regel ziemlich schnell getroffen. Mitunter werden Züge, die untrennbarer Bestandteil eines bestimmten Planes sind, beinahe automatisch gemacht. Von ihnen sagt man, sie bedürfen keines Kommentars.

Selbstredend ist das wegen des stark angewachsenen strategischen Formenreichtums nur *ein* denkbarer Spielverlauf. Beim modernen dynamischen Kampf unterscheidet sich sowohl die Zahl als auch die Art der Wendepunkte deutlich von dem eben angeführten Beispiel. Doch insgesamt bleibt die Feststellung richtig, daß der größte Zeitverbrauch in der Partie der Beurteilung der Wendepunkte des Kampfes gebührt. Natürlich darf man den Begriff der Partiewende nicht dogmatisch sehen. Mit Abstrichen kann man darunter jede komplizierte Stellung verstehen.

Das folgende aufschlußreiche Experiment ist leicht ausführbar. Man lasse zwei etwa gleich starke Schachspieler zur selben Zeit den Kampfverlauf ein und derselben Partie (vom methodischen Standpunkt aus ist eine Positionspartie am geeignetsten) im Abstand von 5 oder 6 Zügen beurteilen, wobei das Wesen des Kampfes sich nicht grundsätzlich ändern soll. Meist wird die erste Einschätzung erst nach längerem Nachdenken gegeben, dann aber (nach einhelliger und richtiger Bewertung) erhöht sich die Denkleistung in bezug auf Spielfluß und Zeit beträchtlich.

Bei den Zwischenetappen der

Einschätzung werden die Positionsänderungen wahrgenommen, wobei sie oftmals nicht nur durch allgemeine Urteile registriert, sondern auch durch kurze, konkrete Varianten erhärtet werden. Eben diese Varianten veranschaulichen das Wesen der Stellung, worauf Aljechin, der beste Glossator seiner Zeit, mehrmals hingewiesen hat. Hieraus erklären sich notwendige, aber geringe Zeitaufwendungen. Schließlich müssen ja selbst natürliche Züge überprüft werden.

Das Positionsgefühl

Wir haben bisher schon viele Beispiele kennengelernt. In einigen von ihnen wurde hervorragende, auf phantastische Kombinationseinfälle beruhende „Rechenarbeit" geleistet. In anderen ergab sich ein strategisch höchst lehrreiches Schlachtenpanorama, bei dem alle Teile reibungslos ineinandergriffen. Durch die konkrete Untersuchungsmethode werden diese beiden wichtigen Seiten des schachlichen Schaffens miteinander verbunden.
Und dennoch — bestände die Schachkunst nur aus Berechnung und Logik, so hätte sie sich trotz deren Kompliziertheit wohl schon längst erschöpft. Der Kern ihrer Lebenskraft liegt gerade darin, daß es eine Fülle von Positionen gibt, die diesen Rahmen

sprengen. Darunter auch solche, die gar nichts Kopfzerbrechendes an sich haben. In all diesen Fällen spielt das Positionsgefühl die Hauptrolle.
Hier einige Vorbilder aus dem Schaffen Capablancas, dessen Positionsgefühl geradezu sprichwörtlich war.

Capablanca–Czerniak
Buenos Aires 1939

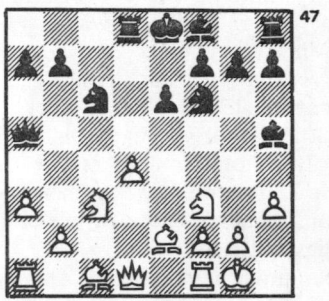

47

In dieser Stellung hatte Schwarz in dem Bestreben, möglichst rasch Gegenspiel zu erhalten, soeben 11. ... Td8 gezogen (vorsichtiger war 11. ... Le7 nebst 12. ... 0–0). Dank seinem angeborenen Positionsgefühl spürte Capablanca, daß die Zeit reif war, aktiv vorzugehen, zumal der schwarze Königsflügel noch nicht entwickelt ist.

12. g4! Lg6 13. b4! L:b4

Etwas besser war 13. ... Dc7. Der Nachziehende wollte sich indessen auf Verwicklungen einlassen und forciert das Spiel, was sich jedoch als vorteilhaft für Weiß herausstellte.

14. ab! D:a1 15. Db3 T:d4

Eine listige Falle, denn auf
16. Lb2 wäre nun 16. ... T:b4 geschehen, auf 16. S:d4? dagegen
16. ... S:d4 17. Dc4 D:c3! 18. D:c3
S:e2+ usw.

16. La3! Lc2 17. D:c2 D:a3
18. Sb5! ...

Jetzt tritt bereits die Berechnung in ihre Rechte, wobei sich
Capablanca ebenfalls von der
besten Seite zeigt. Noch wesentlicher ist indes, daß die Position objektiv für Weiß günstig ist.
Spricht das nicht für die Richtigkeit des vom Anziehenden
im 12. Zug gefaßten Entschlusses?

18. ... D:b4 19. Sf:d4 S:d4
20. S:d4 (nicht aber 20. Dc8+?
wegen 20. ... Ke7 21. D:h8 Se2+
usw.) 20. ... 0–0 21. Td1 Sd5
22. Lf3 Sf4 23. Kh2 e5
24. Sf5! ...

Obgleich sich Schwarz äußerst
einfallsreich verteidigt und für
die Figur ein ausreichendes
Bauernäquivalent besitzt, ist
seine Lage trostlos. Capablanca
realisiert präzise seinen Vorteil,
indem er den Angriff gegen den
schwarzen König mit der Bedrohung der gegnerischen Damenflügelbauern koppelt.

24. ... g6 25. Se3 Se6 26. Sd5!
Da3 27. Td3 Da1 28. Td1 Da3
29. Td3 Da1 30. Dd2! Kg7 31. De2!
f6 32. De3! a6 33. Td1 Db2
34. Sc3! ...

Der entscheidende Schlag. Auf

34. ... b5 gewinnt nämlich
35. Td7+ Tf7 36. T:f7+ K:f7
37. Ld5! usw. In der Partie folgte
noch:

34. ... Sd4 35. Tb1 Dc2 36. Le4!
Schwarz gab auf.

Im nächsten Beispiel zeigt sich
das Positionsgefühl in einem
rein strategischen, schon beinahe
technischen Endspiel.

Capablanca–Tartakower
New York 1924

Es geschah:

27. h5! Tf6 28. hg hg 29. Th1 Kf8
30. Th7 Tc6 31. g4! ...

Erneut bekundet Capablanca
sein erstaunliches Positionsverständnis, indem er buchstäblich
aus dem Nichts heraus einen An-
satz entdeckt, um auf Gewinn
zu spielen. Ein solches Vorgehen
erfordert einen starken Charakter und energisches Denken. Ein
mittelmäßiger oder zaghafter
Spieler hätte an dieser Stelle pri-
mitiv den weißen König zum
Schutz des Damenflügels beor-
dert und damit nichts erreicht.

31. ... Sc4 32. g5! Se3+ 33. Kf3
Sf5 34. L:f5 gf 35. Kg3! ...

Heute gilt ein derartiges Manöver
als Standardwendung, damals
wirkte es wie eine Offenbarung.
Uns scheint, daß sich Capablanca
hierbei nicht so sehr von weiter
Berechnung, als vielmehr von
seinem oft gerühmten Stellungs-
gefühl leiten ließ.

35. ... T:c3+ 36. Kh4 Tf3 37. g6
T:f4+ 38. Kg5 Te4 39. Kf6! Kg8
40. Tg7+ Kh8 41. T:c7 Te8
42. K:f5 Te4 43. Kf6 Tf4+ 44. Ke5
Tg4 45. g7+ Kg8 46. T:a7 Tg1
47. K:d5 Tc1 48. Kd6 Tc2 49. d5
Tc1 50. Te7 Ta1 51. Kc6 T:a4
52. d6. Schwarz gab auf.

Selbst später hat es noch mancher bedeutende Schachmeister
am rechten Verständnis für derartige Situationen fehlen lassen.
Bezeichnend ist in dieser Hinsicht das folgende Endspiel.

Lasker–Spielmann
Moskau 1925

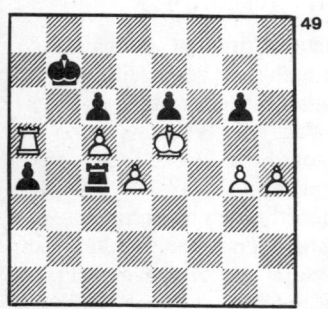
49

In der Partie geschah:
36. h5 gh 37. gh Tc1

Diese Fortsetzung verlor rasch.
Statt dessen empfahlen viele
Kommentatoren den Zug 37. ...
Tb4, der angeblich zum Remis
ausreichen sollte. Doch bei näherem Hinsehen zeigt sich, daß
auch hier „Capablancas Manöver" gewann: 38. Kf4! T:d4+
39. Kg5 usw. (angegeben von
Prokop).

Wie wir sehen, ist das Positionsgefühl ein außerordentlich wichtiger Bestandteil des schachlichen Denkens. Es ist eine höhere
und qualitativ neue Stufe des
logischen Denkens und gehört
zum Bereich der Intuition.

Dem Positionsgefühl haftet nichts
Mystisches an. Es bildet sich
im Feuer schachlicher Schlachten
heraus. Sein Entwicklungsgrad
hängt weitgehend vom Talent
des jeweiligen Spielers ab.

Der Begriff des Stellungsgefühls
stimmt in vielem mit dem der
Intuition überein und ist hin-
sichtlich seines praktischen Ge-
brauchs von diesem manchmal
nicht zu unterscheiden. Das Ausmaß intuitiver Ideen ist allerdings umfangreicher. Das Positionsgefühl umfaßt nur die eine,
wenn auch sehr wichtige Seite
der Intuition, die positionellem
Ideengut verpflichtet ist. Es steht
damit in einem gewissen Gegensatz zum Kombinationsgefühl,
das ebenfalls unentbehrlich
ist.

Oft urteilen Laien (vor allem
solche, die kein Turnierschach
spielen) voreilig über das schachliche Denken, indem sie dessen

Wesen unstatthaft vereinfachen. So ist z. B. die phrasenhafte Behauptung, daß der Spieler bereits von Partiebeginn an Hunderte von Varianten berechnet und sie im weiteren nur noch überprüft, völlig unzutreffend. Die richtige Fortsetzung wird vielmehr häufig schon wahrgenommen, bevor überhaupt angefangen wurde, Varianten zu berechnen. Hierbei spielen natürlich Positionsgefühl und gesammelte Erfahrungen eine ausschlaggebende Rolle.

Noch primitiver mutet die leider recht verbreitete Auffassung einiger „Kenner" an, daß sich jede Partie aus einer Kette miteinander logisch verbundener Schlußfolgerungen zusammensetzt.

Der Reiz des Schachs, der es in den Rang einer Kunst erhebt, liegt ja gerade darin, daß Berechnung und Logik fast immer Hand in Hand gehen mit Scharfsinn und Intuition.

Das Positionsgefühl erstreckt sich ebenso auf positionelle Entscheidungen wie auch auf das Fahnden nach verborgenen kombinatorischen Ressourcen.

Bedeutung und Wert der Intuition

Wir sind zu einer der interessantesten Eigenschaften des schachlichen Denkens gelangt, und zwar zur Intuition. Wenn man davon ausgeht, daß die Logik das Fundament des Positionsspiels und das Aufspüren kombinatorischer Ideen die Grundlage der Variantenberechnung ist, dann nimmt die Intuition einen besonderen Platz im schachlichen Schaffen ein. Die Begriffe „gut und schlecht" liegen hier dicht beieinander.

Intuitive Entscheidungen sind meist mit einem beachtlichen Risiko verbunden und nehmen auf psychologische Faktoren des Kampfes Rücksicht. Im Schach spielen die schöpferischen Probleme intuitiver Entscheidungen eine erstrangige Rolle. Aus eigener Erfahrung kann der Autor bestätigen, daß viele seiner gelungensten Einfälle am Brett keineswegs auf logischem Wege zustande kamen. Fast immer stellten sie sich mehr oder weniger zufällig ein, manchmal sogar erst im letzten Moment. Dabei ging ihnen stets die äußerste Anspannung aller Nervenkräfte oder – wenn man so will – ein schöpferischer Höhenflug voraus. In diesen Augenblicken ist der Organismus einer zusätzlichen Belastung ausgesetzt, die schwer einzuschätzen und zu wägen ist. Ihr ist es zu verdanken, daß schließlich die Lösung entdeckt wird.

Wahrscheinlich kann jeder andere Schachmeister ähnliches bestätigen.

Geglückte intuitive Entschlüsse gehen in der Regel mit einem seelischen Auftrieb und starker Freude einher.

Aus eigener und fremder Erfahrung weiß der Autor, daß intuitive Entscheidungen ziemlich rasch getroffen werden. Es ist, als ob man ein hohes Hindernis vor sich sieht, das man nehmen will. Man muß nur die richtige innere Einstellung finden. Man darf nicht an Gefahr denken, muß die Zweifel zum Schweigen bringen und kühn die Hürde übersteigen.

Natürlich werden wahrhaft intuitive Entschlüsse stets vom Willen und Gefühl beeinflußt. Dabei geht der intuitiven Suche die logische Analyse und das Berechnen der Varianten voraus. Logik und Berechnung sind also primär – die Intuition sekundär.

Die intuitive Suche kommt demnach in jenen komplizierten Fällen zu ihrem Recht, in denen logische Überlegungen und Variantenberechnung allein nicht ausreichen, um in die Geheimnisse der Position einzudringen. Dennoch sind diese die Voraussetzung für die zu fällenden Entscheidungen. Und plötzlich setzt die Intuition ein. Auf der Grundlage der konkreten Untersuchung der Stellung konzentriert sich in diesem Moment die gesamte Erfahrung des Spielers wie in einem Brennpunkt. Gleich einem Spiegel reflektiert die Intuition das tatsächlich vorhandene Schachverständnis.

Danach treten die Hauptkomponenten des Denkens, logische Beurteilung und Berechnung, wieder mehr in den Vordergrund, da der intuitiv eingeschlagene Weg jetzt klarer zu erkennen ist. Das ist gewissermaßen die Umkehrung des schöpferischen Denkvorgangs.

Betrachten wir dazu das nachstehende Beispiel.

Walijew–Suetin
Minsk 1964

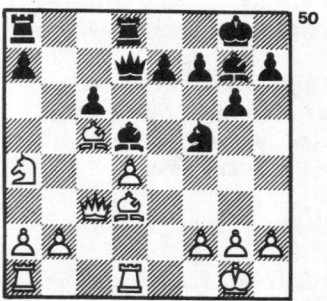

50

Diese Partie kam in der letzten Runde des Halbfinales zustande. Ich mußte im Hinblick auf den Turnierstand auf Gewinn spielen und durfte unter keinen Umständen verlieren. Ich glaube, der Leser begreift meinen Zustand, als ich in der Diagrammstellung eine schwierige Kombination entdeckte, die äußerst riskant war. Die sportlichen Bedenken zerstreuend, vermochte ich der Versuchung nicht zu widerstehen und folgte schließlich meiner Intuition:

21. ... S:d4!

Wie sich nach dem nächsten Zug herausstellt, ist das Hauptangriffsziel die verborgene weiße Schwäche, der Punkt g2.

22. L:d4 L:g2!

Der Sinn des vorerst noch gefühlsmäßigen schwarzen Unternehmens. Der Nachziehende macht sich das Gedränge der weißen Figuren zunutze und fällt über den König her.
Wie soll sich Weiß jetzt verhalten? Auf 23. K:g2 folgt 23. ... Dg4+ 24. Kf1 T:d4 (weniger überzeugend ist 24. ... Dh3+ 25. Ke2 T:d4 wegen 26. Lc2!) 25. Sc5 Tf4! bzw. 25. b3 Dh3+ – auch 25. ... Df3 26. Ke1 Te4+ reicht aus –, und Schwarz hat eine Gewinnstellung.

23. L:g7 ...

Wahrscheinlich bestand die verhältnismäßig beste Verteidigung in 23. Le2 L:d4 24. K:g2 L:c3 25. T:d7 T:d7 26. bc! Td2 27. Lf3 Tc8 oder 27. Lc4 Tb8. Auch in diesem Fall ist die Stellung vorteilhaft für Schwarz, aber es wäre ihm nicht leichtgefallen, das Übergewicht zu realisieren.

23. ... Dg4 24. f3 ...

Jetzt ist Weiß zwangsläufig verloren. Zäher geschah 24. Le5, wonach eine der Hauptvarianten der Kombination entstanden wäre, und zwar 24. ... Lh3+ 25. Lg3 Df3 26. Lf1 D:d1 27. T:d1 T:d1 28. Dd3! T:d3! 29. L:d3 Td8 30. Sc5 Td5 31. b4 a5 32. a3 ab 33. ab Td4. Obwohl dieses Endspiel bestimmt vorteilhaft für Schwarz ist, hätte es noch größer

Anstrengungen bedurft, das Übergewicht zur Geltung zu bringen.
Schwarz mußte auch mit dem taktischen Ausfall 24. Lf5!? rechnen. Er hätte dann forciert durch 24. ... T:d1+ 25. T:d1 gf 26. Dg3 (schwach ist 26. Tc1 Lf3+ 27. Kf1 Td8!) 26. ... D:d1+ 27. K:g2 D:a4! 28. Ld4+ Kf8 29. Dg7+ Ke8 30. Dg8+ Kd7 31. D:a8 D:d4 gewonnen, da das Damenendspiel für Weiß hoffnungslos ist.
Während des Kampfes drang ich immer tiefer in den konkreten Gehalt des Spiels ein und hielt mich von jetzt ab vor allem an die genaue Berechnung.

24. ... L:f3+ 25. Kf2 L:d1 26. Sc5 ...

Die Kombination des Gegners hat Weiß so aus der Fassung gebracht, daß er es versäumt, seine taktischen Ressourcen wahrzunehmen. Mehr Schwindelchancen hätte ihm 26. T:d1 geboten. Danach wäre beispielsweise 26. ... D:d1? verfehlt gewesen wegen 27. Lh6! f6 28. Dc4+ Kh8 29. Df7 Tg8 30. D:e7! Richtig ist 26. ... f6 27. L:f6 ef 28. Dc4+ D:c4 29. L:c4+ Kg7 30. T:d8 T:d8 31. Ke3 f5!, und Schwarz gewinnt das entstandene Endspiel.

26. ... f6 27. L:f6 ...

Auch 27. Lh6 Dh4+ 28. Kf1 D:h6 29. T:d1 D:h2 hätte keine Rettung gebracht, da Schwarz, im Besitz materiellen Vorteils, den Angriff fortsetzt.

27. ... ef 28. Lc4+ Kg7 29. Se6+ Kh6 30. D:f6 ...

Jetzt folgt die entscheidende, genau berechnete Kombination, die allerdings nicht sehr kompliziert ist.

30. ... Td2+ 31. Ke3 Te2+ 32. L:e2 D:e2+ 33. Kf4 ...

Natürlich nicht 33. Kd4 wegen 33. ... D:b2+.

33. ... D:h2+ 34. Ke4 De2+ 35. Kf4 Df2+ 36. Ke5 D:b2+ 37. Sd4 Te8+

Der Schluß ist erzwungen.

38. Kd6 Db8+ 39. Kc5 Te5+ 40. Kc4 Le2+ 41. S:e2 Db5+ 42. Kc3 Te3+. Weiß gab auf.

Wie wir gesehen haben, ist die Intuition eng und untrennbar mit den wichtigsten Komponenten des Denkens verflochten, dessen integrierender Bestandteil sie ist. Das Spektrum intuitiver Ideen ist außerordentlich breit und umfaßt sowohl kombinatorische wie auch positionelle Formen der Schachkunst. Am nächsten Beispiel kann sich der Leser davon überzeugen, daß diese nicht gar so weit voneinander entfernt liegen.

Rauser—Botwinnik
8. Meisterschaft der UdSSR, 1933

Schwarz zog 16. ... d5!, womit er ein umfassendes strategisches Spiel im Zentrum einleitete. Diese Entscheidung ist in erster Linie intuitiv, obwohl sie in konzentrierter Form tiefstes Positionsverständnis widerspiegelt und sich auf genaue Berechnung stützt. Dennoch lassen sich derlei Züge nicht bis zum Ende durchrechnen. Hierzu bedarf es außerdem schöpferischen Elans, der über die Grenzen gewöhnlicher Denkschemata hinausweist und viel Konzentration erfordert.

In der Partie geschah weiter:

17. ed e4! 18. bc ...

Aufschlußreich sind auch folgende Varianten:
1. 18. L:e4 S:e4 19. S:e4 L:d5 20. Dd3 Dc6 21. Lf2 Te8 nebst 22. ... L:g2.
2. 18. S:e4 S:d5 19. Kh1 S:e3 20. D:e3 Ld4 21. Dd2! Lb2 22. Db4 L:c1 23. Sf6+ Kh8! 24. Dc3 Ld2 25. Db2 Le6! 26. Sd5+ Lc3

27. S:c3 Kg8 28. Se4 D:f4 29. Sf6+
Kf8 mit Vorteil für Schwarz
(Analyse von Becker).

18. ... ef 19. c5 Da5 20. Ted1 ...

Führt zum Zusammenbruch.
Nötig war 20. Dd3!, worauf
Schwarz 20. ... b6! 21. cb ab
(oder 21. gf bc!) spielen mußte
und für den Bauern aussichts-
reiches Gegenspiel bekommen
hätte.

20. ... Sg4! 21. Ld4 ...

Etwas besser war 21. Se4, obgleich Schwarz nach 21. ... D:d2
22. L:d2 Ld4+ 23. Kh1 fg+
24. K:g2 T:d5 ebenfalls gute
Gewinnchancen hat.

21. ... f2+ 22. Kf1 (auf 22. Kh1
wäre 22. ... T:d5! 23. S:d5 f1D+!
usw. geschehen) 22. ... Da6+
23. De2 L:d4 24. T:d4 Df6!
25. Tcd1 Dh4!, und die weiße
Stellung brach rasch zusammen.

Individuelle Aspekte
der Intuition

Die Erforschung der schachlichen Intuition ist ein weites Feld.
Dabei muß beachtet werden, daß
die vermutlich allgemeine Natur
intuitiver schachlicher Entscheidungen etwas zutiefst Individuelles ist. Das ist auch der Grund,
weshalb das Positionsgefühl von
Capablanca, Botwinnik, Smyslow,
Petrosjan und Fischer geradezu
sprichwörtlich geworden ist. In
ähnlicher Weise zeichnen sich
Anderssen, Tschigorin, Aljechin,
Tal und andere durch einen
persönlich gefärbten Kombinationssinn aus.
Diese Unterschiede erklären sich
aus der Gesamtheit der angeborenen Fähigkeiten und dem
Schachverständnis des einzelnen.
Nehmen wir beispielsweise
Petrosjan, der im Unterbewußt-
sein stets an einen gesetzmäßi-
gen Kampfverlauf glaubt, wohingegen Tal seine intuitiven Bemühungen auf Ausnahmen gründet.
Bei dieser Gelegenheit entsinne ich
mich eines lehrreichen Falls aus
meiner eigenen Praxis, den ich
schon einmal in der „Schachstrategie für Fortgeschrittene"
erwähnt habe. Und zwar geht
es darum, daß mitunter der
gleiche unschematische Plan von
starken und erfahrenen Spielern
ganz unterschiedlich bewertet
wird.

Wistanezkis–Suetin
Tallinn 1964

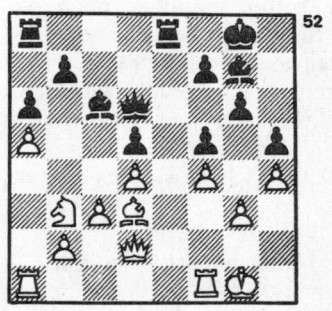

Der manövrierende Kampf hat
einen gewissen Höhepunkt er-

71

reicht. Weiß hat den Bauern d4 befestigt und dadurch den Wirkungsbereich des schwarzfeldrigen Läufers eingeengt, zugleich zielt sein Springer nach c5. Dennoch findet Schwarz einen Weg, das Spiel zu verschärfen, indem er ein positionelles Qualitätsopfer anbietet.

25. ... Te4!?

Bei diesem Qualitätsopfer ließ ich mich vor allem von objektiven Beweggründen leiten. Das Läuferpaar und die Initiative gleichen die materielle Einbuße im Grunde aus. Zudem behagte mir die nun entstehende Stellung. Augenzeugen dieses Vorfalls waren Petrosjan und Tal. Während Tal das Opfer, ohne zu zaudern, guthieß und die Lage zugunsten von Schwarz einschätzte, tadelte Petrosjan den schwarzen Plan und bemühte sich kaltblütig, die weiße Verteidigung zu organisieren. Zwar kommt es in dergleichen Situationen vor allen Dingen auf das Positionsgefühl an, doch jeder Spieler hat sein eigenes. Unvoreingenommen betrachtet, waren sogar beide im Recht, denn bei korrektem Spiel hätte Weiß ohne sonderliche Mühe das Gleichgewicht behaupten können.

26. L:e4 ...

Das Nehmen hatte keine Eile. Aufmerksamkeit verdiente 26. Sc5 Tae8 27. S:e4 de 28. Lc4, was die schwarze Dame nicht nach d5 gelassen hätte.

26. ... fe 27. Sc5 Te8 28. De3 Lh6 29. Tf2 Kh7 30. b4 De7

Unter dem Schutz der beiden Läufer und des starken Bauernkeils im Zentrum bereitet Schwarz allmählich die Öffnung von Linien am Königsflügel vor. Natürlich ist das mit einem Risiko verbunden, aber der weißen Festung war anders nicht beizukommen. Objektiv gesehen sind die Chancen gleich.

31. Te1 Lb5 32. Th2 f6 33. Kf2 Tf8 34. Teh1 Kg7 35. Ke1 Kf7 36. Tg1 Dc7 37. Tf2 b6 38. ab D:b6 39. Tgg2 ...

Mit 39. g4 konnte auch Weiß seine „Krallen" zeigen. Zu seinem Unglück läßt der Anziehende aber Unternehmungslust und Risikobereitschaft vermissen.

39. ... Ta8 40. Ta2 Dd8

Hier wurde die Partie abgebrochen. Über seinen Abgabezug dachte Weiß 57 Minuten nach! Obgleich Wistanezkis eine völlig verteidigungsfähige Stellung besaß, fühlte er sich psychologisch offenbar recht unbehaglich.

41. Dc1 Dc8 42. Kf2 Lc4 43. Ta1 Kg7 44. Kg1 Kh7 45. De3 Dg4

Während Weiß nur die Aufstellung seiner Figuren verschlechtert, bereitet Schwarz den Durchbruch g6–g5! vor.

46. Tf2 Ta7 47. Kh2 Lf8 48. Tg2 Ld6 49. Kg1 Tg7 50. Te1 g5!

51. hg fg 52. fg Tf7! (nun ist die tödliche Drohung 53. ... Tf3! herangereift) 53. g6+ K:g6 54. Tf2 L:g3! 55. Tg2 Tf3 56. Dc1 Lf2+! Weiß gab auf.

Über die philosophische Deutung der Intuition

Kaum jemand wird die Rolle der Intuition beim schachlichen Denken bestreiten. Jeder leidlich erfahrene Spieler weiß aus eigener Erfahrung, daß man in schwierigen Situationen, die der logischen Bewertung und Berechnung nicht zugänglich sind, ohne intuitive, also nicht genau begründete Entscheidungen einfach nicht auskommt. Manchmal führen diese in die Irre und sind der realen Lage nicht angemessen, doch oft erweisen sie sich als erstaunlich tief und stichhaltig. In der Schachliteratur sind die mit der Intuition zusammenhängenden Fragen bisher nur ungenügend beleuchtet worden. Es gibt fast keine ernst zu nehmenden Versuche, ein durchdachtes System aufzustellen und die reichen praktischen Erfahrungen zu verallgemeinern. Selbstredend ist diese Problematik sehr verwickelt. Uns scheint, sie läßt sich am besten erhellen, wenn man eine Brücke von den bekannten allgemeinphilosophischen Vorstellungen über die Intuition zu den schachlichen Besonderheiten dieses Begriffs schlägt.

Versuchen wir, das zu tun. Intuition (lat.: aufmerksames Betrachten) ist die Fähigkeit, die Wahrheit unmittelbar zu finden — gleichsam plötzlich und ohne Zuhilfenahme logisch entwickelter Schlußfolgerungen.

Es gibt nur wenige Begriffe, die zu solchen Meinungsdifferenzen Anlaß gegeben haben, wie die Intuition. In verschiedenen schöpferischen Bereichen versteht man darunter gewöhnlich das unmittelbare Erfassen der Wahrheit bzw. die Eingebung des Augenblicks bei der Entscheidungsfindung. Es wird z. B. berichtet, daß Newton das Gravitationsgesetz entdeckte, als er unter einem Apfelbaum lag und dem Herabfallen der Früchte zuschaute.

In jedem Fall stoßen wir dabei auf das logisch nicht zu erklärende Wunder des Schöpfertums. Worin liegt dieses begründet? Schon seit langem ist die Intuition in Wissenschaft und Kunst als unleugbarer Bestandteil des Denkens anerkannt. Im Unterschied zur logischen Analyse ist bei intuitiven Entscheidungen nur das Resultat der Denkoperation erkennbar, während der Prozeß der Lösungssuche im dunkeln bleibt.

Hinter der wunderbaren Fähigkeit, plötzlich die Wahrheit zu erkennen, verbirgt sich stets reiche Erfahrung und außergewöhnliche Begabung.

In der vormarxistischen Philosophie ist die Intuition sehr häufig vom logischen Denken losgelöst gesehen worden. So erblickte beispielsweise der berühmte Philosoph Spinoza in der Intuition die höchste Form der Erkenntnis.

Der dialektische Materialismus erkennt die Intuition als Fähigkeit des Gehirns an, beim Prozeß der Wahrheitsfindung „Sprünge" zu machen. Das Denken ist seiner Natur nach dialektisch und kann ohne Sprünge nicht auskommen. Intuitive Einsichten lassen sich zudem logisch beweisen und leicht in der Praxis überprüfen. Der prinzipielle Unterschied zwischen dialektischem Materialismus und idealistischer Philosophie in dieser Frage besteht darin, daß die marxistische Methode die Intuition auf der Grundlage der bereits gesammelten Kenntnisse und Erfahrungen betrachtet. Intuition ist ohne sinnliche und logische Wahrnehmung undenkbar. Sie stellt sich nur ein, wenn bestimmte konkrete Fakten gegeben sind, die durch Erfahrung und Analyse gewonnen wurden. Der intuitiv geborene Gedanke unterliegt der logischen Kontrolle, wobei er mit anderen Ideen bezüglich der zu studierenden Erscheinung verglichen wird.

Schöpferische Prozesse sind ohne Intuition, die ja ein wichtiger Bestandteil von ihnen ist, unvorstellbar.

Von der Intuition zur Methode

Die intuitive Suche begleitet nicht nur die unmittelbare schöpferische Tätigkeit des Schachpraktikers. Sie beeinflußt auch die Entwicklung von Ideen, und zwar in dem allgemeineren, nicht weniger wichtigen Prozeß der Herausbildung der Theorie. Beispielsweise verwirklichten Steinitz, aber auch Tschigorin und Lasker ihre komplizierten Gedankengänge in der Praxis, indem sie für die damalige Zeit kühne und fortschrittliche Denkmethoden ersannen und befolgten.

Natürlich verbirgt sich hinter solchen unvermittelten Einfällen die gesamte Erfahrung des Spielers oder — das gilt vor allem für junge Schachfreunde — die noch in ihm schlummernden Kräfte. Besonders hervorgehoben zu werden verdient, daß die Ersetzung alter Methoden und das Aufkommen eines neuen Stils meist spontan und wesentlich intuitiv vor sich geht. Unwillkürlich wird man an die ersten Schritte des jungen Tal erinnert, mit denen er sich in den Jahren 1953/54 in die internationale Turnierarena einführte. Er opferte großzügig Material und stürzte sich ebenso begeistert wie kühn auf den gegnerischen König, ohne die Folgen immer reiflich zu erwägen. Darin äußerten sich einfach seine Begabung und sein romantischer

Charakter. Indes dachte Tal auf seinem Weg nach oben am wenigsten daran, mit seiner Art zu spielen eine ganze schöpferische Richtung, nämlich den modernen Neoromantizismus zu begründen. Oder man denke an den Aufstieg Fischers. Nach vielen unsicheren Versuchen, den richtigen Weg zu finden, prägte er Ende der 60er Jahre schließlich den praktischen Stil, der ihm gewaltige schachliche Erfolge eingetragen hat. Der Ehrgeiz, sportliche Höchstleistungen zu vollbringen, spornt also die intuitive Suche an.

Haupttriebkräfte des schachlichen Fortschritts sind die stärksten Schachmeister, deren Schaffen wesentlich intuitiv ist. Von ihnen gehen die Impulse aus, die zu Änderungen in der allgemeinen Betrachtungsweise der Strategie führen, und ihren Reihen entstammen die Verfechter der neuen Methoden, die die ungewohnten Denkweisen popularisieren.

Dieser Vorgang verläuft indes meist nicht reibungslos und ohne Konflikte. Das Neue setzt sich in der Regel erst nach verbissenem Kampf gegen das Alte durch, das sich im Bewußtsein festgesetzt hat.

Im Zusammenhang hiermit wollen wir uns einem Abschnitt der Geschichte zuwenden, und zwar der Periode 1935/37. Aljechin hatte gerade im Wettkampf mit Euwe eine Niederlage erlitten, und seine Schaffensgrundlagen wurden einer vernichtenden Kritik unterzogen.

An dieser Stelle muß eingefügt werden, daß Aljechin etwa zu Beginn der 30er Jahre immer weniger Gefallen an den rein klassischen Formen der Schachkunst fand, die er indes vollkommen beherrschte. Schon im Turnier zu Bled 1934 begab er sich mit wachsender Beharrlichkeit auf die schwierige und gewagte Suche nach neuen schöpferischen Wegen. In seinen Partien begannen regelmäßig für die damalige Zeit ungewöhnliche strategische Wendungen aufzutauchen, wie z. B. das Positionsopfer eines (oder mehrerer) Bauern, waghalsige Unternehmungen um des besseren Figurenspiels willen, die Geringschätzung eigener Schwächen aus dem gleichen Grund und ähnliches. Mit anderen Worten, in seinem Spiel machte sich immer mehr das Bestreben bemerkbar, die damals schon einengende Lehre von Steinitz zu erneuern, indem er ihr sein dynamisches Herangehen entgegenstellte. Heute ist klar, daß es sich um die Suche eines echten Künstlers handelte, der die Notwendigkeit neuer Schaffensmaßstäbe intuitiv erkannt hatte. Aber selbst ein Genie vermag dem Geist der Zeit nicht völlig zu entrinnen. Für scharfe dynamische Experimente waren seinerzeit nur wenige Eröffnungssysteme geeignet. Da half alles nichts, man mußte auf gut Glück handeln

und dabei manchmal abenteuer-
lichen Ideen nachjagen.
Wir haben bereits festgestellt,
daß bei der intuitiven Methode
die Begriffe „gut und schlecht"
eng beieinanderliegen. Einige
Partien Aljechins aus der genannten Periode sollen Anlaß
geben, über das Rätsel der
schachlichen Wahrheit nachzudenken.

Slawische Verteidigung
Aljechin—Bogoljubow
Wettkampf 1934

1. d4 d5 2. c4 c6 3. Sc3 Sf6 4. e3
e6 5. Ld3 Sbd7 6. f4?! dc 7. L:c4
b5 8. Ld3 Lb7 9. Sf3 a6 10. a4?!
b4 11. Se2 c5 12. 0–0 Le7 13. a5
(besser geschah 13. f5) 13. ...
0–0 14. Sg3 g6! 15. De2 cd 16. ed
Sb8 17. Se5!? Sc6 18. S:c6 L:c6
19. Lc4? (erforderlich war
19. L:a6, denn jetzt gerät Weiß
in eine höchst unbehagliche
Lage) 19. ... Lb7 20. Le3 Dd6
21. Tad1 Tfe8 22. b3 Lf8 23. Td3
Dc7 24. Da2 Ld6 25. Ld2 Dc6
26. Le1 Tad8 27. Td2 Le7 28. Db2
Td7 29. Tc2 Dd6? (von diesem
Augenblick ändert sich das
Kampfbild; richtig war 29. ...
Sg4!, und Weiß stände elend)
30. Se2 Sd5 31. Dc1 Ld8 32. Lg3
De7? (stärker war 32. ... Dc6
oder 32. ... f5) 33. Ta2 Df6
34. Dd2 Df5 35. Ld3 Df6 36. Lc4
Le7 37. Dd3 Tf8 38. Le1 Df5
39. Dd2 De4 40. Ld3 De3+ 41. Lf2
D:d2 42. T:d2 Tc8 43. Lc4 Kg7
44. g3 Tcd8 45. Tc1 h6 46. Ld3 f5
47. Tdc2 g5? (vorzuziehen war
47. ... Kf7)

53

48. g4 S:f4? (48. ... fg taugte wegen 49. f5! usw. ebenfalls nichts,
aber 48. ... gf 49. gf Kf7 mit
gleichem Spiel war besser)
49. S:f4 gf 50. gf e5 51. Te1! ed
(nötig war 51. ... Lf6, obwohl
52. Tc4 Weiß klar zum Vorteil
gereicht hätte; jetzt bringt Weiß
eine Kombination an) 52. T:e7+!
T:e7 53. Lh4 Kf7 54. L:e7 K:e7
55. Tc7+ Td7 56. f6+ Ke8
57. Lg6+ Kd8 58. f7 K:c7
59. f8D f3 60. D:b4 Td6 61. Ld3.
Schwarz gab auf.

Französische Verteidigung
Aljechin—Euwe
Wettkampf 1935

1. e4 e6 2. d4 d5 3. Sc3 Lb4
4. Dg4?! Sf6 5. D:g7 Tg8 6. Dh6
Tg6 7. De3 S:e4? (richtig war
7. ... c5) 8. Ld3 f5 9. Sge2 c5
10. L:e4 fe 11. Dh3! Sc6 12. D:h7
Df6

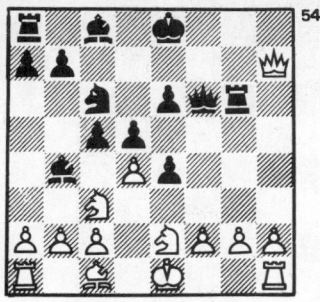

54

13. Sf4! cd 14. S:g6! dc 15. b3 Se7
16. S:e7 L:e7 17. h4 Df7 18. Dh8+
Df8 19. D:f8+ K:f8 20. Lg5 e5
21. f3! ef 22. gf? (22. L:e7+! nebst
23. gf hätte rasch zum Sieg geführt) 22. ... La3! 23. f4! Lf5
24. fe L:c2 25. 0–0+ Kg8
26. Tac1! L:c1 27. T:c1 Lf5
28. T:c3 Tc8 29. Tf3 Tf8 30. Lf6
Le4 31. Tg3+ Kf7 32. h5 Tc8
33. Tg7+ Ke6 34. h6! d4 35. h7
Tc1+ 36. Kf2 Tc2+ 37. Kg3 L:h7
38. T:h7 T:a2 39. Kf4 b5 40. Ke4
Te2+ 41. K:d4. Schwarz gab auf.

Slawische Verteidigung
Aljechin–Euwe
Wettkampf 1937

1. d4 d5 2. c4 c6 3. Sc3 dc 4. e4
e5 5. L:c4 ed 6. Sf3?! b5? (korrekt war 6. ... dc! 7. L:f7+ Ke7
8. Db3 cb! 9. L:b2 Db6!) 7. S:b5!
La6 8. Db3! Dc7 9. 0–0 L:b5
10. L:b5 Sf6 (10. ... cb 11. Dd5!)
11. Lc4 Sbd7 12. S:d4 Tb8 13. Dc2
Dc5 14. Sf5 Se5 15. Lf4! Sh5
16. L:f7+! K:f7 17. D:c5 L:c5
18. L:e5 Tb5 19. Ld6 Lb6 20. b4!
Td8 21. Tad1 c5 22. bc L:c5
23. Td5! Schwarz gab auf.

Die Rolle der Intuition und des Risikos bei der Stellungsbeurteilung

Bei der Stellungsbeurteilung spielen die Probleme der Intuition eine erstrangige Rolle. Im besonderen Maße trifft dies auf das praktische Spiel bei beschränkter Bedenkzeit zu. Letztlich muß selbst der fähigste „Rechenkunstler" vor der Vielzahl der Varianten kapitulieren und sich bei den zu treffenden Entscheidungen auf sein Gefühl verlassen. In vielen Stellungen läßt sich das Für und Wider einfach nicht mit mathematischer Folgerichtigkeit abwägen — wie umfassend das logische Denken auch geschult sein mag. Unter diesen Umständen heißt es, sich dem Kompaß des Positionsgefühls anzuvertrauen.

Intuition in bezug auf Bewertungsfragen ist aber ein sehr weitläufiger Begriff. Nur ein geübtes Auge vermag nämlich unscheinbare Störungen im harmonischen Zusammenspiel der feindlichen Streitkräfte oder unvermutete Verteidigungsressourcen des Gegners, die der anwachsenden eigenen Initiative entgegenstehen, wahrzunehmen. Im zweiten Fall bliebe nichts anderes übrig, als den verlockenden Ansturm auf einen günstigeren Zeitpunkt zu verschieben. Umgekehrt ist es oft genauso schwer zu erkennen, daß der Augenblick gekommen ist, sich

Hals über Kopf in einen Angriff zu stürzen, obwohl das Barometer nach logischem Ermessen noch nicht auf Sturm stand. Zweifellos hängt auch das Problem der nützlichen und schädlichen Bauernzüge mit der Intuition zusammen. Einerseits sind strategische Unternehmungen ohne den Einsatz von Bauern undenkbar, andererseits wissen selbst unerfahrene Schachfreunde, wie schwer Bauernschwächen ins Gewicht fallen können.

Zugleich sei nachdrücklich darauf hingewiesen, daß die Methode des konkreten Herangehens an die Stellungsbeurteilung die Hauptsache bleibt. Der Unterschied liegt nur darin, daß intuitive Entscheidungen bei der Positionseinschätzung sehr häufig mit einem Risiko verbunden sind und sich auf psychologische Erwägungen gründen.

Die eben angeführten Partien Aljechins können dafür als Beispiel dienen. Auch der nächste Fall ist lehrreich.

Holzhausen—Bogoljubow
Berlin 1919

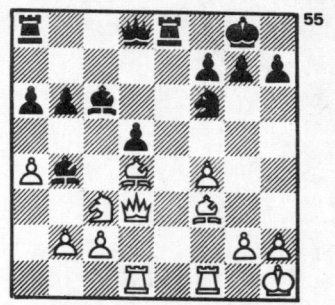

In dieser für ihn mißlichen Lage entschloß sich Schwarz, seiner Intuition vertrauend, zu dem gewagten Ausfall 17. ... Se4!? Damit stellte er den Partner vor eine Reihe konkreter Probleme, die umfangreiche Berechnungen erforderten. Recht aussichtsreich für Schwarz wären die Varianten 18. L:e4 de 19. Dg3 f6 20. Lc5 L:c5 21. T:d8 Ta:d8 bzw. 18. L:e4 de 19. Dc4 L:c3 20. D:c3 e3! 21. L:e3 Dc8. Doch der Anziehende gebietet über einen gefährlichen taktischen Schlag, den er auch anbrachte.

18. L:g7! Dh4!? 19. Kg1? ...

Weiß verteidigt sich automatisch gegen die Drohungen Sg3+ und Sf2+, aber das kommt ihm teuer zu stehen. Statt dessen konnte er das riskante Spiel des Gegners vermittels 19. S:d5! bestrafen, z. B. 19. ... Sg3+ 20. Kg1 S:f1 21. T:f1 Lc5+ 22. Ld4, und Weiß ist im Vorteil. Jetzt hingegen macht sich das schwarze Vorgehen bezahlt.

19. ... f6! 20. g3 Dh3 21. S:e4 de
22. Dc4+ K:g7 23. D:c6 Lc5+
24. Kh1 ef 25. D:f3 Te3! 26. Db7+
Te7. Weiß gab auf.

Diese Partie weist viele Gemeinsamkeiten mit der folgenden etwas früher gespielten auf.

Tarrasch–Lasker
Wettkampf 1908

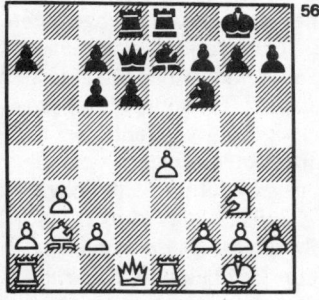

Auch hier macht die schwarze Stellung einen gefährdeten Eindruck, denn die Drohung 15. e5! ist unzweideutig. Lasker trifft die einzig richtige Entscheidung: Er ändert jäh den Spielverlauf, obgleich er dabei ein großes Risiko eingeht.

14. ... Sg4!? 15. L:g7 S:f2!
16. K:f2 K:g7 17. Sf5+ Kh8
18. Dd4+ f6 19. D:a7 ...

Weiß hat nicht nur einen Bauern erobert, sondern auch die schwarze Königsstellung empfindlich geschwächt. Der Nachziehende hat dafür Aussichten auf Gegenspiel erhalten und pocht auf den beeindruckenden zentralen Stützpunkt e5. Objektiv liegt der Vorteil bei Weiß,

man darf diesen jedoch nicht überbewerten.

19. ... Lf8 20. Dd4 Te5! 21. Tad1
Tde8 22. Dc3 Df7 23. Sg3 Lh6
24. Df3 d5! 25. ed Le3+ 26. Kf1
cd 27. Td3 ...

Besser war 27. Sf5. Aber der Anziehende, der durch den unvorhergesehenen Gang der Ereignisse deprimiert ist, hat den Faden verloren und rennt ins Verderben.

27. ... De6 28. Te2 f5 29. Td1 f4
30. Sh1 d4 31. Sf2 Da6 32. Sd3
Tg5 33. Ta1 Dh6! 34. Ke1 D:h2
35. Kd1 Dg1+ 36. Se1 Tge5
37. Dc6 T5e6 38. D:c7 T8e7
39. Dd8+ Kg7 40. a4 f3! 41. gf
Lg5. Weiß gab auf.

In den angeführten Beispielen gaben psychologische Faktoren, von denen noch zu sprechen sein wird, den Ausschlag. Doch zunächst wollen wir das über die Intuition Gesagte zusammenfassen.
Intuitive Entscheidungen sind ebenso unumgänglich wie logisch getroffene. Man bedient sich ihrer in komplizierten Lagen, in denen Berechnung und herkömmliche Bewertungsregeln versagen. Solchen Positionen begegnet man zwar nicht auf Schritt und Tritt; da sie in der Natur des Schachspiels liegen, kommen sie jedoch regelmäßig vor.
Das auf Intuition beruhende Spiel hat – wie jede andere Denkmethode – seine Vor- und

Nachteile. In der Regel ist es dem Risiko verpflichtet und erfordert viel Denkarbeit. Sein praktisches Ziel besteht vor allem darin, schwer zu lösenden Problemen beizukommen, die beiden Partnern alles abverlangen.

Die Intuition ist etwas Individuelles. Bei ihr kann man verschiedene Abarten unterscheiden, die alle ihr Für und Wider haben.

Intuitive Fähigkeiten kann und muß man entwickeln. In dieser Hinsicht ist ein Rat von Petrosjan beherzigenswert: „Es ist nützlich, mehrere Partien schnell hintereinander nachzuspielen – einfach, um Ideen zu sammeln. Auf diese Weise bereichert man sein Positionsgefühl."

Eine große Bedeutung hat die Fähigkeit, Verallgemeinerungen zu treffen. Diese Eigenschaft ist meines Erachtens für die Herausbildung des intuitiven Leistungsvermögens äußerst wichtig. Obwohl dieses Kapitel vorrangig Methoden des richtigen Spiels gewidmet ist, hat der aufmerksame Leser sicher bemerkt, daß zugleich viel von Fehlern die Rede war. Abschließend sei betont, daß für das schachliche Denken außer den beiden besprochenen Hauptfaktoren noch andere Seiten wesentlich und nützlich sind, wie z. B. das schachliche Allgemeinwissen und die Schachkultur überhaupt, die systematische Wissensaneignung,

verschiedene positive Charaktereigenschaften (Siegeswille, Geduld und Beharrlichkeit, das Gefühl für das Vertretbare) usw. Alle diese Dinge werden wir noch behandeln, wenngleich in einer dem vorliegenden Buch angemessenen Form, d. h., wir werden sie unter negativem Gesichtswinkel betrachten.

Besonders hervorheben möchte ich die Frage des Schachgedächtnisses, das bei der Vervollkommnung eine höchst bedeutsame Rolle spielt. Gewöhnlich ist es – wie etwa das gute Gehör bei einem geübten Sänger – gründlich ausgebildet und entwickelt sich gleichsam von selbst.

Es gibt allerdings die entgegengesetzte Erscheinung, daß ein schwaches Gedächtnis einen sonst recht begabten Spieler ernstlich am Vorankommen hindert. Daraus folgt, daß das Schachgedächtnis von Anfang an trainiert werden muß.

3. Kapitel

Charakteristische taktische Fehler

Versehen, die zur Katastrophe führen

Taktische Fehler werden am härtesten bestraft, und gerade sie können die Partiekrise heraufbeschwören. Obendrein ist niemand gegen sie gefeit.
Ursachen für grobe Versehen und Rechenfehler gibt es viele. Hierzu gehören nicht nur ein schwach entwickelter Kombinationsblick und mangelhafte Technik in der Variantenberechnung. Taktische Katastrophen können die Folge von Zeitnot, Übermüdung oder Überanstrengung, von Nachlässigkeit oder Leichtsinn usw. sein. Solche subjektiv bedingten Fehler lassen sich selbst erprobte Meister zuschulden kommen, die durchaus über eine ausgefeilte Technik der Variantenberechnung und einen ausgeprägten Kombinationssinn verfügen.
Taktische Wachsamkeit hat im praktischen Kampf eine gewaltige Bedeutung. Um eine Partie zu gewinnen, reichen oft 40 starke Züge nicht aus, denn ein einziger Fehler im 41. Zug kann uns um die Früchte der vorangegangenen Arbeit bringen.
Meist haben grobe Fehler — seien es nun Rechenfehler oder ein-fach Unachtsamkeiten — den sofortigen Zusammenbruch zur Folge.
Hier einige Beispiele.

Sigurjonsson—Miles
Wijk aan Zee 1977

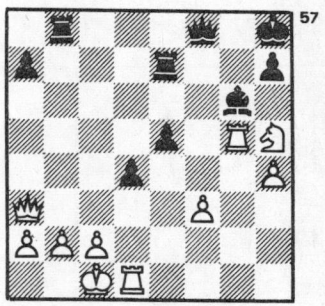
57

Auf dem Brett hat sich dank kompliziertem Spiel eine zweischneidige Lage ergeben. Offenbar hat die vorausgegangene Rechenarbeit Weiß viel Kraft gekostet. Das würde jedenfalls den nun folgenden groben Schnitzer des isländischen Großmeisters erklären.

29. Dd6?? T:b2!

Die scheinbar aktive weiße Dame hat den Boden unter den Füßen verloren. Sie erliegt jetzt einem versteckten kombinatorischen Schlag, denn 30. K:b2 wird durch 30. ... Tb7+ nebst

81

31. ... D:d6 bestraft. Andererseits droht unzweideutig 30. ... T:c2+. Weiß zog 30. Td2, doch mußte er nach 30. ... Tb1+! die Uhr abstellen.

Die Ursache des nächsten taktischen Übersehens liegt in übereilter Zuversicht und im vorzeitigen Nachlassen der Aufmerksamkeit. Ein ungeschriebenes Schachgesetz besagt, daß man bis zum allerletzten Zug auf seiner Hut sein muß.

Uhlmann–Velimirović
Tallinn 1977

Weiß hat eine klar gewonnene Stellung und konnte den Erfolg auf unkomplizierte Art sicherstellen: 28. L:g7! Dg5 29. Dh8+ Kg6 30. Ld4! usw. Doch Uhlmann fühlte sich offenbar schon als Sieger und zog 28. Dg4(?). Auf den ersten Blick scheint Weiß dank dem Doppelangriff auf die Punkte f3 und g7 tatsächlich die Oberhand zu behalten. Allein Schwarz gebietet über einen taktischen Schlag, der den Gegner um die Früchte seiner Bemühungen bringen sollte.

28. ... D:f1+!! 29. K:f1 T:f2+ 30. Ke1 T:b2 31. Df5+ Kg8 32. Db5 Lg1 33. Db8+ Kh7 34. b5 L:h2?

Schwarz „revanchiert" sich. Schnell zum Remis hätte 34. ... T:h2! 35. De5 Ta2! bzw. 35. b6 Tb2 36. b7 Lf2+ 37. Kf1 L:g3! geführt.

35. De5! Tb4?

Kopflosigkeit ist eine wesentliche Ursache für taktische Katastrophen. Noch war es nicht zu spät, vermittels 35. ... Ta2! 36. b6 Lg1 37. b7 La7 38. b8D L:b8 39. D:b8 Ta1+ 40. Kf2 f6 das Remis zu erzwingen. Fehlerhaft war dagegen 35. ... Tb3? wegen 36. Df5+ Kg8 37. Dc8+ Kh7 38. Dc2+.

36. Kf2! f6 37. Dc3! Te4 38. Dd3. Schwarz gab auf.

Der Preis eines einzigen Versehens

Nicht nur grobe Schnitzer oder Rechenfehler können verhängnisvoll sein. Manchmal führt – vor allem im Kampf zwischen Schachmeistern hohen Ranges – bereits ein unscheinbares Versehen zum Verlust. Dafür einige kennzeichnende Beispiele.

Evans-Gambit
Timman–Tatai
Amsterdam 1977

1. e4 e5 2. Sf3 Sc6 3. Lc4 Lc5
4. b4 L:b4 5. c3 Le7 6. d4 Sa5
7. S:e5 S:c4 8. S:c4 d5 9. ed D:d5
10. Se3 Da5 11. 0–0 Sf6 12. c4
0–0 13. d5! ...

Aus der Eröffnung heraus hat
Weiß eine gewisse Initiative erlangt, so daß Schwarz vorsichtig zu Werke gehen muß, will er
das Gleichgewicht behaupten.
Ein einziges Versehen kann ausreichen, um seine Stellung zu
ruinieren. Der weitere Kampfverlauf liefert dafür einen schla-
genden Beweis.

13. ... b5 14. Sd2 bc 15. Sd:c4
Da6 16. Lb2 Te8?

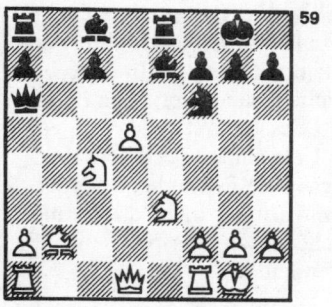

Da ist schon die gefährliche
Klippe, an der Schwarz scheitert.
Richtig war 16. ... Sg4! 17. S:g4
D:c4 mit Aussichten auf gleiches
Spiel. Nach dem Textzug wächst
die weiße Initiative schrittweise
und unaufhaltsam an.

17. Tc1 Tb8 18. Le5! Tb7 19. Te1
Ld7 20. d6! cd 21. L:f6 gf 22. Sd5

Le6 23. Tc3! Kh8 24. S:e7 Te:e7
25. Dd4 Kg7 26. Tg3+ Kf8
27. D:f6 Ke8 28. Se5! Schwarz
gab auf.

Damengambit
Larsen–Hort
Tilburg 1978

1. c4 c5 2. Sc3 Sc6 3. e3 Sf6 4. Sf3
e6 5. d4 d5 6. cd ed 7. Le2 Lg4
8. 0–0 c4 9. h3 Lf5 10. b3 Lb4
11. Lb2 Se4? 12. S:e4 de

Vermutlich dachte der Nachziehende überhaupt nicht an Gefahr. Die Eröffnung ist gerade
erst vorüber, die Gedanken sind
noch nicht so recht bei der
Sache, zumal die Lage auf dem
Brett ruhig zu sein scheint. Doch
plötzlich holt Weiß zu einem
taktischen Schlag aus, der den
Gegner vor nahezu unlösbare
Probleme stellt.

13. L:c4! ef 14. D:f3 ...

Die weißen Drohungen sind
höchst unangenehm. So kann auf
14. ... Lg6 einfach 15. d5 und
nach dem Wegzug des Springers
16. L:g7! geschehen. Ich gehe

wohl kaum fehl in der Annahme, daß sich Hort an dieser Stelle bittere Vorwürfe über die ihm in der Eröffnung unterlaufene Unachtsamkeit machte. Objektiv gesehen ist es schon sehr schwer, die Partie zu retten, was der Anziehende überzeugend nachwies.

14. ... Df6 15. d5! D:b2 16. dc De5 17. cb Td8 18. Tad1 T:d1 19. T:d1 0—0 20. Td5 Da1+ 21. Kh2 Le6 22. Df4 L:d5 23. L:d5 Df6 24. D:b4 Dd8 25. Dc5 Db8+ 26. g3 Td8 27. a4 g5 28. e4 Te8 29. b4 h5 30. Kg2 Kg7 31. Lc6 Te6 32. b5 f6 33. Df5. Schwarz gab auf.

Wer sich in Verwicklungen stürzt

Oft hört oder liest man, daß ein bestimmter Meister die besseren Aussichten hatte, aber bei Verwicklungen strauchelte und nicht nur seinen Vorteil vergab, sondern sogar eine Niederlage hinnehmen mußte.
Hier einige instruktive Beispiele.

Richter-Weressow-Eröffnung
Wockenfuß—Timman
Bad Lauterberg 1977

1. d4 Sf6 2. Sc3 d5 3. Lg5 Sbd7 4. f3 c5 5. dc Da5 6. L:f6 S:f6 7. Dd4 e5!?

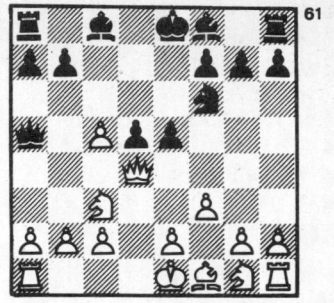

Ein interessanter Entschluß. Vermittels des Bauernopfers beabsichtigt Schwarz, möglichst schnell seine Figuren ins Spiel zu bringen und die Initiative zu ergreifen.

8. D:e5+ Le6 9. e4 L:c5 10. Lb5+? ...

In dieser Situation ist vor allem taktische Genauigkeit vonnöten, doch gerade daran läßt es der Anziehende fehlen. Richtig war einzig und allein 10. 0—0—0, was gleiche Chancen ergeben hätte. Statt dessen läßt sich Weiß von der Gelegenheit verleiten, dem Gegner die Rochade zu verderben, worunter indes das harmonische Zusammenspiel seiner Figuren leidet.

10. ... Kf8 11. 0—0—0 ...

Er hat bereits mit ernsten Schwierigkeiten zu kämpfen. So sollte nach 11. Sge2 a6 12. Ld3 de die Drohung 13. ... Lf2+! rasch die Partie entscheiden. Auch bei 11. ed S:d5 12. Sge2 a6 13. 0—0—0 Le3+ 14. Kb1 ab (unklar ist 14. ... S:c3+ wegen 15. S:c3 ab 16. D:e3 b4 17. Se4 D:a2+ 18. Kc1 Da1+

19. Kd2 Td8+ 20. Ke2 Lc4+
21. Kf2 T:d1 22. Dc5+)
15. T:d5 L:d5 16. D:d5 b4 hat
Schwarz ein deutliches Übergewicht.

11. ... Le3+ 12. Kb1 d4 13. Dd6+
Kg8 14. b4 Da3 15. Sd5 S:d5 16. ed
Lf5! 17. Se2 ...

Die weiße Stellung ist kaum noch
zu halten, z. B. 17. Lc4 d3! 18. cd
Ld4 19. Td2 Dc3 bzw. 17. Ld3
a5!; in beiden Fällen mit durch-
schlagendem Angriff für
Schwarz.

17. ... a5 18. S:d4 ab 19. Lc4 L:d4
20. T:d4 L:c2+! 21. K:c2 b3+.
Weiß gab auf.

Im modernen dynamischen
Kampf ist das Spiel auf Verwicklungen eine wirksame Methode, den Gegner zu verwirren.

Miles–Geller
Wijk aan Zee 1977

62

In dieser zweischneidigen Stellung geschah:

24. Lb4! f5

Falls 24. ... L:b4?! 25. ab D:b4?,

so 26. T:b3 D:b3 27. D:b3 ab
28. T:a7 b2 29. Sd2, und Weiß
hat Gewinnstellung. Bei 25. ...
Lf5 26. Sd2 S:d2 27. D:d2 ist der
weiße Vorteil ebenfalls offensichtlich.

25. L:c5 bc 26. Sd2 S:d2 27. T:d2
e4 28. Tdb2 ed (28. ... e3 29. f4!)
29. ed f4 30. Tb7!? (Aufmerksamkeit verdiente 30. Tb8) 30. ...
T:b7 31. T:b7 fg 32. hg Df6
33. Le4+ ...

Das lebhafte Spiel verlangt Zug
für Zug umfangreiche Berechnungen. Jetzt hätte Schwarz, der
bisher sehr präzis vorging, einfach 33. ... Kh8 ziehen sollen,
etwa mit der Folge 34. T:d7
D:f2+ 35. Kh1 D:g3 36. Ta7
Dh3+ und remis. Aber der
Nachziehende hält der Anspannung nicht stand und beginnt,
den Faden zu verlieren.

33. ... Lf5 (?) 34. Dg4 L:e4
35. D:e4+ Df5?

Schon das ist ein ernstes taktisches Versehen. Erforderlich
war 35. ... Kh8.

36. D:f5+ T:f5 37. Kf1 h5 38. Ta7
Kh6 39. T:a4 g5 40. Ta6+ Kg7
41. Tc6 h4 42. Kg2 hg 43. K:g3
g4 44. K:g4 T:f2 45. T:c5, und
Weiß hat in ein gewonnenes
Turmendspiel eingelenkt, das er
bald zum Siege führte.

Oft trifft auch die Redensart
zu: „Wer Wind sät, wird Sturm
ernten."

Larsen–Timman
Las Palmas 1977

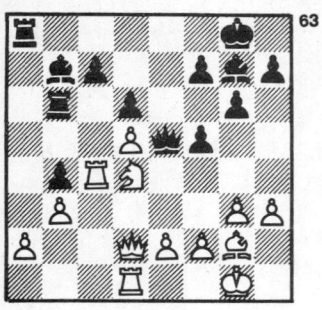

Mit 20. ... L:d5!? ließ sich
Schwarz auf große Verwicklungen ein. Jetzt erfordert jeder Zug
äußerste Genauigkeit.

21. f4 T:a2! 22. D:a2 ...

Die Alternative war 22. Dc1 De7
23. L:d5 c5! mit der Idee, nach
dem Wegzug des Springers 24. ...
D:e2 folgen zu lassen. In dem
dann entstehenden komplizierten, konkrete Berechnungen
verlangenden Kampf waren die
Aussichten annähernd gleich.
Auch nach 22. fe T:d2 23. T:d2
L:c4 24. bc de 25. Sb3 e4 bleibt
das dynamische Gleichgewicht auf dem Brett gewahrt.

22. ... De3+ 23. Kh2?! ...

In Betracht kam 23. Kf1 L:c4
24. Da8+ Lf8 25. bc D:g3 usw.
mit ungefährem Ausgleich.

23. ... Df2 24. Tg1 L:c4 (hier
verdiente 24. ... L:d4!? 25. Tcc1
Lc3! Beachtung) 25. Da8+ Lf8
26. Tc1! d5 27. Sf3 Ta6 28. Dc8
L:e2

Nicht schlecht war auch 28. ...
Ta2!? 29. Se5 T:e2 30. Tg1 T:e5
31. fe L:b3 32. e6 mit gleichem
Spiel.

29. Se5 Ta2 30. D:c7! Ta7?

Schwarz verliert die Balance.
Richtig war 30. ... Da7! 31. Dd8
De7 32. D:d5 mit gleichen Aussichten. Dieses Abspiel beweist,
daß der Nachziehende im 20. Zug
zu Recht Verwicklungen vom
Zaune brach. Doch jetzt läßt er
die nötige Präzision vermissen
und gerät schnell in eine Verluststellung.

31. Dd8! Lc4 32. bc b3 33. c5 b2
34. Tb1 Dc2 35. Db8! D:c5
36. T:b2 Ta1 37. h4 Kg7 38. De8
Ta7 39. Sc6! Ta3 40. Tb7.
Schwarz gab auf.

Dieses Beispiel zeigt eindringlich, daß der Nachziehende an
der umfangreichen Rechenarbeit
scheiterte.
Befassen wir uns mit dieser
Frage gesondert.

Der Umfang taktischer Aufgaben

In Partien, die ein konkretes Herangehen verlangen, haben die Spieler zahlreiche taktische Aufgaben zu lösen und viel Rechenarbeit zu leisten. Doch recht häufig gelingt es nicht einmal Schachspielern höherer Qualifikation, der Probleme Herr zu werden.
Selbstverständlich vermag ein relativ ungeübter Schachfreund seine Möglichkeiten nur schwer richtig einzuschätzen, aber ein erfahrener Spieler muß seine Kräfte – noch dazu, wenn er bewußt Verwicklungen anstrebt – real beurteilen. Andernfalls wäre er besser beraten, zugunsten einer übersichtlicheren Fortsetzung auf die Komplizierung des Spiels zu verzichten.
Indessen ist es hier leichter zu raten, als selbst mit gutem Beispiel voranzugehen. Das Schach ist ja gerade darum so anziehend, weil es dem Spieler gestattet, seine schöpferischen Fähigkeiten zu entfalten. Und das geschieht am besten, wenn man den komplizierten Kampf sucht. Außerdem wird das Spiel auf Verwicklungen – z. B. in vielen modernen Eröffnungssystemen – häufig von der Notwendigkeit diktiert. Mit anderen Worten, man muß allseitig auf den ein konkretes Herangehen verlangenden Kampf vorbereitet sein.

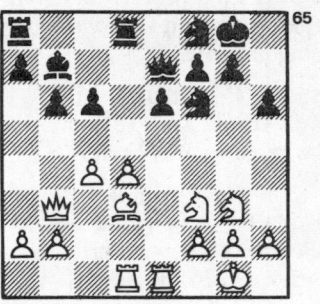

Mit seinem nächsten Zug wird Weiß konkret und verschärft das Spiel.

17. c5!? bc 18. dc Dc7 19. Sd2?! Td5 20. Sde4 S6d7! 21. Dc2 f5 22. Sc3 T:c5 23. Sge2 Se5

Schwächer war 23. ... a5 24. Sd4 Te5 25. Lc4, wonach Weiß das Heft in der Hand hält.

24. b4 S:d3 25. T:d3? ...

Bisher hat Weiß richtig gehandelt, doch jetzt gebricht es ihm an dem nötigen taktischen Weitblick. Obwohl sich sein Gegner umsichtig verteidigt hat, konnte der Anziehende vermittels der Fortsetzung 25. D:d3 Te5 26. f4 Db6+ 27. Dd4 D:d4+ 28. T:d4 Te3 29. Kf2 c5 30. Td6 T:c3 31. S:c3 cb usw. eine gewisse Initiative behaupten. Jetzt vollzieht sich ein jäher Szenenwechsel.

25. ... Tc4 26. Db3 Tg4 27. g3 c5! 28. bc Dc6 29. f3 D:c5+ 30. Kg2 Tb4 31. Dd1 Tc4 32. Sb1 Kh7 33. Sa3 Tb4 34. Sd4? ...

Die Krisis. Weiß ist völlig ent-
nervt und begeht einen groben
Fehler. Auch das gehört zu den
charakteristischen schachlichen
Fehlhaltungen!

34. ... T:d4! 35. T:d4 D:a3
36. Td2 Tc8 37. De2 Tc3, und
Schwarz gewann schnell.

Der Kampfverlauf in der
nächsten Partie ist gleichfalls
bezeichnend. Zuerst führt
Schwarz den Königsangriff vorbildlich und erreicht eine viel-
versprechende Position. Aber
dann kommt der Augenblick, der
konkrete Berechnungen er-
fordert.

Sosonko–Kaválek
Wijk aan Zee 1977

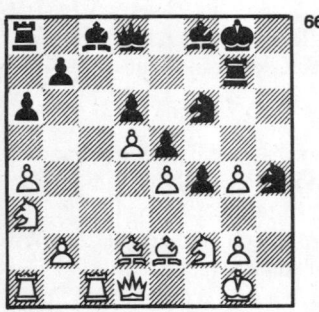

66

Schwarz eröffnete den Sturm
auf die Königsfestung:

24. ... L:g4! 25. S:g4 S:g4?

Das erweist sich als ernster
Fehler. Die richtige Fortsetzung
des Angriffs bestand in 25. ...
S:g2!, wonach sich Weiß sehr an-
strengen muß, will er das Gleichgewicht bewahren. So taugt

beispielsweise 26. K:g2? nichts
wegen 26. ... S:g4 27. L:g4 Dh4!
usw. Nötig ist vielmehr 26. Tc3!,
und das Spiel sollte nach 26. ...
Se3 27. L:e3 S:g4 28. L:g4 Dh4
29. Lf2 T:g4+ 30. Kf1 Dh1+
31. Ke2 D:e4+ 32. Kf1 Dh1+
usw. friedlich enden.

26. L:g4 Dg5 27. Le6+ Kh8
28. g4!! ...

Dieser Zug war der Aufmerksamkeit des Nachziehenden
entgangen.
Plötzlich ist die schwarze
Stellung aussichtslos.

28. ... Te8 29. Tc3 T:e6 30. de
Dh5 31. Th3 f3 32. Kf2 d5
33. D:f3 Lc5+ 34. Ke2 T:g4
35. T:h4 T:h4 36. D:h5+ T:h5
37. ed, und Schwarz gab bald
auf.

Häufig fällt es schwer zu erkennen, wieviel Rechenarbeit
zu leisten ist. Aber nicht nur
weite und genaue Berechnung,
auch die Ausdauer des Spielers,
sein Vermögen, Kraft und Zeit
einzuteilen, wollen bedacht
sein. Im modernen dynamischen
Kampf erweist es sich im Vertrauen auf die eigene taktische
Überlegenheit manchmal als
wirkungsvoll, Verwicklungen
anzustreben. Der Partner wird
in ein Labyrinth von Varianten
gestellt, durch das er sich (allerdings auch dessen Urheber)
hindurchwinden muß. Die Aufgaben, die sich dabei ergeben,
können recht unterschiedlich
sein. Sie setzen indes nicht nur

Können bei der Variantenberechnung, sondern auch eine sorgfältige Positionseinschätzung voraus.

Hier ein Beispiel dieser Art.

Romanischin—Miles
Hastings 1976/77

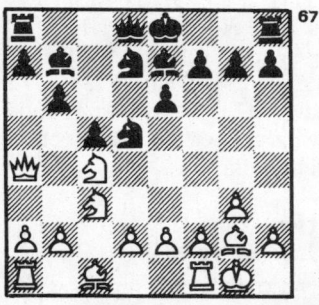

Der Entschluß des Anziehenden, seine beiden Mittelbauern zu aktivieren, ist recht interessant. Die Absicht besteht darin, die Initiative im Zentrum an sich zu reißen, dabei zugleich den Kampf zu verschärfen und diesen in rechnerische Bahnen zu lenken.

11. e4 Sb4 12. d4! 0—0 (12. ... cd 13. Sb5!) 13. dc L:c5 14. Td1 Lc6 15. Db3 a5 16. Sa4 Df6 17. S:c5 S:c5 18. Dc3! Tad8 19. Le3 ...

Provoziert den Übergang ins Endspiel, in dem Schwarz an fühlbaren Schwächen auf der Damenseite krankt. Bei dieser Entscheidung mußten nicht nur die Varianten genau berechnet, es mußte auch die Stellung sorgfältig (und womöglich tiefgründiger als vom Gegner) beurteilt werden.

19. ... D:c3 (dieser Abtausch hatte keine Eile, doch Schwarz ahnt offenbar nichts von der heraufziehenden Gefahr) 20. bc T:d1 21. T:d1 S:a2 22. Td6 La8 23. f3 Sa4 24. S:b6 S4:c3?! 25. Lf1 Sb4 26. Ld4 Sca2 27. Lc4 Lb7 28. Td7 La6 29. L:e6 ...

Weiß hat den Gegner völlig überspielt. Den technischen Teil der Vorteilsverwertung meistert er einwandfrei.

29. ... Lb5 30. Tc7 Sc6 31. L:a2 S:d4 32. Kf2 Sc6 33. Sd5 Se5 34. f4 Sg6 35. Ta7 a4 36. Sc3 Lc6 37. Ke3 a3 38. Ta6 Lb7 39. Tb6 Lc8 40. Sb5 Te8 44. Sd6 Tf8 42. f5! Se5 43. Tb5 Sc6 44. Tb3 g6 45. T:a3 Kg7 46. Ta8 Ld7 47. f6+. Schwarz gab auf.

Taktische Ungenauigkeiten, die Positionsnachteile verschulden

Wie wir gesehen haben, ziehen grobe taktische Fehler — handle es sich nun um Versehen oder Rechenfehler — meist den sofortigen Verlust nach sich. In anderen Fällen haben taktische Ungenauigkeiten, nutzt der Partner sie gebührend aus, positionelle Nachteile zur Folge, die indes nicht unbedingt die Krise herbeiführen müssen. Aber auch dann haben die Fehler unangenehme Konsequenzen, wie das eben angeführte Beispiel belegt.

Betrachten wir dazu auch die nachstehenden zwei Partien.

Englische Eröffnung
Larsen–Miles
London 1977

1. g3 g6 2. Lg2 Lg7 3. c4 c5 4. Sc3 Sc6 5. d3 Sf6 6. Sf3 d5 7. cd S:d5 8. S:d5 D:d5 9. 0–0 0–0 10. Le3 Ld7 11. Dd2 Dd6 12. Lh6 Tac8 13. a3 b6 14. L:g7 K:g7 15. b4 Sd4

Nach ruhigem Eröffnungsverlauf setzte Weiß, ohne die Besonderheiten des Kampfes zu berücksichtigen, unvorsichtig mit 16. Tfc1? fort.

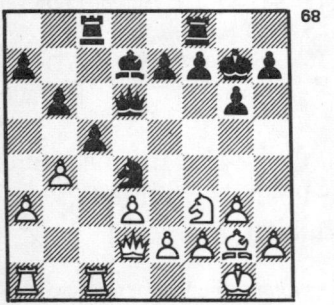

68

Dieser Zug provoziert unbewußt eine energische taktische Erwiderung, durch die Weiß in Positionsnachteil kommt.

16. ... c4! 17. S:d4 ...

Weder 17. dc?? S:f3+ noch 17. Db2 c3! ging an.

17. ... D:d4 18. Dc3 D:c3 19. T:c3 cd 20. T:d3 La4 21. Le4 f5 22. Lb7?! Tc7 23. La6 Tf6 24. b5? ...

Ein Fehler kommt selten allein.

Durch die Aussperrung seines Läufers gerät Weiß in eine hoffnungslose Lage. Geboten war 24. Td5!, obwohl Schwarz nach 24. ... Tfc6 einen dauerhaften Druck ausgeübt hätte.

24. ... Td6! 25. T:d6 ed 26. Ta2 Kf6 27. Td2 Ke6 28. Td4 Lb3 29. g4 Ke5! 30. e3 Ld5 31. h3 Tc1+ 32. Kh2 Le4 33. gf Th1+ 34. Kg3 Tg1+ 35. Kh2 Tg2+ 36. Kh1 T:f2+ 37. Kg1 T:f5, und Schwarz verwertete sein Übergewicht mühelos.

Liberson–Timman
Bad Lauterberg 1977

69

Es hat sich eine schwer durchschaubare Lage ergeben, in der das Ringen um positionelle Vorteile eng mit taktischen Unternehmungen verflochten ist. Zunächst verläuft der Kampf, den Schwarz mit dem folgenden Zug geschickt herausfordert, scheinbar in rein taktischen Bahnen.

17. ... Se4!?

Dieser Ausfall stellt Weiß vor allem vor taktische Probleme

und zugleich vor eine schwierige Wahl. Schwach ist natürlich 18. S:e4 wegen 18. ... D:e1! Komplizierte Abspiele entstehen nach 18. T:b7, z. B. 18. ... T:c3 19. bc S:c3 20. Ld2 D:d5 21. Lg2 D:b7 22. L:c3 Sc6 23. L:g7 K:g7 24. L:c6 D:c6 25. T:e7 bzw. 18. ... S:c3 19. bc D:c3; in beiden Fällen mit leichter Initiative für Schwarz. Der Anziehende entschloß sich zu 18. Ld4, was indes nicht am besten ist, wie der weitere Verlauf der Ereignisse lehrt. Anscheinend war 18. Lb6!? S:c3 19. L:a5 S:d1 20. T:d1 T:c2 21. T:b7 Sg4 mit beiderseitigen Chancen vorzuziehen.

18. ... Sc5 (aber nicht 18. ... S:c3 19. L:c3 D:a4 20. T:b7 mit Vorteil für Weiß) 19. L:c5 D:c5 20. T:b7 Tcb8 21. Se4?! (genauer war 21. Tb3) 21. ... Da5 22. b4 D:a4 23. T:b8+ T:b8 24. c3 Da3 25. f4?! Sd7 26. Dc1 Da2 27. Td1 a5 28. ba D:a5

Die taktischen Verwicklungen sind vorüber. Im weißen Lager hat sich eine ernste Bauernschwäche am Damenflügel ergeben, so daß die Stellung strategisch verloren ist.

29. Kh1 Sf6 30. Da1 Db6! 31. S:f6+ L:f6 32. Da2 L:c3 33. Dc2 Da5 34. Lg2 Tb2 35. De4 Da2 36. h4 Te2 37. Df3 Lf6 38. Kg1 Dc2 39. Lf1 ...

Beschleunigt das Ende. Doch auch bei 39. Tf1 Ld4+ 40. Kh2

f5! zieht Weiß auf die Dauer den kürzeren.

39. ... D:d1 40. D:e2 D:d5, und Schwarz gewann.

Über Einzelheiten nicht das Ganze vergessen!

Der innere Zusammenhang zwischen der Variantenberechnung und der Beurteilung der dabei entstehenden Stellungen kann auch völlig anders beschaffen sein. So ist häufig zu beobachten, daß übertriebener Eifer in taktischen Fragen und vor allem bei der Variantenberechnung (wenn z. B. nur die taktische Stichhaltigkeit der Abspiele berücksichtigt wird) zu Lasten des positionellen Überblicks geht.
Charakteristisch ist der folgende Fall.

Angenommenes Damengambit
Hort–Miles
Amsterdam 1978

1. d4 d5 2. c4 dc 3. Sf3 Sf6 4. e3 Lg4 5. L:c4 e6 6. h3 Lh5 7. g4!? Lg6 8. Se5 Sbd7 9. S:g6 hg 10. Df3 c5 11. 0–0 cd 12. ed Le7 13. Sc3 Sb6?! 14. Lb5+ Kf8 15. Le3 Sbd5 16. Ld3 S:c3 17. bc Dd5

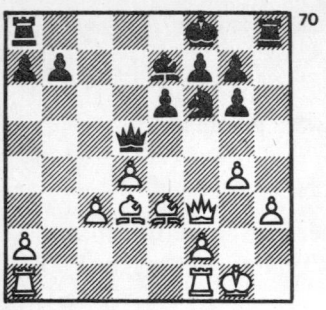

Der Nachziehende hatte diese ganze Abtauschoperation offenbar schon im 13. Zug geplant. Er berechnete präzise die Abspiele, die rein taktisch durchaus annehmbar für ihn aussehen. Aber in dieser Position haben eindeutig Gesichtspunkte den Vorrang, die die einfühlsame Beurteilung des bevorstehenden Endspiels betreffen. Und dagegen hat Schwarz offensichtlich verstoßen.

18. Dg2! ...

Die erste Feinheit und zugleich die erste unangenehme Überraschung für den Nachziehenden. Dieser hatte hauptsächlich 18. D:d5 erwartet, worauf er mittels 18. ... ed! ein gutes Spiel erhalten wollte.

18. ... D:g2+ 19. K:g2 Sd5 20. c4! ...

Eine weitere Feinheit. Weiß hat nichts gegen den Abtausch seines schwarzfeldrigen Läufers und den Übergang in ein ungleichfarbiges Läuferendspiel einzuwenden. Er baut darauf, an allen Fronten Herr der Lage zu sein.

20. ... S:e3 21. fe g5 (es drohte 22. L:g6) 22. Le4 Tb8 23. a4 Lb4 24. a5 Ld2 25. Ta3 Th6 26. Td1 Lb4 27. Tb3! L:a5 28. Ta1 Ld8 (28. ... Lb6 29. c5!) 29. T:a7 ...

Man überzeugt sich unschwer davon, daß die weiße Überlegenheit reale Konturen angenommen hat. Das Unglück des Nachziehenden liegt darin, daß sein Königsturm bislang vom Spiel ausgeschlossen war. Dadurch erhält Weiß Gelegenheit, auf der Damenseite den entscheidenden Angriff vorzutragen.

29. ... e5 30. c5! ed 31. ed b6 32. d5 Tc8 33. c6 Td6 34. Tb7 g6 35. Ta3 Tc7 36. T:c7 L:c7 37. Ta7 Ld8 38. c7! Schwarz gab auf.

Der Nachziehende hat sich, formal gesehen, keinen Rechenfehler zuschulden kommen lassen. Er verkannte jedoch völlig einige – auf den ersten Blick allerdings unscheinbare – Feinheiten. In Berechnungen vertieft, versäumte er es, die Stellung exakt einzuschätzen, die sich nach der Abtauschserie ergab. Die unglückliche Postierung des Königsturms, die Schwächen am Damenflügel sowie die Disharmonie seiner Streitkräfte brachten Schwarz schnell in eine ausweglose Lage. Unterlassungssünden bei der Beurteilung der Konsequenzen treten besonders häufig auf, wenn scharfe taktische Überlegungen plötzlich von rein positionellen Erwägungen abgelöst werden. Im Eifer des Gefechts kann leicht der Überblick verlorengehen.

Petrosjan–Nunn
Hastings 1977/78

71

Schwarz zog 10. ... b6?! und lud den Partner ein, das Gambit anzunehmen und sich auf Kopfzerbrechen bereitende Verwicklungen einzulassen. Petrosjan beurteilte die Stellung weitsichtig und wich dem Abenteuer nicht aus.

11. L:d6! ...

Aber nicht 11. S:d6? Sh5 12. S:c8 S:f4!, und Schwarz siegt.

11. ... Te8 12. Lg3 Se4 13. S:e4 T:e4 14. e3 b5 15. Sd2! ...

Vermeidet den Reinfall 15. Sd6? Tb4 16. L:b5? Lf8! 17. Lc6 La6 18. L:a8 T:b2 bzw. 18. Dd2 S:c6 19. dc Df6 20. Dc3 De6, wonach Weiß in beiden Fällen elend stände.

15. ... Tb4 16. b3! ...

Ein prächtiger strategischer Einfall. Der Anziehende klammert sich nicht an Material, sondern opfert sogar welches. Er erkennt, daß er dafür eine klar vorteilhafte Position erhält.

16. ... L:a1 17. D:a1 D:d5 18. a3 Tg4

Nach 18. ... T:b3 19. Le2 Td3 20. Lf3 steht Schwarz schlecht.

19. Le2 Sc6 20. Lf3! De6 21. L:g4 D:g4 22. 0–0 ...

Nun ist die Zeit gekommen, die Ergebnisse des vorangegangenen taktischen Sturms zu bewerten. Obwohl das materielle Verhältnis auf dem Brett ausgeglichen ist, flößt die Stellung des Nachziehenden kein Vertrauen ein. In seinem Lager existieren zu viele Schwächen, die für ein bedeutendes weißes Übergewicht sprechen.

22. ... Lb7 23. f3! De6 24. Se4 Td8 25. S:c5 D:e3+ 26. Lf2 De7 27. Te1 Dc7 28. h4 h5 29. Se4 Se7 30. Sf6+ Kf8 31. b4! Lc8 32. S:h5 gh 33. Dh8+ Sg8 34. Lc5+ Td6 35. De5. Schwarz gab auf.

Fazit: Man darf über taktischen Details nie vergessen, die Stellung richtig zu beurteilen, die sich am Schluß der Verwicklungen ergibt.

Die Gefahren ungezügelten Kombinierens

Partos–Miles
Biel 1977

Ein typischer Fehler im taktischen Kampf ist, daß bei der
Suche nach kombinatorischen
Lösungen das Gefühl für das
Vertretbare verlorengehen
kann. Ein erfolgreich einge-
leitetes Kombinationsspiel
wird in der Regel von emotiona-
lem Schwung getragen, er-
fordert aber nichtsdestotrotz
die beständige Kontrolle durch
logische Beurteilung und kühlen
Verstand. Sobald man bestimmte
Vorteile erlangt hat, ist es mitunter nötig, vom weiteren
Kombinieren Abstand zu nehmen und das Spiel in positionelle
Bahnen zu lenken.
In der Praxis ist aber häufig das
Gegenteil zu beobachten. Der
Spieler sieht sich unter dem
Einfluß seines Gefühls außerstande, kombinatorische Berechnungen rechtzeitig abzubrechen, und büßt schließlich
das Errungene wieder ein.
Das folgende Beispiel ist für
diesen Sachverhalt kenn-
zeichnend.

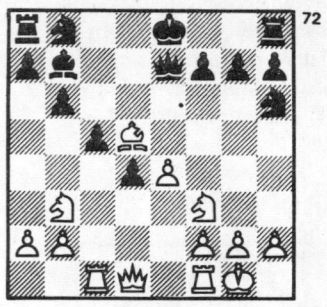

In der Eröffnung hatte Schwarz
einen Bauern „verspeist" und
danach alles getan, um seinen
materiellen Mehrbesitz zu behaupten. Darüber ist er in der
Entwicklung zurückgefallen,
und sein König ist in der Mitte
steckengeblieben. Durch einen
kombinatorischen Überfall
gelingt es Weiß, Vorteil zu
erzielen.

12. S:c5! bc (12. ... L:d5 13. ed
ist günstig für Weiß) 13. Da4+
Kf8 14. T:c5!! Sa6

Nach 14. ... D:c5 15. L:b7 Sd7
16. L:a8 Sb6 17. D:a7! sitzt
Schwarz völlig auf dem trok-
kenen.

15. Ta5 Sc5 16. T:c5 (16. D:d4
S:e4 17. Te1 f5! usw. ist schwächer) 16. ... D:c5 17. L:b7 Td8
(oder 17. ... Tb8 18. Ld5 T:b2
19. Lb3 mit weißem Übergewicht)
18. Ld5 Sf5 19. Se5! Dc7
20. S:f7? ...

Bisher hat Weiß hervorragend
kombiniert. Doch jetzt mußte er

unbedingt das positionelle Für und Wider abwägen. Das hätte ihn ohne sonderliche Mühe zu der Schlußfolgerung gebracht, daß seine Stellung nach 20. Sc6 Td6 21. S:d4 eindeutig vorzuziehen ist. Er hätte ja zwei Bauern für die Qualität und obendrein Positionsvorteil gehabt. Der Anziehende war aber vom Kombinationsspiel geradezu hypnotisiert. Er spielt weiter nach der Devise „alles oder nichts" und wird schließlich das Opfer seiner Tollkühnheit.

20. ... T:d5! 21. S:h8 Ta5 22. Db4+ Sd6 23. D:d4 Kg8 24. b4 Tb5 25. Td1 Se8 26. Dd7 D:d7 27. T:d7 K:h8 28. Td8 Te5, und Schwarz hat nicht nur den Druck abgeschüttelt, sondern darüber hinaus das bessere Endspiel erhalten.

Die nächste Partie ist ebenfalls instruktiv.

Spanische Partie
Timman–Hermann
Bad Lauterberg 1977

1. e4 e5 2. Sf3 Sc6 3. Lb5 f5 4. Sc3 Sd4 5. La4 Sf6 6. 0–0 Lc5 7. S:e5 0–0 8. Sd3 ...

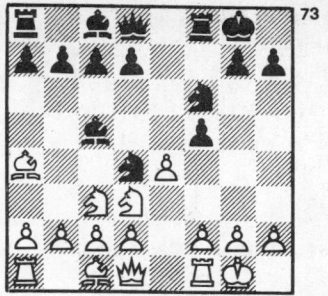

Nun verblüffte Schwarz seinen Gegner durch ein Figurenopfer.

8. ... fe!? 9. S:c5 d5 10. d3 Sg4

Vorerst macht sich die weiße Mehrfigur nicht bemerkbar, während die schwarzen Angriffsgelüste am Königsflügel an Deutlichkeit nichts zu wünschen übriglassen. Der Anziehende hielt es für angebracht, die Figur sofort zurückzugeben, obwohl die schwarzen Drohungen dadurch nicht aus der Welt geschafft werden.

11. S5:e4 de 12. S:e4 Dh4 13. h3 Sf3+? (13. ... Se5!) 14. gf D:h3 15. Lb3+? ...

Wechselseitige Fehler kommen im taktischen Kampf häufig vor. Richtig war 15. fg! L:g4 16. Sg5, und Weiß hätte mühelos gewonnen.

15. ... Kh8 16. fg L:g4 17. Le6 L:e6?

Schwarz verlangt zuviel und läßt seiner Kombinationslust die Zügel schießen. Erforderlich war 17. ... Tf3!, um vermittels

95

18. L:g4 D:g4+ das Remis zu forcieren.

18. Sg5 Df5 19. S:e6 D:e6 20. f3 Tf6 21. Tf2 Te8 22. Df1!, und Weiß gewann.

Taktische Glücksfälle

Im praktischen Kampf gibt es gelegentlich auch Rechenfehler, die glücklich ausgehen. Ein unvorsichtig gespielter Zug, der bei oberflächlicher Betrachtung verhängnisvoll zu sein scheint, erweist sich bei näherem Hinsehen als gut. Dergleichen stößt selbst starken Schachmeistern zu.
Hier ein charakteristisches Beispiel.

Polugajewski–Balaschow
45. Meisterschaft der UdSSR, 1977

In dieser Stellung machte Polugajewski den naheliegenden Ausfall 27. Se6 und faßte sich sofort an den Kopf. Er hatte bemerkt, daß Schwarz „zu-

fällig" über den Gegenschlag 27. ... S:c4 gebietet (nicht aber 27. ... L:c4 wegen 28. Da4!). Jetzt taugt 28. L:c4 L:c4 29. D:c4 nichts wegen 29. ... Db2, und Weiß hat gegen die Drohungen 30. ... D:f2+ und 30. ... S:e3+ keine Parade. Doch der Anziehende hatte Glück, denn nach 28. L:g4 gestaltet sich das Spiel sowohl bei 28. ... D:d5 29. Da4! als auch bei 28. ... fg 29. D:e4 Se5 30. S:c5! zu seinen Gunsten.
Im Unterschied zu seinem Partner hatte Balaschow alle diese Varianten gesehen und blies deshalb zum Rückzug.

27. ... Sf6 28. Lc3 Sed7 29. Sd8 Dc7 30. Sc6 Sb6 31. L:f6 gf 32. a4 Sc8 33. Db2, und Weiß hat ein klares Übergewicht im Endspiel erhalten.

Man sollte selbst offensichtliche und natürliche Züge stets überprüfen. Insgesamt gesehen sind solche glücklichen Zufälle nämlich seltene Ausnahme. Viel öfter begegnet man im taktischen Kampf dem Mißgeschick, daß eine gut und weit berechnete Fortsetzung plötzlich auf ein unerwartetes Hindernis stößt, so daß sich die geleistete Arbeit als nutzlos erweist. Schachliche Vervollkommnung ist immer mühselig. Für den Bereich der Taktik trifft das jedoch in noch höherem Maße zu. Schließlich ist es ja taktischer Forscherdrang, der dem Schach neue Wege weist. Jede

Art von Neuerertum ist aber zwangsläufig mit einem Risiko behaftet. Folglich kann es nur eine Schlußfolgerung geben: Es gilt, unermüdlich an der Vervollkommnung des taktischen Denkens zu arbeiten.

Unsere Übersicht über taktische Probleme und der mit ihnen verbundenen charakteristischen Fehler, die dem Spieler immer wieder zu schaffen machen, ist keineswegs vollständig. Wir wollen jetzt typische taktische Fehler untersuchen, die einer inneren Veranlagung entspringen. Dabei müssen wir uns noch einmal mit den beiden Hauptkomponenten der Taktik befassen, mit dem kombinatorischen Sehvermögen und der Berechnung.

Typische Fehler des kombinatorischen Sehvermögens

Häufig wirkt sich ein mangelhaft ausgeprägter Blick für Kombinationen selbst bei erfahrenen Kämpfern negativ aus. Eine ins einzelne gehende Untersuchung daraus resultierender Mängel stößt indes auf große Schwierigkeiten. Erstens haben wir es hier mit den sprödesten und heikelsten Seiten des Schachdenkens zu tun. Zweitens kann man leicht in Formalismus verfallen und dabei die lebendige, vielschich-

tige Wahrheit entstellen. Mit einem Wort, dies bedarf einer der Zukunft vorbehaltenen Spezialuntersuchung.

An dieser Stelle möchte ich die Aufmerksamkeit des Lesers auf einige psychologische Faktoren lenken, die das kombinatorische Sehvermögen beeinträchtigen. Wir müssen uns mit einigen Sinnestäuschungen befassen, denen der Spieler manchmal erliegt.

Das Restbild

Darunter verstehen wir die unveränderte Übertragung der Bewertung einer vergangenen Stellung auf die neue Lage. Dadurch überlagert das Vergangene die tatsächlichen Verhältnisse, und das Sehvermögen wird gestört.
Beispiele dieser Art gibt es ohne Zahl. Das Restbild ist ein empfindlicher Mangel, der gerade beim Kombinieren Versehen sowie oft auch grobe Schnitzer verschuldet.
Betrachten wir einen elementaren Fall.

Spielmann–Petrow
Margate 1938

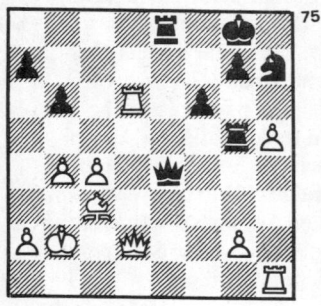

Es geschah:

30. Td8 ...

Nun hätte Schwarz mit 30. ...
T:d8 31. D:d8+ Sf8 fortsetzen
müssen, wonach Weiß ge-
zwungen war, mittels 32. Td1
T:g2+ 33. Td2 T:d2+ 34. D:d2
D:c4 35. h6 das Remis zu
forcieren.
Aber der Nachziehende, der
sich in großer Zeitnot befand
(und Zeitnot ist natürlich vor
allem in kombinatorischen Stellungen ein schlechter Ratgeber),
spielte unter dem Einfluß eines
zuvor gefaßten Planes 30. ...
T:g2??
Dieses grobe Versehen ist ein
typisches Beispiel für ein Restbild, denn unter den gegebenen
Umständen kam die Fesselung
der Dame eigentlich überhaupt
nicht in Betracht.
Bei dieser Gelegenheit sei darauf hingewiesen, daß das Restbild – wie viele andere negative
Erscheinungsformen des
schachlichen Denkens – mit-

unter eine wertvolle Hilfe bei
der Selbstkontrolle sein kann,
wenn es sich darum handelt,
die Aufmerksamkeit bewußt
zu disziplinieren.
So wird ein erfahrener Taktiker, sobald er ein verstecktes
Kombinationsmotiv erspäht
hat, geduldig die Aufmerksamkeit des Gegners durch verschiedene Manöver abzulenken
und die beabsichtigte Falle
sorgfältig zu tarnen suchen.
Ist die Wachsamkeit des
Gegners dann eingeschläfert,
wird er im geeigneten Moment
zuschlagen. Natürlich ist hierbei die unbewußte Mithilfe des
unglücklichen Partners nötig.
Dazu ein Beispiel.

Dorfman–Suetin
Mannschaftsmeisterschaft der
UdSSR 1978

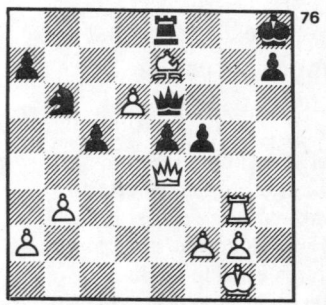

Während der ganzen Partie
hatte ich mich in einer wenig
beneidenswerten Lage befunden.
Als ich schon nahe daran war
zu verzweifeln, schoß mir
plötzlich ein taktisches Motiv
durch den Kopf, das eventuell
Bedeutung erlangen konnte.

Der Anziehende hätte jetzt
46. Db7 spielen können, wonach
die schwarzen Damenflügelbauern eine leichte Beute für
ihn geworden wären.
Doch Dorfman, der an keine
Gefahr dachte, zog 46. Dc6??
Nun geschah der insgeheim
schon eine Zeitlang geplante
Einschlag 46. ... T:e7!, worauf
Weiß angesichts des Figurenverlustes sofort die Waffen
streckte.

Das vorweggenommene Bild

Wenden wir uns jetzt gewissermaßen dem Gegenstück des
Restbildes zu, dem *vorweggenommenen Bild.* Bei ihm wird
die Rolle des zukünftigen Partieverlaufs allzu hoch eingeschätzt.
Dabei verdrängt manchmal der
Wunsch die Wirklichkeit. Das
kann sehr unangenehme Folgen
haben.
Sehen wir uns daraufhin das
nächste, geradezu widersinnig
anmutende Beispiel an.

Romanowski–Kasparjan
Leningrad 1938

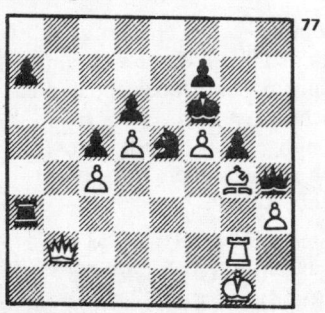

77

Kasparjan, der ein hervorragender Studienkomponist ist,
verkündete feierlich ein Matt
in drei Zügen, das sich sein
Partner zeigen ließ.

52. ... De1+ 53. Kh2 T:h3+?
(leicht gewann 53. ... Db4)
54. L:h3 Sf3+??

Erst als Schwarz den letzten
Zug schon ausgeführt hatte, bemerkte er, daß sein Springer ja
gefesselt war.
Im allgemeinen ist Kasparjan
ein ausgezeichneter Taktiker mit
ausgeprägtem Kombinationstalent. Doch im Kampf können
die tollsten Dinge passieren.
Im vorliegenden Fall be-
herrschte das vorweggenommene
Mattbild alles andere.
Zugegeben, dieses Beispiel ist
eher eine Karikatur als eine
Illustration zu unserem Thema.
Dennoch läßt sich mancherlei
daraus lernen.
Das übermäßige Bestreben,
weit vorausschauen zu wollen,
kann die Aufmerksamkeit min-
dern. In solchen Situationen
muß man vor allem vor den
sogenannten Zwischenzügen auf
der Hut sein.

Miles—Lombard
Biel 1977

In bedrängter Lage versuchte Schwarz, der Schwierigkeiten mittels eines taktischen Tricks Herr zu werden.

18. ... De7?! 19. L:d5 g5

Auf diesen Vorstoß hat sich der Nachziehende verlassen. Nach dem Wegzug des Läufers geschieht nämlich 20. ... L:e5 mit gutem Spiel. Doch ihm war der folgende Zwischenzug entgangen:

20. e4! ...

Danach wandelt sich die Lage schlagartig zugunsten von Weiß, denn auf 20. ... gf geschieht 21. ef.

20. ... Lh3 21. Le3 L:e5 22. Dd2! h6

Unbefriedigend war auch 22. ... Df6? 23. L:g5 Df3 24. Lc6+ Kf8 25. D:d8+ Kg7 26. Lh6+, und Weiß gewinnt.

23. Tad1 Tc8 24. Ld4 Lg4 25. f3! L:f3 26. L:e5 D:e5 27. L:f7+!

K:f7 28. Dd7+ De7 29. Df5+. Schwarz gab auf.

Die Formen und Ideen von Zwischenzügen können sehr unterschiedlich sein. Mitunter sind sie so kompliziert wie in der nachstehenden Partie, in der Schwarz mit einem interessanten Eröffnungsgedanken aufwartete.

Sizilianische Verteidigung
Junejew—Muchin
Sowjetunion 1978

1. e4 c5 2. Sf3 Sc6 3. d4 cd
4. S:d4 Sf6 5. Sc3 d6 6. Lg5 e6
7. Dd2 a6 8. 0–0–0 Ld7 9. f4 h6
10. Lh4 g5?! 11. fg Sg4 12. Sf3
Le7

Scheinbar steht Schwarz zufriedenstellend, da er sich den wichtigen Zentrumsvorposten e5 gesichert hat. Bei seinen Berechnungen hat er indessen einen gegnerischen Zwischenzug übersehen.

13. g6!? L:h4 (13. ... fg 14. L:e7 D:e7 15. Tg1! ist günstig für Weiß) 14. gf+ K:f7 15. Df4+

Ke7? (das kleinere Übel lag in 15. ... Lf6 16. D:g4 Ke7 17. Lc4, obwohl auch dann am weißen Übergewicht nicht zu rütteln ist) 16. S:h4 Sge5 17. Le2 Dg8 18. Sf3 Td8 19. Dh4+. Schwarz gab auf.

In derartigen Fällen ist es wichtig, alle sich bei der Berechnung ergebenden Stellungen genau zu überprüfen. Selbst die verführerischste Kombination darf nicht übereilt und unkontrolliert verwirklicht werden.

Zum Abschluß sei noch bemerkt, daß ähnlich den Restbildern auch die vorweggenommenen Bilder eine positive Rolle bei der Herausbildung der Fähigkeit spielen können, die schachlichen Ereignisse vorherzusehen.

Das mechanische Bild

Dieses Bild setzt das kombinatorische Sehvermögen ebenfalls häufig herab.

Wie schon betont wurde, ist hier nur von der taktischen Seite des Denkens die Rede. Im allgemeinen beziehen sich die mechanischen Bilder aber auf das Positionsspiel. Beispielsweise geben sich viele Spieler der unbegründeten Hoffnung hin, daß nur noch geringe Schwierigkeiten zu überwinden sind, wenn sie einen Materialvorteil errungen haben (etwa, wenn es ihnen nach schwerem

Positionskampf gelungen ist, einen Bauern zu erobern). Diese Einstellung begünstigt ein Nachlassen der Spannkraft und verursacht Fehler, die auf nicht Erreichtem beruhen. Zur Verdeutlichung wollen wir uns mit einem lehrreichen, rein taktischen Beispiel beschäftigen.

Grigorjan–Geller
45. Meisterschaft der UdSSR, 1977

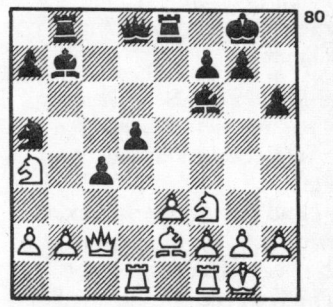

80

Weiß schätzte seine Stellung als vorteilhaft oder zumindest doch als bequemer ein. Damit stand er offensichtlich im Bann mechanischer Bilder. Es geschah:

18. Sd4? (besser war 18. Sc3)
18. ... Sc6 19. S:c6 L:c6 20. L:c4? Da5!

Eine unangenehme Überraschung. Bei näherem Hinsehen zeigt sich, daß Weiß Materialverlust erleidet.

21. Lb3 L:a4 22. L:a4 Tec8
23. Lc6 Da6 24. Tc1 L:b2! Weiß gab auf.

Im Unterschied zu den anderen Bildern haben die mechanischen stets nur negative Eigenschaften. Sie stellen sich besonders häufig bei Spielern ein, die einen Vorteil erlangt haben.

Man darf nie vergessen, daß selbst in klaren Gewinnstellungen noch unerwartete (meist taktische) Gefahren lauern.

Den Problemen der negativen Bilder hat in letzter Zeit Großmeister Krogius in seinen Arbeiten über die Psychologie des Schachspiels viel Raum gewidmet.

Eine Reihe von „Sehstörungen" sind eng mit dem Nachlassen der Aufmerksamkeit verbunden.

Der Grad der Aufmerksamkeit ist natürlich von Spieler zu Spieler verschieden. Es gibt indes allgemeine Gesetze, die unbedingt beachtet werden müssen. Nicht von ungefähr verbinden sogar Leute, die unserem Spiel fernstehen, mit dem Schachspieler die Vorstellung eines konzentrationsfähigen Menschen. Dieser Eindruck besteht im großen und ganzen auch zu Recht. Um so gefährlicher sind beim Kombinieren jedoch Mängel wie Wankelmütigkeit, Engstirnigkeit und Zerstreutheit.

Fehlende kombinatorische Phantasie

Zu den Ursachen kombinatorischer Versehen gehört auch fehlende Phantasie beim Aufspüren ungewöhnlicher Züge. Im normalen Positionsspiel beherrschen sichere, der Logik untergeordnete Züge die Szene. Bei der ersten sich bietenden Gelegenheit besetzen die Türme offene Linien und die Leichtfiguren starke Punkte, zugleich werden Bauernschwächen vermieden usw.

Anders verhält es sich beim Kombinationsspiel. Hier werden die üblichen Vorstellungen über die Stärke der Züge grundlegend neubewertet. Manchmal besteht das Geheimnis einer Kombination gerade in den unvorhergesehenen und ungewohnten Mitteln, mit deren Hilfe sie verwirklicht wird. Hier zwei aufschlußreiche Beispiele.

Suetin–Barczay
Dubna 1976

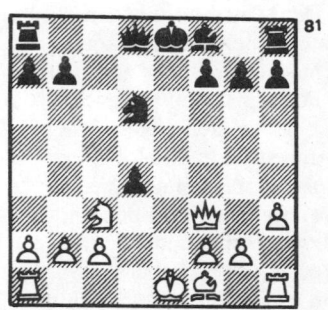

Schwarz hat die Eröffnung ungenau behandelt und steht bereits am Rande der Niederlage.

Obgleich ich sehr wohl begriff, daß der Augenblick für den entscheidenden Schlag herangereift war, ließ ich es an der nötigen Energie fehlen, ihn auch zu finden.

In der Partie geschah 13. Lb5+ S:b5 14. De2+ De7! 15. S:b5 0–0–0!, und wir einigten uns sofort auf Remis. Tatsächlich liegen die Chancen nach 16. D:e7 L:e7 17. S:a7+ Kb8 18. Sb5 Lb4+ 19. Kd1 Tae8 20. a3 La5 21. b4 Td5! allein auf seiten von Schwarz.

Statt dessen konnte ich in der Diagrammstellung durch den Zug 13. Sd5! beinahe entscheidenden Vorteil erringen. Ich hatte diesen Springerausfall zwar gesehen, ihn aber wegen 13. ... Da5+ verworfen, weil ich annahm, daß Weiß nach 14. b4 (14. Kd1 0–0–0 gefiel mir natürlich nicht) 14. ... Dd8 seine Stellung geschwächt hätte. Doch brauchte ich die Berechnung nur um einen Zug fortzusetzen und mich in die Stellung nach 15. 0–0–0 zu vertiefen, und mir wäre wohl klar geworden, daß die schwarze Position angesichts der Drohung 16. T:d4 völlig hoffnungslos ist. Die vermeintliche Schwächung der weißen Rochadestellung hätte keinerlei Bedeutung gehabt.

Sizilianische Verteidigung
Bellon–Larsen
Las Palmas 1977

1. e4 c5 2. Sf3 Sc6 3. d4 cd
4. S:d4 d6 5. Sc3 e6 6. Le2 Sf6
7. 0–0 Le7 8. Le3 Ld7 9. f4 a6
10. De1 b5 11. a3 0–0 12. Dg3
S:d4 13. L:d4 Lc6 14. Tae1 Dd7!?
15. Tf3 a5 16. Ld3 b4

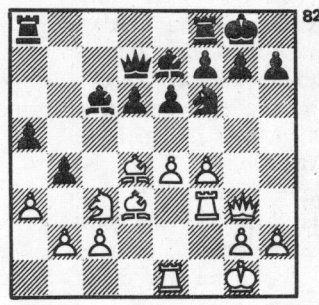

In dieser aus der Scheveninger Variante hervorgegangenen Stellung fädelte Weiß eine komplizierte Kombination ein, die mit einem Figurenopfer verbunden ist.

17. Sd5!? ed 18. ed L:d5 19. T:e7!? D:e7 20. Te3 ...

Verlockend war 20. L:h7+, aber nach 20. ... Kh8 (nicht jedoch 20. ... K:h7? wegen 21. Dh4+ Kg8 22. Th3 mit völligem Zusammenbruch) 21. Dh4 (21. Te3 D:e3+!) 21. ... L:f3 22. Lg6+ (22. Le4+ wird durch 22. ... Lh5 entkräftet) 22. ... Kg8 23. L:f6 De3+! sitzt Schwarz am längeren Hebel.

20. ... Le6 21. L:h7+ K:h7

Jetzt taugte 21. ... Kh8? nichts
wegen 22. Dh4 Sg8 23. Dh5!,
und der Anziehende gewinnt.
Dagegen würde er bei 23. L:g7+?
K:g7 24. Tg3+ Kh8 25. Dh5
Lg4!! den kürzeren ziehen.

22. Dg5? ...

Bisher hat der Anziehende
alle Fäden in der Hand gehalten,
doch jetzt unterläuft ihm ein
Versehen, das ihm die Partie
kostet. Der folgerichtige Abschluß des taktischen Zu-
sammenpralls bestand in
22. Dh4+ Kg8 23. Tg3 Lg4!
24. T:g4 Tfe8! 25. T:g7+ K:g7
26. Dg5+ Kh7 27. Dh4+ mit
Remis. Der von Weiß gemachte
Zug sieht ebenfalls überzeugend aus, findet aber eine
paradoxe Entgegnung.

22. ... Th8!!

Solche ganz von der üblichen
Norm abweichenden Züge sind
außerordentlich schwer zu entdecken und finden daher immer
wieder ihre Opfer.

23. f5 (23. Tg3 Lg4!) 23. ... Kg8
24. Tg3 Th7 25. fe (25. L:f6
Da7+!) 25. ... D:e6 26. D:f6
De1+ 27. Df1 D:f1+ 28. K:f1 ba
29. ba Tc8 30. c3 f6 31. h3 Kf7
32. Lb6 Th5 33. Td3 Tb5 34. Lf2
Ke6 35. Lg3 d5 36. Te3+ Kd7
37. Le1 Tb1. Weiß gab auf.

Selbstverständlich sind die
Fragen der schachlichen Phantasie schwierig und vielschichtig.
Wir wollten nur die Aufmerksamkeit auf einige Aspekte
lenken, die mit dem Auffinden
widersinnig anmutender Züge
zusammenhängen.

Das Erkennen
von Kombinationen

Das Erkennen von Kombina-
tionen ist weder leicht noch
geschieht es einheitlich. Es
hängt in erster Linie von der
Individualität des Spielers ab:
von seiner Spielstärke, der
Trainingsintensität, seinen
angeborenen Fähigkeiten, der
Zeiteinteilung und vielen anderen Dingen.
Hier soll dem Leser ein wesentlicher Gesichtspunkt zu bedenken gegeben werden. Häufig
erfaßt man eine versteckte
taktische Wendung ganz rasch.
Davon konnte ich mich an Hand
eigener und fremder Erfahrungen schon mehrfach überzeugen. Nimmt man einen
kombinatorischen Schlag aber
nicht sofort wahr, dann kann
es durchaus geschehen, daß
man ihm sogar nach einer
längeren Pause nicht auf die
Spur kommt.

Browne–Polugajewski
Reykjavik 1978

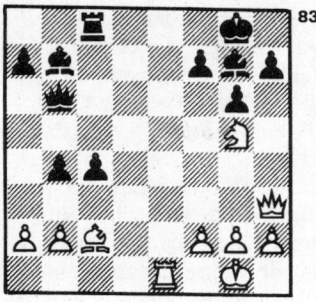

In den Kommentaren zu seiner
Partie vertritt Polugajewski
in der „64" die Meinung, daß
er jetzt mit 26. ... h6 einen
ernsten Fehler beging. Statt
dessen empfiehlt er 26. ... Dc6,
was seiner Ansicht nach allein
geeignet war, sein Übergewicht
zu bewahren.
Weiter geschah (nach 26. ... h6):

27. S:f7 K:f7

Auch diesen Zug tadelt der
Führer der schwarzen Steine als
fehlerhaft. Er behauptet, daß
27. ... Tf8 oder 27. ... h5 das
kleinere Übel gewesen wäre.

28. Dd7+ Kg8?

Zu diesem Rückzug macht
Polugajewski keinerlei Anmerkung. Und doch scheint uns,
daß eigentlich erst hier die tatsächlichen Fehler beginnen. Nach
28. ... Kf8 kann nämlich auf
29. Te7 unbeirrt 29. ... Ld5!
30. T:g7 Te8! geschehen, und
dank der Mattdrohung auf e1

hat allein Schwarz Gewinnchancen.
Interessanterweise hat Polugajewski diese Möglichkeit weder
während der Partie noch danach
gesehen. Ein beredtes Beispiel
für die geheimen Triebkräfte
schachlichen Denkens!
Selbstverständlich behaupte ich
nicht, daß Kombinationen über-
wiegend auf den ersten Blick
wahrgenommen werden. Im
Gegenteil. Ich bin überzeugt
davon, daß man je nach den
besonderen Umständen mehr
oder weniger viel Zeit benötigt,
um das taktische Wesen der
Stellung zu ergründen und dabei
Kombinationen aufzuspüren.
Unzählige Male habe ich am
eigenen Leib verspürt, daß
manche Erleuchtung sich erst
nach qualvoller Suche einstellte –
mitunter sogar, z. B. in Zeitnot,
im allerletzten Augenblick.
Ein Beispiel aus meiner Praxis
mag das verdeutlichen.

Dus-Chotimirski–Suetin
Tula 1944

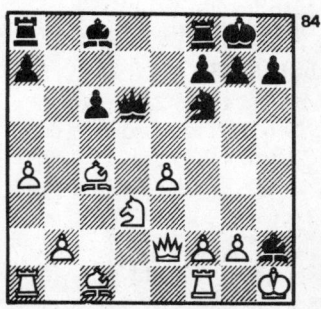

Zu jener Zeit war ich noch

ganz unerfahren und hatte gerade die Leistungsklasse 1 erreicht. In dieser Partie traf ich zum erstenmal in meinem Leben auf einen Meister — aber nicht auf irgendeinen, sondern auf einen Veteranen des Schachspiels. Dus-Chotimirski hatte in der Blüte seiner Jahre beinahe mit allen Koryphäen der Vergangenheit die Klingen gekreuzt: mit Tarrasch, Tschigorin, Lasker, Rubinstein und vielen anderen. Ich muß bekennen, daß ich den ersten Teil der Partie unter Herzklopfen absolviert hatte und mich nun in einer scheinbar aussichtslosen Lage befand. Als ich nach längerer Suche schon jede Hoffnung aufgeben wollte, kam mir plötzlich ein taktischer Einfall, der eventuell noch Rettung bringen konnte:

16. ... Dd4!

Nur so kann Schwarz Materialverlust abwenden. Meine Lage blieb auch weiterhin kritisch, aber dieser Fund flößte mir Mut ein, so daß ich den folgenden Teil der Partie mit gehobenem Selbstvertrauen spielte.

17. Sf4 L:f4 18. L:f4 D:e4 19. D:e4 S:e4 20. Tac1 Te8 21. a5 a6 22. f3 Sf6 23. Tfd1 Le6 24. Td6 Ld5 25. L:d5 S:d5 26. Lg3 Se7 27. Td7 Sf5 28. Lh2 Te6 29. Tc5 g6 30. Le5 h5 31. Tc7 Se7 32. Kh2 Sd5! 33. T7:c6 T:e5 34. Td6 Te2, und Schwarz hatte völlig ausgeglichen.

Vorsicht vor unangebrachten Abstraktionen

Wir haben schon viele Ursachen erwähnt, die taktische Versehen hervorbringen, darunter z. B. zeitnotbedingte Hast, Ermüdung, Sorglosigkeit, Überanstrengung, überreizte Nerven, mangelnde Konzentrationsfähigkeit, Überheblichkeit und anderes. Es ist aber keineswegs leicht, die wahre Ursache eines ganz bestimmten Fehlers herauszufinden, weil die genannten Fehlerquellen eng miteinander zusammenhängen.

Bei einigen dieser Ursachen ist ein übertriebener Hang zum abstrakten Denken im Spiel. Dieser schadet fast immer der lebendigen Wahrnehmung dessen, was auf dem Brett geschieht. Die Folge sind taktische Irrtümer und Fehler. Untersuchen wir einige Ursachen, die das abstrakte Denken begünstigen.

Vorausgeschickt sei, daß man im Schach ohne die Fähigkeit, zu verallgemeinern und die Stellung im ganzen einzuschätzen, nicht auskommt. Schach ist ein Spiel, das sich in erster Linie auf Bewertungen und erst dann auf Berechnungen gründet. Darum ist das abstrakte Denken beim Schaffensprozeß des Schachspielers allgegenwärtig. Aber bekanntlich muß man in allen Dingen das rechte Maß einhalten.

Wer hat schon grundsätzlich

etwas gegen die Methode des Spiels aus allgemeinen positionellen Überlegungen heraus einzuwenden! Diese Denkmethode entstand in der zweiten Hälfte des 19. Jahrhunderts, als sich die Schachtheorie bereits auf ziemlich hohem Niveau befand. Ihre Begründer waren Steinitz und Tarrasch, die sich auf einige zuvor von Morphy in der Praxis bestätigte Prinzipien stützen konnten. Die Methoden der positionellen Schule versetzten den damals üblichen Spielgepflogenheiten – dem Streben nach verlockenden, aber in positioneller Hinsicht unsoliden Verwicklungen und den daraus abgeleiteten impulsiven Entscheidungen – einen schweren Schlag.

Dem Denken des Spielers lag ein *Plan* zugrunde, der auf der realen Stellungseinschätzung und den genau formulierten Prinzipien der positionellen Spielführung beruhte.

Von da an erlangte das Schachspiel wissenschaftliches Niveau und hörte auf, ein Spiel zufälliger Eingebungen zu sein. „Der Kampf muß auf der Grundlage bestimmter Gesetzmäßigkeiten geführt werden", so lautete eines der Postulate der Steinitzschen Theorie.

Natürlich ist heutzutage die Methode des Spiels auf Grund allgemeiner Überlegungen überholt und für die Lösung komplizierter moderner Stellungsprobleme ungenügend, weil das Schach dynamischer geworden ist. Aber als Hilfsmittel bei der Positionsbeurteilung ist sie durchaus brauchbar. Darüber hinaus ist diese Denkmethode in vielen sogenannten typischen Stellungen, in denen strategische Motive vorherrschen, ohne deren Kenntnis man es nicht zur Meisterschaft bringen kann, zweifellos berechtigt, zumal sie sich hier harmonisch an das Spiel anpaßt. Das Handeln auf Grund allgemeiner Erwägungen ist dann nichts anderes als ein Synonym für Mittelspieltechnik. Und dieser kommt in unserer Zeit eine erstrangige praktische Bedeutung zu.

Also lautet die allgemeine Schlußfolgerung: Auch gegenwärtig nimmt das Spiel aus allgemeinen Überlegungen heraus einen nicht unbedeutenden Platz im Denken des zeitgenössischen Schachspielers ein. In vielen Fällen hilft es, praktische Aufgaben zu lösen. Allerdings wäre es gefährlich, ihm übermäßig zu huldigen. Angenommen, gesunder Menschenverstand und angeborener Spürsinn führen Sie in 9 von 10 Fällen auf den richtigen Weg; so muß diese Methode, die auf das gründliche Eindringen in den Kombinationsgehalt der Stellung und auf Variantenberechnungen verzichtet, notgedrungen doch regelmäßig taktische Versehen mit sich bringen.

Die Hauptgefahr dieser Methode liegt in ihrer Abstraktheit.

Dessen muß man sich ständig bewußt sein.

Hier ein Beispiel zu diesem umfangreichen Thema.

Miles—Sosonko
Amsterdam 1977

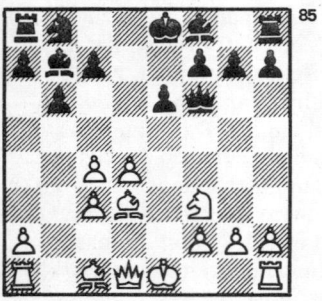

85

Die Partie befindet sich gerade im Übergangsstadium von der Eröffnung zum Mittelspiel. Mit seinem letzten Zug 9. Ld3!? hat Weiß den Partner bereits vor ziemlich lästige Probleme gestellt. Jetzt kam 9. ... L:f3 in Betracht, aber Schwarz ließ sich von allgemeinen Erwägungen leiten und zog 9. ... Ld6?, um möglichst rasch die Entwicklung abzuschließen.

Dieser harmlos aussehende Zug ist aber die Wurzel allen Übels. Urteilen Sie selbst:

10. Lg5! L:f3 11. Dd2! Lf4
12. L:f4 L:g2 13. Tg1 Lb7
14. Le5 ...

Die Ereignisse entwickeln sich zwangsläufig, wobei die weiße Initiative sprunghaft anwächst.

14. ... Df3 15. L:g7 Tg8 16. L:h7!!

T:g7 17. T:g7 Dh1+ 18. Ke2 Df3+

Bittere Notwendigkeit, denn falls 18. ... D:a1, so 19. Df4! Db2+ 20. Kd3 f5 21. Lg6+ Kf8 22. Tf7+ Kg8 23. Tf8+!! K:f8 24. Dh6+, und der weiße Angriff dringt durch.

19. Kf1 Sd7 20. De3 Dh1+
21. Tg1 D:h2 22. Le4. Weiß hat die Qualität erobert und gute Gewinnchancen erhalten.

Wenden wir uns im Zusammenhang mit dem abstrakten Denken noch einer bedeutsamen Frage zu. Es ist über jeden Zweifel erhaben, daß die Fähigkeit, sich die eigenen praktischen Erfahrungen zunutze zu machen, eine außerordentlich wichtige und wertvolle Eigenschaft bei der Selbstvervollkommnung ist. Sowohl im praktischen Spiel als auch bei der häuslichen Vorbereitung muß man imstande sein, Analogieschlüsse zu ziehen, d. h., man muß sich seines Vorrats an Wissen und Erfahrung bedienen, um auf dieser Grundlage zu unentbehrlichen Verallgemeinerungen vorzustoßen. Das ist ein zutiefst schöpferischer Prozeß.

Das auf Analogien beruhende Spiel nimmt einen wesentlichen Platz im Denken des Schachspielers ein. Seine Formen sind keineswegs einheitlich und erfordern mitunter sogar schöpferischen Schwung. Aber noch mehr als das Spiel auf Grund allgemeiner Erwägungen kann das auf Analogien basierende Spiel nur Hilfsmittel im schöpferischen Denkprozeß sein. Wird diese Methode so aufgefaßt, kann sie einen nicht zu unterschätzenden Nutzen stiften. Allerdings sei der Leser warnend darauf hingewiesen, daß es nützliche und schädliche Analogien gibt. In derselben Weise, wie das Spiel auf Grund allgemeiner Überlegungen zu einem Haftenbleiben an äußerlichen Positionsmerkmalen entarten kann, ist es denkbar, daß das auf Analogien beruhende Spiel zur blinden Nachahmung irgendwelcher strategischer Schemata verleitet. Aber wie nacheifernswert das Original auch gewesen sein mag, das gedankenlose, jeden Schöpfertums entkleidete und die konkreten Umstände nicht berücksichtigende Kopieren zieht oft schlimme Folgen nach sich.

Schließlich hat jede Stellung ihr eigenes Gepräge. Wie mustergültig die sich aufdrängenden Analogien auch sein mögen, das Wichtigste muß stets die konkrete Analyse bleiben.

Ein einfaches Beispiel. In der Caro-Kann-Verteidigung genießt das Capablanca-System 1. e4 c6 2. d4 d5 3. Sc3 de 4. S:e4 Lf5 5. Sg3 Lg6 6. h4 h6 7. Sf3 Sbd7, das Schwarz ein sicheres Spiel garantiert, seit jeher einen guten Ruf. Doch prüfen wir einmal die leicht abgeänderte Zugfolge 1. e4 c6 2. Sc3 d5 3. Sf3 de 4. S:e4

Lf5 5. Sg3. Bei ihr erweist sich der analoge Rückzug 5. ... Lg6? als völlig unangebracht, weil Schwarz nach 6. h4 h6 7. Se5! Lh7 8. Lc4 e6 9. Dh5 g6 10. Df3 unter starken Druck gerät.

Betrachten wir noch ein komplizierteres Beispiel für eine mißglückte Analogie. In vielen Abspielen der Königsindischen Verteidigung ist es für den Nachziehenden ein positioneller Erfolg, den schwarzfeldrigen gegnerischen Läufer beizeiten abzutauschen. Danach gewinnt sein eigener, auf der großen Diagonale postierter Königsläufer an Kraft. Kennzeichend ist beispielsweise das System 1. d4 Sf6 2. c4 g6 3. Sc3 Lg7 4. e4 d6 5. Sf3 0—0 6. Lg5 c5 7. d5 h6 8. Lh4 g5 9. Lg3 Sh5, in dem Schwarz ein bequemes Gegenspiel erhält.

Nehmen wir aber die Petrosjan-Variante: 1. d4 Sf6 2. c4 g6 3. Sc3 Lg7 4. e4 d6 5. Le2 0—0 6. Sf3 e5 7. d5 Sbd7 8. Lg5! h6 9. Lh4 g5 10. Lg3 Sh5. In dieser Stellung kommt Weiß der Abtausch des schwarzfeldrigen Läufers auf g3 sehr gelegen.

Ja, der Nachziehende muß sogar äußerst behutsam zu Werke gehen und darf sich mit dem Abtausch nicht überstürzen. Beispielsweise kann man Schwarz nach 11. h4!? auf keinen Fall zu 11. ... S:g3? (richtig ist vielmehr 11. ... g4) raten, denn nach 12. fg gh 13. S:h4! Dg5 14. Lg4 Sc5 15. L:c8 Ta:c8 16. Sf5! steht er positionell auf Verlust.

In der Praxis begegnet man oft auch dem „negativen" Denken. Diese Art zu denken stellt ebenfalls einen recht komplizierten Prozeß dar. Es handelt sich um die Suche nach dem richtigen Weg mittels der Methode des Ausschlusses. Nehmen wir einmal an, schon ein flüchtiger Blick genügt, um festzustellen, daß sich in einer relativ verwickelten, aber günstig einzuschätzenden Stellung zwei oder drei äußerlich gleichwertige Fortsetzungen anbieten. Oft ist es dann nicht leicht, allein auf der Grundlage der allgemeinen Stellungsbeurteilung sofort die zweckmäßigste Spielweise anzugeben. Ein Prüfstein bei der Suche besteht dann in folgendem: Zunächst wird Variante A probiert, ist diese nicht gut, wird B geprüft, und wenn dieses nichts taugt, geht man zu C über usw. Genügen alle drei Varianten dem gesteckten Ziel nicht völlig, so vergleicht man sie obendrein miteinander und wählt dann die günstigste. In der Praxis wird die „negative" Methode sogar von erfahrenen Meistern angewandt, wenn sie von der Richtigkeit ihrer Stellungsdiagnose überzeugt sind, aber keine konkrete Fortsetzung finden können, die ihre Einschätzung bestätigt. Dann setzt oft die Suche mit Hilfe der Methode des Ausschlusses und der Auslese ein. Mitunter lassen sich dabei eindrucksvolle Ergebnisse erzielen.

Betrachten wir als Beleg die folgende Partie, in der Schwarz die Eröffnung ziemlich ausgefallen behandelte.

Aljechin-Verteidigung
Olafsson—Larsen
Reykjavik 1978

1. e4 Sf6 2. e5 Sd5 3. d4 d6 4. Sf3 g6 5. Lc4 Sb6 6. Lb3 Lg7 7. Sg5 d5 8. 0–0 Sc6 9. c3 Lf5? 10. g4! L:b1

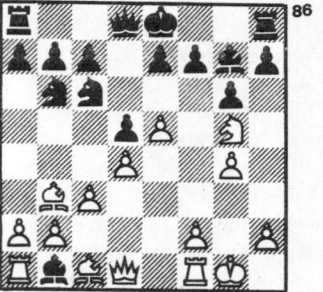

Darin bestand offenbar Larsens Plan. Nun sieht es ganz so aus, als ob Schwarz nach 11. T:b1?! h6 12. Sf3 Dd7 ein vollkommen annehmbares Spiel erhielte. Aber muß sich der Anziehende wirklich mit dieser Variante begnügen? Antwort darauf gab die erfolgreiche Suchaktion von Weiß, bei der die Methode des Ausschlusses sicher keine unwesentliche Rolle gespielt hat.

11. Df3! 0–0 (11. ... f6? 12. Se6! Le4 13. S:g7+ Kf7 14. D:e4 K:g7 15. De3 hätte Schwarz in die Katastrophe geführt) 12. T:b1 Dd7 13. Lc2 Sd8

Der weiße Ring schließt sich unerbittlich. Erneut verbot sich 13. ... f6?, diesmal wegen 14. S:h7 K:h7 15. Dh3+ Kg8 16. L:g6 Tfd8 17. Dh7+ Kf8 18. Lf5 e6 19. ef L:f6 20. Lh6+ Lg7 21. L:e6 D:e6 22. D:g7+ Ke8 23. Tbe1!, und Weiß gewinnt.

14. Dh3 h6 15. f4! ...

Weiß ist zum Kern der Sache vorgedrungen und verfolgt energisch sein Ziel. Dank dem Figurenopfer entfesselt er einen heftigen Angriff auf den feindlichen König.

15. ... hg 16. f5! Se6 17. fe D:e6 18. L:g5 c5 19. Kh1! cd 20. cd Tfc8 21. Lf5! ...

Ein prachtvoller Schlußakkord.

21. ... gf 22. gf Dc6 23. Tg1 Dc2

Auch nach 23. ... Kf8 24. f6 ef 25. ef L:f6 26. Lh6+ Ke7 27. Tbe1+ Kd8 28. Tg8+ Kc7 29. Lf4+ ist der schwarze Zusammenbruch unvermeidlich.

24. Tbe1 Kf8 25. f6. Schwarz gab auf.

Wie die anderen Hilfsmittel des Denkens hat die Methode des Ausschlusses und der Auslese von Varianten ihre Grenzen. Das „negative" Denken hat viele Gemeinsamkeiten mit dem Positionsgefühl und hängt von der Richtigkeit des Urteils über die Ausgangsstellung ab. Ist dieses falsch, so versagt das ganze Verfahren. Die Auswirkungen bekommt man vor allem in der Taktik zu spüren. Betrachten wir dazu ein Beispiel.

Zeschkowski—Sweschnikow
Krasnodar 1978

Auf dem Brett hat sich eine dynamische Gleichgewichtsstellung ergeben. Weiß wäre gut beraten gewesen, das Schicksal nicht herauszufordern und vermitels 20. Dd6 Le6 21. Dc6+ Ld7 22. Dd6 usw. das Remis zu forcieren.
Doch der Anziehende beurteilte die Position zu seinen Gunsten und suchte daher mehr zu erreichen.
20. Dc5? Tc8 21. Dd6 bc 22. Td1 Le6 23. Sd5 Dc5 24. D:a6?! 0—0 25. Sce3 Tfd8 26. Db7 Tb8 27. Dc7 D:c7 28. S:c7 T:d1+ 29. S:d1 c3!

Das Spiel hat sich taktisch zugespitzt, und die schwarzen Drohungen wachsen Zug um Zug an. Man erkennt mühelos, daß die weiße Stellung freudlos ist. So entscheidet auf 30. S:e6 einfach 30. ... c2, auf 30. bc da-

gegen 30. ... Lc4+ 31. Ke1
Tc8 usw.

30. S:c3 Lc4+ 31. Kg1 T:b2
32. g3 Tc2 33. S3d5 Ld3 34. Se8
Tc1+ 35. Kg2 Le4+ 36. f3 Tc2+
37. Kh3 L:d5. Weiß gab auf.
Nun wollen wir dem Leser noch
eine historisch gewordene
Partie vorlegen. Sie enthält
Merkmale des „negativen"
Denkens, die sich auf eine
zutreffende Stellungsbewertung
auf Grund allgemeiner Überlegungen gründen.

Spanische Partie
Capablanca—Marshall
New York 1918

1. e4 e5 2. Sf3 Sc6 3. Lb5 a6
4. La4 Sf6 5. 0–0 Le7 6. Te1 b5
7. Lb3 0–0 8. c3 d5!?

Diese scharfe Variante, die ungeachtet des ihr beschiedenen
Mißerfolgs die Bezeichnung
Marshall-Angriff erhielt, wurde
in der vorliegenden Partie zum
erstenmal erprobt. Capablanca,
der sich vor die Lösung ihm
völlig unbekannter Probleme
gestellt sah, nahm die Herausforderung dennoch ohne Zaudern an. In seinen Anmerkungen
schrieb er, daß er dabei seinem
Positionsgefühl vertraute und
überzeugt war, den Figuren-
ansturm des Gegners abwehren
zu können.

9. ed S:d5 10. S:e5 S:e5 11. T:e5
Sf6 12. Te1 ...

Wie schon erwähnt, spielte Ca-

pablanca rein gefühlsmäßig,
wobei er auf die verborgenen
Verteidigungsressourcen seiner
Stellung baute. Analytisch gesehen war wahrscheinlich 12. d4
Ld6 13. Te2 Sg4 14. h3 Dh4
15. Sd2 usw. genauer.

12. ... Ld6 13. h3 Sg4!?
14. Df3! ...

Wieder folgt Capablanca seinem
Gefühl und verwirft die Annahme des Opfers durch 14. hg,
ohne sich in Berechnungen zu
vertiefen. Später ist diese Fortsetzung eifrig von Analytikern
untersucht worden. Im großen
und ganzen bestätigen diese die
Richtigkeit von Capablancas
Urteil. Dennoch dürfte die Annahme des Opfers in unseren
Tagen manchen Verfechter
finden. Kennzeichnend sind
folgende Varianten: 14. hg Dh4
15. Df3 Lh2+! (viel schwächer
ist 15. ... Dh2+ 16. Kf1 L:g4
17. D:g4 Dh1+ 18. Ke2 Te8+
19. Le6!!, und Weiß sitzt bereits
am längeren Hebel) 16. Kf1
(16. Kh1 L:g4 17. D:g4 D:g4
18. K:h2 Tae8 ist vorteilhaft
für Schwarz) 16. ... L:g4 17. De4
Lf4! 18. g3 Dh2!, und der
schwarze Angriff ist sehr gefährlich.

14. ... Dh4 15. d4 ...

Schlecht ist sowohl 15. Te8
Lb7! 16. T:f8+ T:f8 17. D:g4
Te8! 18. Kf1 De7 19. Le6 Ld5!
als auch 15. Te4 h5! 16. d4 Lb7
17. T:g4 hg 18. D:b7 Tae8

19. Sd2 Te1+; in beiden Fällen behält Schwarz die Oberhand.

15. ... S:f2 16. Te2 ...

Eine instinktive Reaktion. Natürlich sah Capablanca, daß 16. D:f2? wegen 16. ... Lh2+! 17. Kf1 Lg3 18. De2 L:h3! 19. gh Tae8! unbefriedigend war. Doch später haben Analytiker bewiesen, daß allein 16. Ld2! und auf 16. ... Sg4 der Zug 17. Te4! dem Anziehenden ein Übergewicht verbürgt.
Jetzt hingegen hätte Schwarz anstelle von 16. ... Lg4, was dem Gegner nach 17. hg Lh2+ 18. Kf1 Lg3 19. T:f2 Dh1+ 20. Ke2 einen deutlichen Vorteil überließ, vermittels 16. ... Sg4! Remis erzielen können. Charakteristisch sind Varianten, die von Tartakower schon in den 20er Jahren empfohlen wurden:
17. Te8 Sf6 18. T:f8+ K:f8 19. Sd2 Tb8 20. Sf1 Lb7 21. Df2 D:f2+ bzw. 17. Lf4 Lb7 18. d5 Sf6 19. L:d6 cd 20. Sd2 Tae8, und Schwarz hat ausreichendes Spiel.

Es zeigt sich also, daß die „negative" Denkmethode selbst bei ständig richtiger Stellungseinschätzung durch einen hervorragenden Könner nicht der verläßlichste Weg zur Wahrheit ist. Ich habe nicht die Absicht, den Wert dieser Partie zu schmälern. Man muß einfach von ihr begeistert sein und dem erstaunlichen Spürsinn Capablancas und seiner Beherztheit in einer ihm unbekannten zweischneidigen Lage Tribut zollen. Schließlich mußte er im Unterschied zu seinem sorgfältig vorbereiteten Partner jeden Zug am Brett finden. Diese Auseinandersetzung ist in ihrer Art ein Maßstab für das praktische Denken jener Tage. Wenn ihr heute nach eingehender Analyse einige Unzulänglichkeiten angelastet werden, dann weist das nur auf den allgemeinen Fortschritt und die Leistungsfähigkeit des konkreten modernen Schachdenkens hin.
Die „negative" Denkweise hat in vielen Fällen sicher ihre Berechtigung, sie ist jedoch oft unökonomisch und hat aus diesem Grund ihre Grenzen. Sie ist vor allem brauchbar als Kontrolle bei der Planbildung. Da sie indes meist unproduktiv ist, wäre es völlig verfehlt, sich ständig dieses Verfahrens zu bedienen.
Das beharrliche Festhalten am „negativen" Denken läuft im wesentlichen auf eine will-

kürliche Zugauslese hinaus, die einzig nach dem Grundsatz vorgenommen wurde, daß alles andere noch schlechter ist. Zudem kann man im Widerspruch dazu in der Praxis oft beobachten, daß leidlich gute Fortsetzungen zugunsten der schlechtesten verworfen werden, wie es in einigen der angeführten Beispiele der Fall war. Kann man sich aber nicht dafür verbürgen, daß die stärkste Fortsetzung auch tatsächlich berücksichtigt wird, dann ist es um so gefährlicher, wenn die unmittelbare Abhängigkeit unserer Entscheidungen von der objektiven Stellungsbeurteilung verlorengeht.

Die Schädlichkeit schablonenhaften Spiels

Schon seit langem ist die scherzhafte Redensart gang und gäbe, daß es leichter ist, eine Partie zu verlieren als zu gewinnen. Dazu bedarf es nicht einmal grober oder direkter Fehler. Man kann ziemlich rasch in eine schwierige Lage geraten, ohne sich offensichtlicher Versäumnisse schuldig gemacht zu haben.
Davon haben wir uns schon mehrfach überzeugt. Man denke nur an die angeführten Beispiele (unter anderem an die Partie Miles—Sosonko, Diagramm 85, in der Schwarz das Opfer seiner

schablonenhaften Eröffnungsbehandlung wurde).
Sehen wir uns auch noch den folgenden Fall an.

Französische Verteidigung
Timman—Sherwin
Lone Pine 1978

1. e4 e6 2. d4 d5 3. Sc3 Lb4
4. e5 Dd7 5. Ld2 b6 6. Sf3
Lf8!? 7. Le2 La6 8. 0–0 Se7
9. L:a6 S:a6 10. De2 Sb8 11. Sd1
c5 12. dc bc 13. c4´d4 14. Se1
h5! 15. Sd3 Sf5 16. f4(!) Db7
17. S1f2 Sd7 18. De4 D:e4
19. S:e4 a5

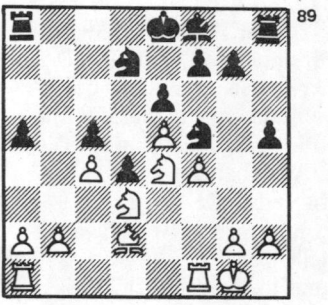

89

Bisher hat der Anziehende gut gespielt, wenngleich seinen Zügen der innere Zusammenhalt fehlte. Bald indessen wird sein schablonenhaftes, mechanisches Herangehen zur Ursache seines Unglücks.

20. g3 Le7 21. Kf2 Sh6! 22. h3
f5 23. ef gf 24. Tae1 Kf7
25. Ke2?! Thg8 26. Kd1? Sf5
27. Tg1 Sb6 28. b3 a4! 29. Sd:c5?!
ab 30. ab S:g3! 31. T:g3 T:g3
32. S:g3 L:c5 33. f5 ...

Nichts wert ist auch 33. S:h5
Ta3! 34. Kc2 Ta2+ 35. Kd1
Tb2!, und Schwarz gewinnt.

33. ... ef 34. S:f5 d3! 35. Lc3
Ta3 36. Kd2 T:b3 37. Ta1 Lb4!
38. Ta7+ Kg6 39. Se7+ Kg5
40. L:b4 S:c4+ 41. Ke1 T:b4
42. Td7 Tb1+ 43. Kf2 Tb2+
44. Kg1 d2. Weiß gab auf.

An dieser Stelle ist eine Äußerung
Aljechins aus seinem Buch
„Auf dem Wege zur Welt-
meisterschaft" bedenkenswert.
Er schrieb: „Wie wichtig ist es
doch, sich schon bei der Analyse
einer Partie größter Sorgfalt zu
befleißigen. Nichts ist in dieser
Beziehung schädlicher als die
Schablone. Sie birgt immer die
Gefahr direkten Nachteils und
fördert jedenfalls die Veródung
des Spiels. Sicherlich hat sie viel
dazu beigetragen, wenn vor
einigen Jahren das Gespenst
des sogenannten ‚Remistodes'
auftauchte, eine Erscheinung,
welche durch das Auftreten
einiger junger, selbständig den-
kender Schachtalente gottlob
rasch genug gebannt
wurde."
Interessant ist das folgende
Gegenbeispiel. In ihm hat Timman, durch bittere Erfahrung
gewitzt, die Lektion aus der
eben vorgeführten Partie bereits
gelernt. Diesmal behandelte er
dieselbe Eröffnungsvariante bedeutend einfallsreicher.

Französische Verteidigung
Timman–Panno
Nijmegen 1978

1. e4 e6 2. d4 d5 3. Sc3 Lb4 4. e5
Dd7 5. Ld2 b6 6. Sf3 La6
7. L:a6 S:a6 8. De2 Sb8

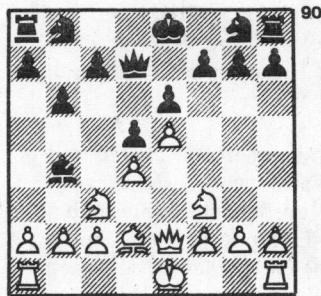

90

9. Sd1! ...
Der Auftakt zu einem interessanten und wirkungsvollen Plan,
der die Öffnung des Spiels im
Zentrum und auf der c-Linie,
die zur Hauptstraße der weißen
Offensive wird, vorsieht.

9. ... Lf8 10. Se3 Se7 11. Tc1
Sbc6 12. 0–0 h6 13. c4 dc
14. D:c4 0–0–0?! (besser geschah 14. ... Td8) 15. b4! Kb7
16. b5 Sb8 17. a4 c6 18. bc Se:c6
19. a5 S:a5 20. L:a5 ba 21. Tfd1
Tc8 22. Dd3 Lb4 23. De4+ Ka6
(schlecht war 23. ... Sc6 24. d5!
ed 25. S:d5 De8 26. Sd4! usw.)
24. Ta1 Db5 25. d5 Thd8 26. Sd4
ed 27. Dg4 Dd7 28. e6 fe
29. S:e6 Lc3 30. Tab1, und der
weiße Angriff war unparierbar.

Man hüte sich vor der Schablone.
Selbst hinter den natürlichsten
Zügen sollte ein lebendiger Ge-
danke stehen.

Kombinatorisches Sehvermögen und Variantenberechnung

Das kombinatorische Sehvermögen ist untrennbar mit der Variantenberechnung verknüpft. Letztere hat ihre Rätsel und ihre Technik, die jeder Schachspieler beherrschen muß, will er Fortschritte machen.

Die folgenden Ratschläge und Hinweise wenden sich in erster Linie an Schachfreunde mittlerer Leistungsklassen. Gerade für sie ist es wichtig zu lernen, sich die nach jeder im Geist ausgeführten Figurenbewegung entstehenden Positionen mit Hilfe der visuellen Vorstellungskraft zu vergegenwärtigen.

Grobe Fehler haben häufig ihre Ursache in den nur unscharf wahrgenommenen Stellungsbildern.

Hier ein instruktives Beispiel zu diesem Thema. Es entstammt – wie die meisten in diesem Buch – der Praxis großer Meister, weil sich aus deren Fehlern viel lernen läßt.

Romanischin–Smyslow
45. Meisterschaft der UdSSR, 1977

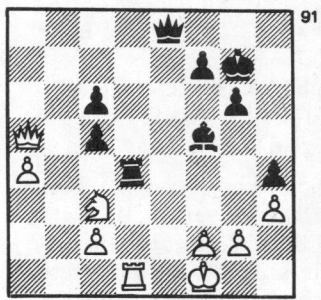

Die weiße Stellung ist schwierig. Zudem gebietet der Nachziehende scheinbar über zwei Methoden, sein Spiel zu verstärken. Die eine, durch 41. ... Tc4! eingeleitete, ist positioneller Art. Bei ihr wäre es Weiß wohl kaum gelungen, sich aus der eisernen Umklammerung zu befreien. Vorausgreifend sei bemerkt, daß Schwarz diesen Weg hätte einschlagen sollen.

Er wählte indessen eine forcierte Abwicklung, die noch verlockender aussah.

41. ... L:c2 42. D:c5! T:d1+
43. S:d1 Ld3+ 44. Kg1 De1+
45. Kh2 D:d1

92

Diese Stellung hat Smyslow angestrebt. Der Figurengewinn scheint ihm den Sieg zu garantieren. Als er sich darauf einließ, begnügte er sich damit, alle zu dieser Position führenden Abspiele durchzurechnen. Er sah aber davon ab, sich die Schlußstellung im Geist vorzustellen und sie gründlich zu beurteilen. Der Kampf ist jetzt keineswegs beendet, sondern entbrennt mit neuer Heftigkeit.

46. Dd4+! Kh7 47. Df6 Kg8
48. Dd8+ Kg7 49. Dd4+ f6
50. Dd7+ Kh6 51. Dd4! ...

Die weiße Dame vollbringt Wunder an Tatkraft und lähmt die gesamte Streitmacht des Gegners.

51. ... Kg5 52. De3+ Kh5
53. Dd4 g5 54. D:f6 Dc2 (etwas besser war 54. ... De2) 55. Df7+ Lg6 56. Df3+ Kh6 57. Df8+ Kh7 58. De7+ Kg8 59. D:g5 ...

Wie man sieht, sind die schwarzen Gewinnchancen zerronnen. Es folgte noch:

59. ... Kf7 60. D:h4 c5 61. a5 Dd3
62. Df4+ Ke6 63. Dg4+ Df5

64. Dc4+ Kd6 65. Da6+ Kd5
66. Db7+ Kc4 67. Da6+ Kc3
68. Dd6 c4 69. a6 Lf7 70. a7
Ld5 71. Da3+ Kc2 72. Da2+ Kc3
73. Da3+. Remis.

Meist sind derartige Fehler nicht die Folge eines schwachen visuellen Vorstellungsvermögens, sondern sie entspringen der Nervosität oder unzureichender Willensstärke. Manchmal hat man einfach keine Lust, sich die Veränderung, die ein im Geist ausgeführter Zug bewirkt, sofort mittels der visuellen Vorstellungskraft zu vergegenwärtigen. Oft sieht das so aus: Nachdem der Spieler mit sich zu Rate gegangen ist und die Figuren eifrig im Geist gezogen hat, macht er seinen Zug, ohne sich jedoch die dabei entstehende Lage gebührend vor Augen zu halten.
Daraus läßt sich ableiten, daß manchmal die durch die visuelle Phantasie geschaffene Vorstellung die Wirklichkeit verdrängt. Noch häufiger kommt es vor, daß die beim Überlegen an einer Variante im Geist ausgeführten Figurenbewegungen die fehlerfreie Wiedergabe von Positionen behindern, die sich in einem anderen Abspiel ergeben. Offensichtlich wächst die Fehlerquote mit der Zahl der Varianten und deren Länge.
Weniger erfahrene Schachfreunde seien deshalb vor dem überflüssigen Berechnen langer

117

Zugfolgen gewarnt, denn mit jedem im Geist ausgeführten Zug verliert die gedachte Position immer mehr die Verbindung zur Wirklichkeit, und die entstehenden Gedankenbilder werden ständig verschwommener. Da das schachliche Denken untrennbar mit visuellen Vorstellungen verknüpft ist, funktioniert es um so besser und genauer, je schärfer das vor dem geistigen Auge befindliche Bild ist.

Eine andere Gefahr bei der Berechnung langer Varianten besteht in einer übermäßigen psychischen Beanspruchung und Ermüdung, wodurch Fehler zustande kommen können.

Die günstige Gelegenheit benützend, möchte der Autor einige Ratschläge erwähnen, die der in den 30er und 40er Jahren bekannte sowjetische Psychologe und Methodiker Blumenfeld zu befolgen empfahl. Er ist heute fast vergessen, unseres Erachtens jedoch zu Unrecht.

1. Man sollte beim Überlegen jedes Zuges auf strengste innere Disziplin achten; insbesondere sollte man nicht von einem Abspiel zum anderen pendeln und mehrmals zu einem bestimmten zurückkehren. Beim Berechnen sollte eine gewisse Reihenfolge eingehalten werden.

2. Nachdem der gegnerische Zug geschehen ist, sollte man die entstandene Stellung noch einmal auf sich wirken und seine Überlegungen nicht durch eine vorgefaßte Meinung beein-

flussen lassen. Wie gut das visuelle Vorstellungsvermögen auch entwickelt sein mag, man kommt nicht daran vorbei, daß das vom geistigen Auge Erfaßte unschärfer ist als das unmittelbar Wahrgenommene.

Im Zusammenhang damit rät Blumenfeld, sich nicht zu übereilen und selbst einen vorbereiteten Zug nie auszuführen, ohne sich erneut besonnen zu haben.

3. Bei der Festlegung der Reihenfolge der zu berechnenden Varianten sollte man bestrebt sein, deren Zahl und Länge in Grenzen zu halten. Zuallererst sollte man den auf den ersten Blick am gefährlichsten aussehenden Zug prüfen. Erst wenn man dagegen eine Verteidigung gefunden hat, sollte man sich fragen, ob der Gegner nicht über andere, verstecktere Möglichkeiten gebietet.

4. Ist der nächste Zug unerläßlich, und beginnen die Abspiele erst nach dem eigenen Zug und der gegnerischen Erwiderung darauf, so ist es voreilig, sich schon in die Varianten zu vertiefen. Wenn die Züge geschehen sind, ist das visuelle Bild viel klarer.

5. In ruhigen Stellungen ohne forcierte Varianten sollte man möglichst wenig rechnen.

Dazu noch ein Rat des Autors:

6. Hat man die Wahl zwischen zwei etwa gleich starken Fortsetzungen (ganz gleich, ob sie auf ein Übergewicht oder

den Ausgleich abzielen), ist es empfehlenswert, diejenige zu bevorzugen, die weniger Rechenarbeit verlangt, um auf diese Weise die Fehlergefahr zu verringern.

Da Blumenfeld Einwände von Anhängern der Schachästhetik voraussah, fügte er — schon ganz im Geist des modernen Schachpraktizismus — noch hinzu: ,,Variantenberechnung ist nur eine notwendige Technik. Kann man diese vereinfachen oder erleichtern — um so besser! Die Schönheit des Schachspiels liegt in der inneren Logik und dem Ideenreichtum." Die Berechnung ist nach seiner Meinung nur dazu da, die Richtigkeit der Ideen zu überprüfen.

Eine derartige Auffassung ist in nicht geringem Maße für so herausragende Meister der Gegenwart wie Fischer und Karpow kennzeichnend. Beiden eignet ein taktisches Denken, das sich durch bemerkenswerte Präzision, Zweckmäßigkeit und Konkretheit auszeichnet. Selbst die stärksten Großmeister sind bei der Suche nach dem besten Zug nicht frei von einer gewissen Vorliebe für lange Varianten. Manchmal können verführerische oder phantastische, aber unreale Fortsetzungen sie daran hindern, die Abspiele richtig zu berechnen. Sieht man sich dagegen die Partien (oder sogar die Blitzpartien!) Fischers an, so entsteht der Eindruck, daß

er leidenschaftslos und ohne Zaudern, beinahe automatisch, auf unnötige Schönheit verzichtet, wenn diese sich in einer Wulst von Varianten äußert. Dafür wendet er alle Kraft auf, um die Wahrheit zu finden, wobei er sich von der Devise leiten läßt, daß Wahrheit stets mit Einfachheit einhergeht. Fischers Spiel in den Jahren 1970 bis 1972 war praktisch, aber keinesfalls trocken. Seine Gedanken kreisten beständig um den sportlichen Erfolg. Dabei half ihm nicht nur, daß er imstande war, ökonomisch und zielgerichtet zu denken, sondern auch die Fähigkeit, alle Kräfte in die Partie hineinzulegen (was für Karpow genauso zutrifft).

Die Suche nach den besten Wegen steht im direkten Zusammenhang mit den sportlichen Eigenschaften des jeweiligen Spielers.

In unserer Zeit ist in der Großmeisterpraxis von einer Einschränkung des Variantenrechnens, für die Blumenfeld eingetreten ist, allerdings nicht viel zu spüren. Selbst eifrige Rationalisten, zu denen auch Fischer gehörte, unterziehen sich nötigenfalls einer Kopfzerbrechen verursachenden Rechenarbeit, obwohl sie sonst mit ihren Rechenkünsten zu haushalten pflegen. Ohne die Berechnung vielzügiger Varianten kommt man im modernen dynamischen Kampf eben nicht immer aus.

Für Schachfreunde mittlerer Leistungsklassen ist der Hinweis, den Rechenaufwand zu verringern, jedoch recht nützlich. Zum Abschluß dieses Kapitels möchte ich noch eine interessante Einteilung der Schachspieler nach ihrer Qualifikation vorstellen, die ebenfalls von Blumenfeld in seinem 1940 veröffentlichten Artikel vorgeschlagen wurde. Als er auf Probleme der Zugwahl zu sprechen kam, unterschied er folgende Etappen der schöpferischen Vervollkommnung:

1. Das ideenlose Spiel, bei dem die einzelnen Züge zufälligen Motiven entspringen.

2. Bei der Wahl seines Zuges zieht der Spieler nur naheliegende Antworten in Betracht, wobei er sich von ziemlich allgemeinen und elementaren Überlegungen leiten läßt, ohne diese hinreichend zu konkretisieren.

3. Begeisterung über die erste gelungene Kombination bzw. Falle.

4. Die allgemeinen Perspektiven werden berücksichtigt, nicht aber die dazugehörigen Einzelheiten.

5. Die detaillierte Berechnung der wichtigsten Varianten ist gewährleistet, was natürlich schon tieferes Verständnis erheischt.

6. Das ökonomische Denken ist entwickelt und die Fähigkeit vorhanden, Allgemeines miteinander zu verbinden. In konkreten Stellungen wird überzeugend reagiert. Die Abspiele werden, wo dies erforderlich ist, bis zum Ende berechnet.

In diesem Kapitel haben wir viele wesentliche Seiten des taktischen Denkens (und zwar sowohl äußere wie auch innere) vorgestellt und sie durch das Prisma typischer Fehler betrachtet.

Bleibt festzustellen, daß jeder Schachspieler, der sich zu vervollkommnen wünscht, die Taktik beherrschen muß. Hierher gehören die verschiedenen Kombinationsideen (z. B. Ablenkung, Überdeckung, Doppelangriff usw.), Themen (z. B. das erstickte Matt, das Grundreihenmatt usw.) und zahlreiche Kombinationsmotive. All dies — zusammen mit der Beherrschung der Eröffnungs- und Endspieltheorie, dem Wissen um die Elemente des Positionsspiels usw. — macht die schachliche Stärke des Spielers aus. Natürlich ist kombinatorische Meisterschaft vor allen Dingen ein Zeichen für Schachtalent, aber vieles läßt sich erlernen. Zu diesem Zweck muß man beharrlich die Grundlagen des Kombinationsspiels und dessen Technik studieren. Dann fühlt man sich unter den komplizierten Bedingungen des taktischen Kampfes bedeutend sicherer und vermag auch verlockenden taktischen Trugbildern zu widerstehen.

4. Kapitel

Subjektive und objektive Fehlerquellen

Wie schon erwähnt, ist die Bedeutung psychologischer Faktoren für das Zustandekommen von Fehlern sehr groß.
Verweilen wir bei einigen charakteristischen Momenten.

Die psychologischen Schwierigkeiten passiver Verteidigung

Vertieft man sich in Meisterpartien, so stößt man mitunter auf erstaunliche Paradoxien. Nachdem beispielsweise in bedeutend schlechterer Stellung die schwierige Verteidigung vorbildlich organisiert wurde, begeht der Spieler unversehens einen ärgerlichen Fehler, der ihn mit einem Schlage um die Früchte der zuvor geleisteten Arbeit betrügt.
In diesem Zusammenhang kommt mir eine Episode aus meiner eigenen Praxis in den Sinn.
Gegen Ende der 25. Landesmeisterschaft hatte ich gegen Großmeister Bronstein eine langwierige und äußerst mühsame Verteidigung zu führen.
Die anderen Teilnehmer hatten die Partie für mich bereits abgeschrieben, doch gelang es mir, vermittels eines doppelten Bauernopfers unverhofft beachtliches Gegenspiel zu erhalten.

Bronstein–Suetin
25. Meisterschaft der UdSSR, 1958

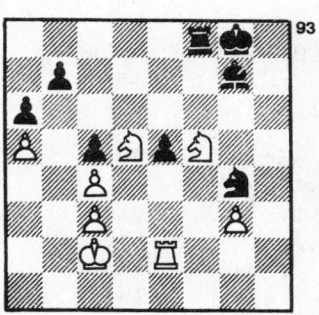

Es geschah:

41. ... Tf7 42. Sd6 Td7 43. Se4 Tf7 44. S:c5 e4!

Die Pointe der Gegenwehr. Durch das Opfer der beiden Bauern erhöht der Nachziehende merklich die Wirkungskraft seiner Figuren und nimmt gleichzeitig die gegnerischen Damenflügelbauern aufs Korn.

45. S:e4 Se5 46. c5 Sc6 47. Sd6 Td7 48. Te8+ Kh7 49. Sb6 Tc7 50. Sd5 Td7 51. g4 S:a5 52. Te6

121

Sc6 53. Sb6 Tc7 54. Sd5 Td7
55. Sf6+ L:f6 56. T:f6 Se5

Dank aktivem Spiel hat
Schwarz berechtigte Aussichten, sich zu retten. Allerdings
ist die Verteidigung nach wie
vor nicht einfach.

57. g5 Tc7 58. Se4 Tc6 59. Td6
T:d6 60. cd b6! 61. Sd2 Kg6
62. Sc4 Sd7?

Ein tödlicher Irrtum. Nach
62. ... Sc6 63. d7 K:g5 64. S:b6
Kf5 65. Kd3 Ke5 66. c4 Kd6 war
das Remis nicht mehr zu verhindern.

63. Kd3 b5 64. Sa5 K:g5 65. Ke4
Kf6 66. Kd5 Kf5 67. Sb3 Sb8
68. Sd4+ ...

Die Lage hat sich von Grund
auf gewandelt, und die
schwarze Stellung ist aussichtslos geworden. Nach
68. ... Kf6 69. Kc5 Sd7+
70. Kc6 Sf8 71. Sb3 Ke5 72. Sc5
a5 73. d7 S:d7 74. S:d7+ Ke4
75. Sc5+ gab Schwarz auf.

Die inneren Ursachen für
solche und ähnliche Fehlgriffe
liegen auf der Hand. In der
Regel sind sie im voraufge-
gangenen Kräfteverschleiß des
Verteidigers begründet. Daraus
kann man ableiten, daß es
psychologisch viel schwieriger
ist, sich zu verteidigen als
anzugreifen. Das erklärt auch
die hohe Fehlerwahrscheinlichkeit
in der Defensive. Nicht zufällig
kann man seit eh und je beobachten, daß die stärksten

Schachmeister der Welt besonders in schlechteren Stellungen,
in denen keinerlei Hoffnung auf
aktives Gegenspiel besteht,
verwundbar sind.
Die moderne Praxis bestätigt,
daß der erzwungene Übergang
zu einer Verteidigung ohne
Konterchancen sehr oft verhängnisvoll ist. Dennoch stellt
die passive Verteidigung bzw.
der „Festungsbau" manchmal
die einzige Möglichkeit dar,
die Partie zu retten.
Dafür gibt es verschiedene
Gründe. Erstens spielen psychologische Faktoren eine
große Rolle. Gerade Schachspieler hoher Qualifikation sind
es gewöhnt, das Spiel so anzulegen, daß sie die Initiative
besitzen. Daher fühlen sie sich
in passiven Positionen weniger
heimisch. Noch wesentlicher
ist aber, daß passive Stellungen
außerordentlich schwer zu
handhaben sind. Möglicherweise läßt sich in der Analyse
beweisen, daß die Position objektiv haltbar war. Wenn man
aber auf Schritt und Tritt einzige Züge finden muß, ist die
Wahrscheinlichkeit eines Irr-
tums sehr groß. Und oft
unterläuft er einem ausgerech-
net dann, wenn die Haupt-
schwierigkeiten eigentlich
schon überwunden waren. Die
Wachsamkeit braucht ja nur
einen Augenblick nachzulassen —
schon ist es um die Partie
geschehen. Vom Weg zum
Remis nicht abzuirren, ist eine

peinliche Sorgfalt erheischende Aufgabe.

Zu Beginn dieses Buches (vergleiche Diagramm 1) haben wir uns schon mit dem Endspiel der Partie Petrosjan–Gligorić befaßt. Jetzt wollen wir uns im Hinblick auf die in diesem Kapitel zur Debatte stehenden Fragen dem Mittelspiel dieser Begegnung zuwenden. Schwarz war über viele Züge hinweg genötigt, sich mühselig zu verteidigen. Hier die Stellung, die sich im Anschluß an den Eröffnungskampf nach 17. c6! ergab.

Petrosjan–Gligorić
Kandidatenturnier 1959

In dieser Lage werden die Flügel zum Kampfschauplatz. Weiß übt einen nachhaltigen Druck auf der Damenseite aus und hat dem Gegner, der an der Königsflanke vorerst nichts erreicht hat, eindeutig den Rang abgelaufen.

17. ... b6

Der Nachziehende findet sich mit der Einsperrung seines weißfeldrigen Läufers ab. Allein, er stand vor keiner angenehmen Wahl. Nach 17. ... bc 18. dc hätte Weiß den starken Punkt d5 erhalten, während das Zulassen des Schlagens auf b7 bedeutet hätte, den Damenflügel ernsthaft zu schwächen.

18. ef gf 19. g3 Lf6 20. f4 ...

Ein anfechtbarer Entschluß. Wahrscheinlich war 20. a4 genauer, weil dadurch das Feld b5 kontrolliert wird. Falls dann 20. ... f4, so 21. g4! Sg7, und Weiß hält den Punkt e4 in der Hand und hat obendrein den Läufer c8 zur Tatenlosigkeit verurteilt.

20. ... Sg7 21. Sc4 ...

Auch hier verdiente 21. a4 beachtet zu werden. Auf dem Königsflügel droht dem Anziehenden ohnehin nichts, da Schwarz ja praktisch ohne den Turm a8 auskommen muß.

21. ... ef 22. gf b5 23. Sd2 Se4 24. L:f6 T:f6 25. Lf3 a5!

Gligorić verteidigt sich hartnäckig und erfindungsreich. Durch das Bauernopfer aktiviert er schließlich doch noch seinen Damenturm.

26. a3 ab 27. ab Tg6! (mit der Drohung 28. ... Dh4) 28. Sd:e4 fe 29. L:e4 Lf5 30. L:f5 S:f5 31. Dh5 ...

Weiß geht ebenfalls energisch zu Werke. Durch den Damenausfall hindert er den Gegner rechtzeitig daran, am Königsflügel das Heft in die Hand zu nehmen.

31. ... Tf6 32. Tg1+ Kh8

Schwach wäre 32. ... Kh7, denn nach 33. Tce1 Df7 34. Se4! hätte Schwarz Materialverlust hinnehmen müssen (auf 34. ... D:d5 geschieht nämlich 35. Df3!).

33. Tce1 Df7 34. D:f7 T:f7 35. Te4 (35. S:b5 ist wegen 35. ... Tb8! schlechter) 35. ... Kh7

Eine scharfsinnige Verteidigung. Die natürliche Fortsetzung 35. ... Tb8 hätte Weiß nach 36. Tge1 Kh7 37. Te8 Tb6 38. Td8 angesichts der Drohung 39. Td7! gute Erfolgsaussichten überlassen. Darum verbessert Schwarz den Standort seines Königs.

36. S:b5 Ta2 37. Sd4 S:d4 38. T:d4 Te7

Trotz zweier Minusbauern hat Schwarz reale Remischancen, da er rechtzeitig mit seinen Türmen auf der zweiten Reihe eindringt.

39. f5 Tee2 40. Th4 Tf2 41. b5 ...

Weiß hat nur die Gewinnhoffnung, daß er durch die Hergabe eines Bauern einen schwarzen Turm von der zweiten Reihe ablenkt. Das ließ sich durch 41. ... Tac2! vermeiden, wovon schon die Rede war. Doch dem Nachziehenden fehlte es offenbar an Kraft, die Strapazen der Partierettung bis zum Schluß durchzustehen. Er beging mit 41. ... Tab2? einen unscheinbaren Fehler und befand sich nach 42. b6! in aussichtsloser Lage.

Irgendwann einmal hat Petrosjan mir gegenüber geäußert: „Endspielkönner erweisen sich meist nur dann als stark, wenn sie besser stehen. In schlechteren Endspielen — vor allem dann, wenn sie selber nicht aktiv werden können — unterscheiden sie sich nicht von gewöhnlichen Sterblichen."

Als Beispiel für diese interessante Beobachtung wollen wir uns die Ereignisse in der folgenden Partie ansehen.

Petrosjan—Geller
Kandidatenturnier 1956

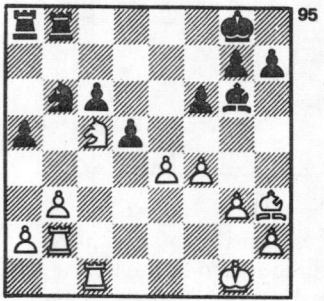

Diese Stellung war nach 27 Zügen entstanden. Die Kontrahenten hatten relativ frühzeitig die Damen getauscht, wobei sich ein kompliziertes Endspiel mit leichtem Positionsvorteil für Weiß ergab.

Mit dem energischen Vorstoß 28. e5! leitete Petrosjan eine Offensive im Zentrum ein, die ihm dort einen starken Freibauern einbrachte. Die Aussichtslosigkeit passiven Abwartens erkennend, entschloß sich Schwarz, einen Bauern zu opfern.

28. ... fe 29. fe a4 (29. ... Sc4 30. Te2!) 30. ba Sc4 31. T:b8+ T:b8 32. e6 Tb1

Die weißen Freibauern sind äußerst lästig, so daß es schwerfällt, für Schwarz etwas anderes vorzuschlagen. Allerdings ist er noch immer nicht aus dem Gröbsten heraus. Beispielsweise wäre das Endspiel nach 32. ... Ta8 33. e7 Te8 34. Te1 Kf7 35. Ld7 T:e7 36. Tf1+ Kg8 37. Le6+ Lf7 38. T:f7 T:f7 39. Sd7 g6 40. a5 S:a5 41. Se5 Kg7 42. L:f7 Kf6 43. S:c6 S:c6 44. L:d5 für ihn verloren.

33. T:b1 L:b1 34. Lf1 Sd6

Der Bauer a2 ist unverwundbar, denn bei 34. ... L:a2? 35. L:c4 dc 36. Kf2 siegt Weiß mühelos. Ungenügend wäre auch 34. ... Sa5 wegen 35. Sb3 Sc4 36. a5 L:a2 37. L:c4 dc 38. a6! usw.

35. a3 Kf8 36. a5 Sc8 37. Kf2! Ke7 38. Ke3 Kd6 39. Kd4 Lf5 40. Le2 Sa7 41. a6 ...

Aufmerksamkeit verdiente 41. g4 Lg6 42. h4 h6 43. h5 nebst 44. Ld3.

41. ... Lh3

Der Nachziehende wehrt sich tapfer seiner Haut. Verloren hätte 41. ... L:e6? 42. S:e6 K:e6 43. Kc5 Kd7 44. Kb6 Sc8+ 45. Kb7 Sd6+ 46. Kb8!

42. a4 Sc8

Weniger Probleme stellt 42. ... g6 43. g4! Lg2 44. Ke3! Sc8 45. Kf2 Lh1 46. Kg1 Le4 47. S:e4 de 48. Lc4, und Weiß behält die Oberhand.

43. Sb7+ K:e6 44. Kc5 Kd7 45. Sa5 Kc7 46. S:c6 Sb6 47. Lb5 Sd7+ 48. K:d5(?) ...

Bisher hat Weiß tadellos gespielt und konnte hier vermittels 48. Kd4 den Sieg an seine Fahnen heften. Jetzt dagegen entbrennt der Kampf mit neuer Heftigkeit. Objektiv gesehen darf Schwarz auf Remis hoffen, aber gemäß „dem Gesetz" schlechteren Endspiels hat er noch manche Schwierigkeit zu überwinden.

48. ... Lg2+ 49. Ke6 L:c6 50. L:c6 K:c6 51. a7 Sb6

Schwarz übersieht eine studienhafte Rettung: 51. ... Sc5+! 52. Kf7 Kb7 53. K:g7 Se4 54. K:h7 Sd2! und auf 55. g4 folgt 55. ... Sf3, auf 55. h3 indessen 55. ... Se4! usw.

52. a5 Sa8 53. Kf7 (genauer war 53. h4!) 53. ... g5 54. Kf6! ...

Schlechter ist 54. Kg7 Kb7 55. K:h7 Sc7 56. Kg6 Se6

57. Kf5 Sd4+, und der weiße
Erfolg wird problematisch.

54. ... g4 55. Kg5 Kb7 56. K:g4
Sc7 57. Kg5 Sd5 58. h3 Sc3
59. g4 Se4+ 60. Kf5 Sg3+

Auch nach 60. ... Sd6+ 61. Ke5
Sf7+ 62. Kf6 Sd6 63. Kg7 Se4
64. h4 K:a7 65. g5! sitzt Weiß
am längeren Hebel.

61. Kf4! Se2+ 62. Ke3 Sc3
63. g5 Sd5+ 64. Ke4 Se7
65. Kf4! Sd5+ 66. Kf3 Sc7
67. h4 K:a7 68. Kf4 Sd5+
69. Kg4 Se7 70. h5 ...

Jetzt kann der schwarze Springer die weißen Bauern nicht
mehr von hinten angreifen.
Der Kampf ist entschieden.

70. ... Ka6 71. Kf4 K:a5 72. Ke5
Kb6 73. Ke6. Schwarz gab auf.

Die Unterschätzung
gegnerischer Drohungen

Häufig hört oder liest man: Er
geriet in eine schwierige Lage,
weil er die gegnerischen Drohungen unter- bzw. die eigenen
Möglichkeiten überschätzte.
In dem einen wie in dem anderen Fall haben wir es mit
einer einseitigen, subjektiven
Stellungsbeurteilung zu tun, mit
der wir uns als einer psychologischen Fehlhaltung auseinan-
dersetzen müssen.
In einer Unterhaltung über einen
mittelmäßigen, aber fleißigen

Meister, der den Höhepunkt
seiner Leistungsfähigkeit schon
überschritten hatte, vertrat ich
die Meinung, daß sein Stillstand
auf gewisse taktische Schwächen zurückzuführen sei. Mein
Gesprächspartner, der diesen
Meister besser kannte als ich,
widersprach: „Das stimmt nicht
ganz. Seine eigenen taktischen
Drohungen sieht er sehr wohl,
aber die gegnerischen längst
nicht so gut."
Tatsächlich stößt man in der
Praxis immer wieder auf diesen
unbefriedigenden Sachverhalt,
der sich jedoch nicht allein auf
die Taktik, sondern auch auf die
Strategie erstreckt.
Natürlich stehen einem die eigenen Drohungen näher — seien
sie nun taktischer oder strategischer Natur. Aber das Eindringen in die Geheimnisse der
Stellung verlangt gebieterisch,
in gleicher Weise die Absichten
des Gegners zu berücksichtigen.
Mitunter wird das sogar von
den renommiertesten Groß-
meistern vergessen.
Hier ein Beispiel dieser Art.

Timman–Mecking
Wijk aan Zee 1978

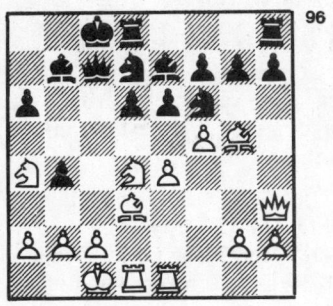

96

Die schwarzen Aussichten sind
recht verlockend. Es geschah
15. ... 0–0–0 16. f5. Dem Geist
der Stellung entsprach nun
16. ... e5!, was die feindliche
Offensive an der Königsflanke
gebremst und gute Chancen
am Damenflügel offengehalten
hätte. Doch Mecking ließ sich
von einer scheinbar gefährlichen taktischen Möglichkeit
betören und zog 16. ... Sc5(?).
Er rechnete nur mit der Entgegnung 17. S:c5 dc, die ihm in
der Tat ein klares Übergewicht
verhieß. Doch dabei übersah er
eine mit einem Figurenopfer
verbundene Gegenkombina-
tion.

7. fe! S:a4 18. ef+ Kb8 19. Se6
Da5 20. e5! ...

Nun wird klar, daß Schwarz
dem Figurengewinn zum Trotz
in einen vernichtenden Angriff
geraten ist. Nach beispielsweise
20. ... de 21. T:e5 Td5 22. Tde1!
wäre sein Untergang unvermeidlich.

In der Partie geschah:

20. ... Tc8!? 21. ef gf 22. Lf4
S:b2 23. K:b2 Tc3 24. Kc1!
Thc8 25. Sd4 Lf8 26. Te8 D:a2
27. T:f8 T:f8 28. L:d6+ Ka8
29. L:f8 D:f7 30. L:b4 Tc7
31. De6 Dg7 32. Le4, und Schwarz
gab bald auf.

Das impulsive Denken

Das impulsive Denken ist durch
das Fehlen einer einheitlichen
strategischen Linie, durch ein
Spiel „von Zug zu Zug" gekenn-
zeichnet. Mitunter leiden darunter sogar recht begabte Spieler,
wenn sie keine echte positionelle
Ausbildung genossen haben. Der
Gedankengang verläuft dabei
etwa so: Irgendeine beliebige,
äußerlich klarumrissene Idee
findet Anklang – und sofort folgt
eine Reaktion. Darauf gefällt
eine andere, deutlich davon
abweichende Idee – und erneut
wird dem Impuls nachgegeben.
Weil er die weiteren Perspektiven der Stellung nicht versteht – obwohl er sie taktisch
vielleicht völlig richtig ein-
schätzt, ohne die gefühlsmäßig
erkannten Varianten allerdings
tief genug berechnet zu
haben –, faßt der Spieler immer
wieder übereilte Entschlüsse.
Ein derartiges „Kaffeehaus-
schach" bzw. „Naturspielertum"
(wie man diesen Stil früher
bezeichnete) ist aussichtslos.
Das Hin- und Herpendeln

zwischen Varianten, in der
Hoffnung auf einen leichten
Zufallserfolg, muß grund-
sätzlich mißlingen.
Bezeichnend ist das folgende
Beispiel.

Rasuwajew–Gussew
Sowjetunion 1979

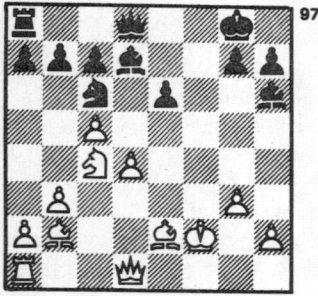

Schwarz hat sich eine starke
Angriffsstellung aufgebaut. Den
folgenden im Grunde entscheidenden Partieabschnitt behandelt er jedoch zu impulsiv.

20. ... Df6+(?)

Bereits dieses naheliegende
Schach ist ungenau. Bedeutend
nachhaltiger war 20. ... Dg5!

21. Lf3 Tf8 22. d5 e5 23. Kg2! ...

Möglicherweise hatte der Nachziehende nur mit 23. dc L:c6 gerechnet, wonach sich die ganze
mit 20. ... Df6+ eingeleitete
Operation als richtig erwiesen
hätte. Jetzt büßt der Schwarzspieler vollends seine Kaltblütigkeit ein und läßt sich
fortwährend zu impulsiven
Handlungen hinreißen.

23. ... Sd4 24. S:e5! S:f3
25. D:f3 Lf5 26. Te1 Da6 27. De2
D:a2 28. g4 Le4+?

Der letzte impulsive Fehler.
Die schwarze Stellung war
aber schon recht schwierig.
Das kleinere Übel bestand indes in 28. ... Lc8.

29. D:e4 D:b2+ 30. Te2 Dc1
31. Sf3 Lf4 32. De6+ Kh8
33. De7 Kg8 34. d6 cd 35. De6+
Kh8 36. Df7. Schwarz gab auf.

Es wäre falsch zu glauben,
daß das impulsive Spiel nur bei
schwachen, unerfahrenen
Schachfreunden anzutreffen ist.
Im Gegenteil. Es ist auch in
der Meisterpraxis sehr verbreitet, und manchmal erliegen
ihm sogar erprobte Kämpfer.
Hierbei habe ich nicht etwa
das Spiel in Zeitnot im Auge,
wo impulsives Spiel unvermeidlich ist, sondern die prinzipielle
Fehlleistung des Denkens unter
gewöhnlichen Bedingungen.
Konkrete Ursachen dafür gibt
es viele. Nicht selten werden
impulsive Einfälle durch Nervosität begünstigt, die sich während des Kampfes – besonders
bei taktisch zugespitztem
Spiel – einstellt. Und wie ist es
mit den sportlichen Zielen
bestellt? Oft stehen diese im
scharfen Gegensatz zur Entwicklung der schachlichen Ereignisse auf dem Brett. Manchmal
überwiegt dann nicht der gesunde Menschenverstand, sondern die Hoffnung auf ein

Wunder. Daraus resultieren impulsive Entscheidungen, die sich bei richtigem Verhalten des Partners verhängnisvoll auswirken.

Am häufigsten wird impulsives Spiel durch oberflächliche Stellungsbewertung, Nachlässigkeit in der Berechnung und durch das Unvermögen oder die fehlende Bereitschaft verursacht, die wahren Triebkräfte des Geschehens aufzuspüren. Charakteristisch verlaufen die Ereignisse in der nächsten Partie.

Timman–Johansson
Reykjavik 1976

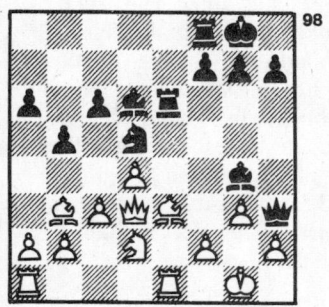

98

In dieser zweischneidigen Stellung geschah:

18. c4!? Lf4! 19. cd? ...

Ein ungenügend durchdachter Entschluß, der üble Folgen nach sich zieht. Richtig war 19. Df1! S:e3 20. D:h3 L:h3 21. cb! mit beiderseitigen Chancen.

19. ... Th6! 20. De4 D:h2+ 21. Kf1 L:e3?

Schwarz „revanchiert" sich. Nach 21. ... f5 22. dc+ Kh8 23. Dd5 L:e3 24. T:e3 f4! 25. gf D:f4! hätte Weiß aufgeben können.

22. T:e3 Tf6 (22. ... Dh1+!? kam in Betracht) 23. f3 Lf5 24. De5 Dh1+? (erneut impulsiv; nach 24. ... D:d2! wäre Schwarz immer noch im Vorteil gewesen) 25. Ke2 D:a1 26. dc Dc1 27. d5, und Weiß realisierte sein Übergewicht bald.

Auf keinen Fall darf man die impulsive Denkweise mit der Notwendigkeit verwechseln, den Plan im Verlauf des Spiels entsprechend den Gegebenheiten zu ändern. Das hängt von den Kampfbedingungen ab und zeichnet überdurchschnittliches Können aus.

Im praktischen Spiel muß man sich immer den neuen Verhältnissen anpassen und die Zielsetzung des Planes überprüfen. Aber in jedem Fall ist die klar erkannte Notwendigkeit des neuen, auf der objektiven Einschätzung der Stellung beruhenden Planes das wichtigste. Hierbei handelt es sich nicht mehr um blinde Eingebung, sondern um eine schnelle und unerläßliche Reaktion auf die Generallinie des strategischen Kampfes.

Selbstverständlich ergeben sich in der Praxis oft heikle Situationen, in denen es — zumal unter den Bedingungen des scharfen

Turnierkampfes – sehr schwer ist, die Grenze zwischen logischem und impulsivem Denken zu erkennen. Dadurch lassen sich manche, dem ungeübten Auge unverständliche Fehler erklären, die sogar alterprobten Schachspielern unterlaufen.

Das impulsive Denken ist also recht vielschichtig. Das zeigt, welche Schwierigkeiten zu überwinden sind, will man es ausmerzen. Daher muß man dieser Fehlhaltung des Denkens schon in frühen Jahren den Kampf ansagen, um sie nicht zu einer schädlichen Gewohnheit ausarten zu lassen, die sich besonders unter schwierigen und ungewöhnlichen Bedingungen störend bemerkbar macht. Junge Schachfreunde sollten sich daher schon bei den ersten Schritten ihrer Entwicklung vor Übereilungen und Augenblicksentschlüssen hüten. Sie müssen dazu angehalten werden, ihre Züge ganz bewußt zu wählen.

Nun wollen wir uns einer Fehlleistung zuwenden, die gewissermaßen das Gegenstück zu dem eben Besprochenen ist. Gemeint ist die Schwerfälligkeit des Denkens, die sich ebenfalls äußerst negativ auswirken kann.

Unzulängliche Anpassungsfähigkeit des Denkens

Selbst starke und erfahrene Schachspieler lassen es beim Denken oft an der erforderlichen Anpassungsfähigkeit fehlen. Das drückt sich z. B. deutlich im übertriebenen Eifer aus, an einem objektiv unklaren oder gar fragwürdigen Eröffnungssystem festzuhalten, oder in der Abneigung, unumgängliche Kompromisse einzugehen und vertretbare Zugeständnisse zu machen, z. B. wenn der Gegner gefährlichen Angriff hat.

Die moderne Praxis beweist immer wieder, wie wichtig das anpassungsfähige, elastische Denken und die Fähigkeit ist, sich auf den schnellen Wechsel der Ereignisse einzustellen, der besonders in dynamisch zugespitzten, zweischneidigen Stellungen einzutreten pflegt.

In dieser Hinsicht ist das nachstehende Beispiel charakteristisch.

Ribli–Timman
Tilburg 1978

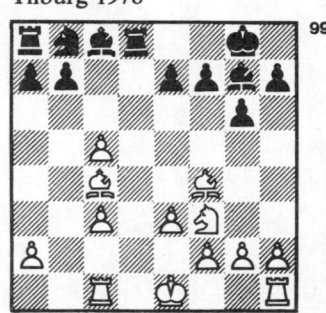

99

In der Eröffnung hatte sich Schwarz auf ein sehenswertes, aber zieml ᴗh gewagtes Unternehmen eingelassen. Nun machte er den interessanten Zug 11. ... Sd7!?

Darauf hat Weiß die Wahl zwischen verschiedenen Fortsetzungen, doch in jedem Fall muß er die Augen offenhalten. Er entschied sich für die natürliche Spielweise 12. Lg5, die aber nicht am besten ist, wie der weitere Partieverlauf lehrt. Vielleicht war 12. Lc7 Tf8 13. c6 vorzuziehen, obwohl Schwarz nach 13. ... Sc5 14. cb L:b7 ausreichendes Spiel für den Bauern hat.

Es ging weiter mit:

12. ... Te8 13. Lb5 a6! (13. ... h6 14. Lh4 g5 15. Lg3 Tf8 16. c6! ist unerfreulich für Schwarz) 14. La4 h6 15. Lh4 g5 16. c6? ...

Richtig war 16. Lg3! Tf8! 17. L:d7 L:d7 18. Lc7 Tfc8 19. Lb6 e6 20. c4 Lf8 21. Se5 Le8 22. Sd3 f6, wonach Schwarz gute Ausgleichschancen hat. Jetzt nimmt der Nachziehende energisch das Heft in die Hand.

16. ... Sc5! 17. cb L:b7 18. L:e8 gh 19. Ld7 S:d7 20. S:h4 Se5 21. 0–0 e6 22. Tfd1 Lf6 23. Td4 a5 24. h3 La6 25. Te4 Lc4 26. a4 h5 27. Td1 Lb3

Nun besitzt Schwarz ein entscheidendes materielles Übergewicht.

28. Td6 Sc4 29. Td7 L:a4

30. Tc7 Lb3 31. Te:c4 L:c4 32. T:c4 a4 33. Sf3 a3 34. Sd2 a2 35. Sb3 Ta3, und Schwarz gewann.

Zu großes oder zu geringes Selbstvertrauen

Das folgerichtige Denken setzt ein Gefühl für das Vertretbare voraus. Dieses Gefühl äußert sich vor allem in der objektiven Beurteilung der Lage und in der Berücksichtigung bestimmter psychologischer Begleitumstände. Es ist stets vonnöten, auch wenn es gilt, feste Zuversicht zu bewahren und dabei zugleich Bescheidenheit walten zu lassen. Letzteres ist erforderlich, weil im Schach jeder Gernegroß hart bestraft wird. Das Streben nach Vervollkommnung schließt Überheblichkeit aus. Allerdings geht die Objektivität nicht nur durch übertriebene Selbstsicherheit, sondern auch durch lähmende Unsicherheit verloren.

Das „Himmelhoch-jauchzend-zu-Tode-betrübt" des Kampfes wird vom Menschen als erregendes Erlebnis empfunden. Ohne diese Stimmung gäbe es weder Schöpfertum noch echten Aufschwung. Unabhängig von seinen persönlichen Eigenschaften, durchlebt der Spieler während der Partie die verschiedenartigsten Emotionen. Die Wechselfälle des Kampfes können sein

Selbstvertrauen heben und manchmal ein Gefühl des Stolzes in ihm wecken. Sie können ihn aber auch schier verzweifeln lassen, so daß er seinen ganzen Optimismus zusammennehmen muß, um wieder Mut zu schöpfen.

So aufregend die einzelne Partie sein kann, so aufregend kann ein ganzes Turnier, ja sogar die gesamte Schachlaufbahn eines Spielers sein. Völlig zu Recht wird darum gesagt, daß alle diese Erlebnisse Charakter und Intellekt formen.

Nun wollen wir einige allgemeine Fälle eingehender betrachten, in denen die Fehlleistungen unabhängig von der jeweiligen Individualität des Spielers zustande kommen.

Untersuchen wir zunächst ein Beispiel, das verdeutlicht, welche Folgen ein äußerlich überzeugendes, objektiv indessen vordergründiges Spiel haben kann.

Karpow–Miles
Bad Lauterberg 1977

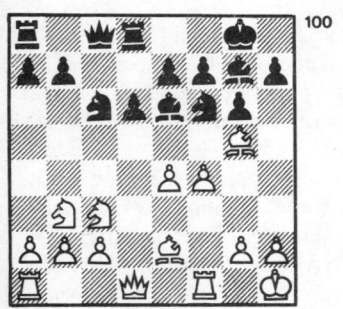

100

Mit seinen letzten beiden Zügen

(Dc8 und Td8) hat Schwarz einen fragwürdigen Plan gefaßt, den der Anziehende mit höchster Präzision widerlegt.

12. Lf3 Lc4

12. ... Lg4 reicht wegen 13. Sd5! L:f3 14. D:f3 S:d5 15. ed Sb8 16. L:e7 Td7 17. Tae1! nicht zum Ausgleich.

13. Tf2 e6 14. Td2! Dc7 15. De1 h6 16. Lh4 Td7

16. ... Tf8 17. Tad1 Se8 18. Le2 bzw. 16. ... a5 17. a4 Sb4 18. Sd4 ist günstig für Weiß.

17. Tad1 e5

Ein reizvoller Augenblick. Weiß erzwingt jetzt sehr elegant entscheidenden Vorteil.

18. L:f6 L:f6 19. Lg4! ef

Schwarz muß die Qualität hergeben, denn nach 19. ... Tdd8 20. Le2!! L:e2 21. Sd5 oder 20. ... Le6 21. f5! könnte er aufgeben.

20. L:d7 D:d7 21. T:d6 De7 22. Td7 De5 23. Sd2 Le6 24. Sf3 Db8 25. T7d6, und Weiß verwertete sein Übergewicht.

Und nun ein Beispiel für den verhängnisvollen Schwund an Selbstvertrauen, der rasch die Partiekrise auslöste.

Kaválek–Spasski
Wettkampf 1977

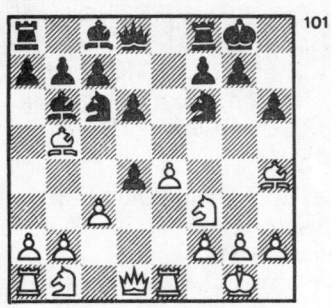

In dieser Stellung, in der sich das Spiel noch im Eröffnungsstadium befindet, geschah:

10. L:c6 dc! 11. S:c3 bc 12. Da4 Dd7!

Diese Neuerung traf den Weißspieler unvorbereitet. Die theoretische Empfehlung 12. ... g5 13. S:g5 hg 14. L:g5 L:f2+ 15. Kh1 L:e1 16. T:e1 Te8 17. Tf1 Te6 18. Dd4 c5 19. Df2 gilt zu Recht als vorteilhaft für Weiß.

13. L:f6?! gf 14. h3?! ...

Der Anziehende verliert vollends den Faden. Bedeutend energischer war 14. Tad1 mit der Drohung e4–e5!

14. ... Kh8! 15. Se2 Tg8 16. Sf4 Lb7 17. Sh4 Tae8 18. Sf5 Kh7 19. Dc2 Te5 20. Dd2 c5! 21. Sd5? T:f5! 22. ef D:f5 23. Ted1 c4 24. Kh1 Tg5. Weiß gab auf.

Wendepunkte des Kampfes

Im direkten Zusammenhang mit den eben besprochenen Fragen steht das Problem der Wendepunkte des Kampfverlaufs. In konsequent geführten Meisterpartien entsteht fast immer eine kritische Lage, in der es wichtig ist, nicht nur die objektiv beste Spielweise zu finden, sondern auch den Willen des Gegners zu brechen und seinen schöpferischen Elan zu dämpfen.
Dazu zwei Beispiele aus meiner eigenen Praxis.

Kaidanow–Suetin
Dubna 1979

Ich stand vor der bangen Frage, wie das Spiel fortzusetzen sei. Es drängte sich 20. ... Sd7 auf, was mir nach 21. Dh5 Sf6 oder 21. Lg3 S:e5 22. L:e5 L:e5 23. D:e5 D:e5 24. T:e5 eine annehmbare Stellung eingebracht hätte.
Doch angesichts meines Turnierstands war ich genötigt, um jeden Preis auf Gewinn zu spie-

133

len. Deshalb entschloß ich mich zu 20. ... g6!?

Nüchtern betrachtet ist diese Spielweise nicht besser als 20. ... Sd7. Sie zwingt den Anziehenden aber, sich etwas einfallen zu lassen. Außerdem weicht sie der Zugwiederholung bzw. dem Figurentausch aus. Bald stellt sich heraus, daß Weiß außerstande ist, die ihm gestellten Aufgaben zu bewältigen.

21. Lb5?! ...

Auf 21. Lg3 wäre 21. ... Sh5 geschehen; 21. c4 ist wegen 21. ... dc wohl kaum gut. Am besten war es vielleicht, diesen Vorstoß durch 21. Tac1 vorzubereiten.

21. ... Te7 22. c4 Db6! 23. Tac1 ...

Hier war 23. Tad1 vorzuziehen, um sofort den Punkt d5 aufs Korn zu nehmen.

23. ... Tc7 24. a4?! ...

Man kann die letzten Züge des Anziehenden schwerlich als Fehler einstufen, doch insgesamt beeinträchtigen sie die Harmonie im Zusammenspiel seiner Figuren.

24. ... Se4! 25. Sf3 Lc5 26. Tf1 Tcf7

Wie durch einen Wink mit dem Zauberstab haben die schwarzen Figuren die gegnerische Rochadestellung unter Beschuß genommen. Wichtigstes Angriffsobjekt ist der Punkt f2, gegen den sich auch der entscheidende tak-

tische Schlag von Schwarz richtet.

27. cd ed 28. Dd3 Tf5 29. Dc2 g5! 30. L:g5 L:f2+! 31. T:f2 (oder 31. Kh1 h6! 32. Ld2 Th5!, und die Drohung 32. ... Sg3 matt gibt sofort den Ausschlag) 31. ... T:g5!

Die Gewinnkombination. Auf 32. S:g5 geschieht 32. ... T:f2!, wonach 33. D:c8+ an 33. ... Tf8+! usw. scheitert.

32. Kf1 Lg4! 33. Ld3 L:f3 34. gf ...

Nach 34. L:e4 D:f2+! 35. D:f2 L:e4 hat Schwarz eine Figur mehr.

34. ... S:f2 35. D:f2 Df6! 36. Tc7 D:f3 37. L:h7+ Kh8. Weiß gab auf.

In dieser Partie gab es mehrere zugespitzte Situationen, aber als eigentlichen Wendepunkt muß man den schwarzen Zug 20. ... g6! ansehen.

Farago–Suetin
Dubna 1979

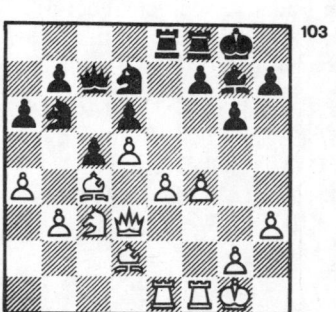

103

Weiß ist aus der Eröffnung mit

Raumvorteil hervorgegangen. Bei passiver Verteidigung läuft Schwarz Gefahr, in eine perspektivlose Stellung gedrängt zu werden, in der früher oder später der Durchbruch e4–e5 den Kampf entscheidet. Durch ein ausgefallenes Manöver gelang es Schwarz indessen, das Glücksrad herumzuwerfen.

19. ... Dd8 20. Kh1 Dh4 21. Te2 g5!

Die Pointe des schwarzen Vorgehens. Nun entbrennt die Schlacht um den kritischen Punkt e5.

22. g3 Dh5 (selbstverständlich nicht 22. ... D:h3+? wegen 23. Th2 Dg4 24. e5!, und der schwarze Zusammenbruch ist unabwendbar) 23. Tg2?! S:c4 24. bc f5! 25. g4 fg 26. T:g4 gf 27. Tfg1 Tf7

Hier wäre 27. ... Se5? wegen 28. T:g7+ Kh8 29. Df1 verfehlt, da Weiß eine Figur mehr behält.

28. L:f4 Se5 29. L:e5 D:e5 30. Se2 Kh8 31. Sg3 ...

Danach ist die Partie nicht mehr zu halten. Richtig war 31. Sf4! mit Chancen auf Remis, z. B. 31. ... T:f4 32. T:g7 usw.

31. ... Tf2!

Diese Entgegnung hatte Weiß übersehen. Jetzt bindet der Nachziehende die gegnerischen Kräfte und schafft als erster Drohungen gegen den feindlichen König.

32. De3 Db2! 33. Sf1 Le5! 34. T4g2 T:g2 35. T:g2 Db1 36. Df3 Lg7! 37. Df7 ...

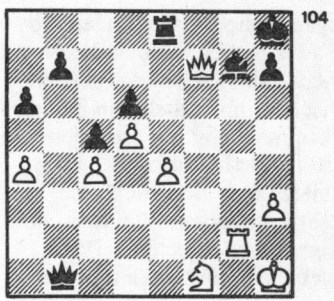

37. ... Te7!!

Diese Erwiderung krönt das im 31. Zug eingeleitete Kombinationsspiel. Der Turm ist unantastbar, denn nach 38. D:e7 D:f1+ 39. Kh2 (39. Tg1 D:h3 matt) 39. ... Le5+ 40. Tg3 Df2+ siegt Schwarz sofort.

38. Df4 T:e4 39. Df5 De1 40. Tg1 Te8 41. Sg3 De3 42. Sh5 Tf8 43. Dg4 Ld4! 44. Tb1 Tg8! Weiß gab auf.

Wendepunkt der Partie war diesmal der Zug 21. ... g5! – und zwar vor allem in der moralischen Bedeutung des Wortes. Sachlich betrachtet waren die Aussichten von Weiß zu diesem Zeitpunkt selbstredend nicht schlechter. Aber er fühlte sich in seiner Haut bereits unwohl, da er ganz in seinem Offensivplan aufging und psychologisch gar nicht auf die Sticheleien des Gegners eingestellt war. Dieses unbehagliche Gefühl verunsi-

135

cherte ihn zunächst und beschwor schließlich die moralische Katastrophe herauf.

Obgleich die letzten beiden Abschnitte nichts miteinander zu tun zu haben scheinen, besteht zwischen ihnen doch ein innerer Zusammenhang: Übertriebene Selbstsicherheit gebiert häufig Fehler. Diese bewirken eine unvorhergesehene Wendung der Dinge zum Schlechten. Das Ergebnis ist eine seelische Belastung. Die Kräfte lassen nach, das Selbstvertrauen schwindet. Für mangelndes Selbstvertrauen gibt es übrigens viele Ursachen: z. B. zu großer Respekt vor dem Partner; ein Gegner, der einem nicht „liegt" (selbst wenn er schwächer ist als wir); Stellungsbilder, die einem nicht genügend vertraut sind; langwierige Verteidigung in objektiv schwieriger Lage; Zeitnot und vieles andere. Die Hauptursache ist aber das Unterschätzen der eigenen Kräfte – ein Mangel, dem man entschieden zu Leibe rücken muß.
Mancher junge, von Natur aus begabte Schachspieler leidet unter dieser inneren Unsicherheit. Diese Fehlhaltung kann sich jedoch zu einem Komplex ausweiten, wenn sie nicht ganz energisch bekämpft wird. Ein Aphorismus von La Rochefoucauld besagt: „Ein Feigling ist sich nicht der Kraft bewußt, die seiner Furcht innewohnt." Man verwandle also die Energie der Furcht in wirkliche Energie, und die Spielstärke wird spürbar steigen.

Wenn das Gefühl für Gefahren verlorengeht

In vielen Fällen liegt die Ursache des Mißerfolgs darin, daß die heraufziehenden Gefahren nicht rechtzeitig erkannt wurden (vgl. beispielsweise die Partie Timman–Mecking, Diagramm 96). Auch hierin ist eine typische Fehlhaltung des Denkens zu erblicken.
Für den Schachpraktiker ist das Gefühl für Gefahren eine unerläßliche Eigenschaft. Beizeiten die Gefahr zu ahnen und ihr vorzubeugen ist längst nicht jedem gegeben – auch nicht jedem Schachmeister. Übrigens haben sich Botwinnik und Petrosjan stets im hohen Maße durch diese Eigenschaft ausgezeichnet. Das gleiche kann von Karpow behauptet werden.
Die Fähigkeit, Gefahren vorherzusehen, hängt eng mit dem Gefühl für das Vertretbare zusammen. In der Hitze des Kampfes kann einem dieses aber leicht „abhanden kommen". Mit diesem Problem hat es der Spieler genaugenommen auf Schritt und Tritt zu tun.
In diesem Zusammenhang möchte ich von einer betrüblichen Erfahrung berichten, die ich vor kurzem selber gemacht habe.

Suetin–Georgiev
Dubna 1979

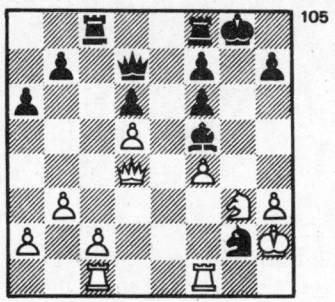

105

Diese Stellung war nach 23. ...
S:g2 zustande gekommen.
Am einfachsten hätte nun
24. Sh5! gewonnen. Aber ich
ließ mich (wie sich bald herausstellt, zu meinem Leidwesen)
zu der scheinbar wirkungsvol-
leren Fortsetzung 24. D:f6?!
hinreißen. Jetzt wäre die Drohung 25. Sh5 tödlich, wenn sich
Schwarz nicht ein wichtiges
Tempo für die Verteidigung
sichern könnte.

24. ... L:h3 25. f5 ...

Ich muß bekennen, daß ich ursprünglich den Ausfall 25. Sh5
beabsichtigt hatte. Doch nun bemerkte ich, daß der Nach-
ziehende darauf über die unkomplizierte Abwehr 25. ... Dg4!
gebietet. Ich war also genötigt,
mit f4–f5 ein Tempo zu verlieren.

25. ... Se3

Diesen Zug hatte ich erwartet
und wollte ihn mit 26. K:h3 beantworten; falls dann 26. ...
S:f1, so 27. Sh5.

Plötzlich sah ich, daß Schwarz
in dieser Variante mit 27. ...
Tc3+!? noch Chancen wahr-
nimmt — jedenfalls ist ein sofor-
tiger Gewinn nicht zu erblicken.
Natürlich ärgerte ich mich. Viel
schlimmer war aber, daß mir in
diesem Augenblick völlig das
Gefühl für Gefahren abging. Ich
sah nur noch die eigenen Drohungen und zog:

26. Dg5+ Kh8 27. D:e3?? ...

Noch war es nicht zu spät, die
Stellung vermittels 27. Df6+
zu wiederholen. Danach konnte
28. K:h3 geschehen, und Schwarz
hätte sich auf die Dauer wohl
kaum retten können.

27. ... L:f1

Diesen Läufer hatte ich ganz
vergessen. Ich dachte, er sei
abgeschnitten, und übersah, daß
mein Turm angegriffen war.

28. T:f1 T:c2+, und Weiß gab
nach einigen Zügen auf.

Äußere Ursache dieser Niederlage war ein grobes Versehen,
doch die innere Ursache ist
nicht in dem taktischen Fehler,
sondern in einer gewissen psychologischen Verkrampfung zu
suchen.
Das Versagen des Gefühls für
Gefahren wirkt sich allerdings
nicht immer so kraß aus. Im
Gegenteil, meist läßt die innere
Alarmbereitschaft unmerklich
nach (wodurch das Los des leicht-
fertigen Spielers aber keineswegs
erleichtert wird). Hierzu ver-

gleiche man etwa die Partie
Olafsson—Larsen, Diagramm 86.
Das Gefühl für Gefahren liegt
in der Natur und vor allem im
Charakter des Spielers begründet. In mancher Hinsicht hat es
auch Gemeinsamkeiten mit dem
Positionsgefühl.
In dieser Beziehung ist die folgende Partie aufschlußreich.
Der Führer der weißen Steine,
Miles, ist zweifellos ein sehr
starker und taktisch begabter
Schachmeister. Trotzdem ahnte
er wohl kaum, welche Schwierigkeiten seiner in diesem beinahe symmetrischen und ziemlich trockenen Mittelspiel harr-
ten. Und die Ursachen dafür?
Sicherlich fehlende Erfahrung
und unzureichende Vertraut-
heit mit den sich ergebenden
Stellungsbildern. Die Hauptsache scheint mir aber zu sein,
daß bei ihm das Gefühl für die
von gegnerischen Drohungen
ausgehenden Gefahren nicht
im genügenden Maße ausgeprägt
ist.

Englische Eröffnung
Miles—Hort
Bugojno 1978

1. c4 c5 2. Sf3 Sf6 3. Sc3 d5 4. cd
S:d5 5. g3 Sc6 6. Lg2 g6 7. d4!?
Lg7 8. 0–0 S:c3 9. bc 0–0 10. a4?!
(10. e3) 10. ... Le6 11. La3 cd
12. S:d4 S:d4 13. cd L:d4 14. Tb1
(14. L:e7 L:f2+!) 14. ... Tb8

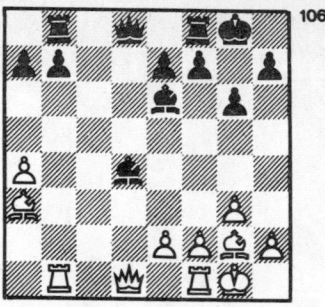

106

Man überzeugt sich mühelos
davon, daß Miles in eine schwierige Lage geraten ist. So taugt
15. T:b7? T:b7 16. L:b7 nichts
wegen 16. ... L:f2+!, und
15. L:b7 Lf5 16. Tb5 löst gleichfalls nicht alle Probleme. Es
geschah:

15. e3 Lf6 16. D:d8 Tf:d8 17. T:b7
T:b7 18. L:b7 a5! 19. Tc1 Td2
20. Lc5 Ta2 21. Lc6 Lb3! 22. Lb6
L:a4 23. Ld5 Tb2! 24. Lc7 Ld7!
25. Kg2 Td2 26. Le4 a4!

Ziehen wir Bilanz: Weiß hat ein
verlorenes Endspiel erhalten.

27. La5 Tb2 28. Lc3 L:c3 29. T:c3
Le6 30. Ta3 Ta2! 31. Td3 a3
32. Ld5 L:d5 33. T:d5 Tb2 34. g4
a2 35. Ta5 f6 36. h4 Kf7 37. Ta6
Ke8 38. Kg3 Kd7 39. f3 Kc7
40. g5 Kb7 41. Ta3 f5 42. Kf4 Kb6
43. Ke5 Tb5+. Weiß gab auf.

Schachwissen und Technik

Unser Jahrhundert ist das Jahrhundert des exakten Wissens. Das gilt auch für das Schach. Nicht zufällig werden Tausende von Seiten der Schachtheorie gewidmet, die die Erkenntnisse der Praxis widerspiegelt und verallgemeinert. Man kann sich in unserer Zeit schwer einen Schachspieler vorstellen, der ohne angestrengte häusliche Arbeit in Eröffnung und Endspiel voranzukommen hofft. Gerade in diesen Partiephasen werden genaue Kenntnisse am dringendsten benötigt.

Dennoch kommt es vor, daß erfahrene Praktiker beispielsweise die elementarsten Grundlagen des Endspiels nicht beherrschen. Von diesen Schachfreunden sagt man, daß es ihnen an schachlicher Belesenheit mangelt.

Nehmen wir einmal einen so einfachen Fall wie das Mattsetzen des alleinstehenden Königs durch Läufer und Springer. In der Praxis kommt er so gut wie gar nicht vor. Mancher Spieler macht sich darum mit diesem Endspiel erst vertraut, wenn er Meisterstärke erreicht hat. In welch kuriose Lage kann ein solcher Spieler indes geraten, wenn sich erweist, daß er das zum Matt führende Verfahren nicht kennt! Bekanntlich muß der alleinstehende König in die Ecke gedrängt werden, die der Läufer zu beherrschen vermag. Dies wird durch das gemeinsame Vorgehen von König und Leichtfiguren erzwungen, wobei der Springer einen Weg zurücklegt, der an den Buchstaben W erinnert. Das ist zwar einfach, aber wissen muß man es.

Ich entsinne mich eines Vorfalls, der sich mit einem Meister der vorigen Generation zutrug. Er war von Natur aus begabt und vor allem als Taktiker gefürchtet, aber ein rechter Faulpelz. Sein Eröffnungswissen war schon ziemlich bescheiden, doch mit dem Endspiel hatte er sich überhaupt nicht befaßt und wußte infolgedessen die einfachsten Dinge nicht. Er vertraute darauf, daß er erforderlichenfalls am Brett mit allen Schwierigkeiten selbständig zu Rande käme.

Nun ergab es sich, daß er als alter Routinier zum erstenmal in seinem Leben das Endspiel mit den beiden Leichtfiguren gegen den König zu behandeln hatte. Zug folgte auf Zug, aber ein Matt kam nicht in Sicht. Schließlich paßte er einen geeigneten Augenblick ab, erhob sich vom Stuhl, trat an einen anderen Spieler heran und fragte ihn: „Wie wird denn das eigentlich matt?" „Treibe ihn in eine Ecke, die der Läufer beherrscht", erwiderte jener rasch. „Das versuche ich ja beständig, aber sein König geht nicht dorthin." Zu ausführlichen Erläuterungen war keine Zeit, und so endete die Sache damit, daß er das Matt innerhalb der festgesetzten 50 Züge nicht zustande brachte.

Es versteht sich, daß solche Beispiele mangelhafter Sachkenntnis selten sind. Sie lehren jedoch, daß man nicht nur die grundlegenden Regeln und Prinzipien des Endspiels studieren muß, man muß auch dessen technische Wendungen beherrschen, und zwar so, daß die auf Wissen gegründete Berechnung mechanisch abläuft. Im praktischen Kampf kann man es sich nicht leisten, über eine Vielzahl von Abspielen nachzugrübeln. Zudem lassen sich Endspielvarianten, wenn sie nicht gerade einem richtungweisenden Plan untergeordnet sind, nur sehr mühsam berechnen. Man darf auch nicht vergessen, daß die Partner beim Übergang ins Endspiel in der Regel schon abgekämpft sind.

Betrachten wir zu diesem Thema ein scheinbar unkompliziertes Endspiel, in dem Berechnung und Bewertung sich wechselseitig durchdringen.

Suetin—Dworezki
Sowjetunion 1972

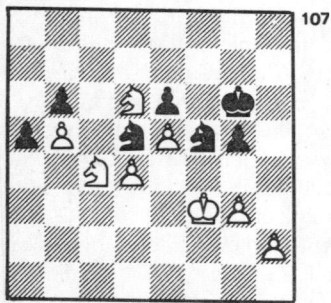
107

Der Leser überzeugt sich schnell davon, daß hier die konkrete

Berechnung eine erstrangige Rolle spielt. Doch auch die Strategie kommt zu ihrem Recht. So ist es für Weiß außerordentlich wichtig, ein Springerpaar abzutauschen. Überhaupt ist es in vielen Endspielen von Belang — soll ein geringfügiges materielles oder positionelles Übergewicht realisiert werden —, die Stellung vorteilhaft zu vereinfachen. Meist wird das durch die Beseitigung der wichtigsten Verteidigungsfigur erreicht.

Im vorliegenden Fall hat Weiß einen Mehrbauern, dessen Verwertung auf beträchtliche, wenn nicht sogar unüberwindliche Schwierigkeiten stößt. Seine Aufgabe lautet, unter günstigen Umständen ein Springerpaar zu tauschen, um danach — gestützt auf die Drohung, am Königsflügel einen Freibauern zu bilden — den Zentrumsdurchbruch d4—d5! zu organisieren. Aber noch ist es längst nicht so weit.

In der Partie folgte:

38. Ke4 Sfe7 39. h3! (sonst werden die weißen Bauern durch 39. ... g4! festgelegt) 39. ... Sc3+ 40. Kf3 Sed5 41. Sa3 Sc7

Dieser Zug zeigt, daß Schwarz eine passive Abwartetaktik befolgt, die es Weiß letztlich ermöglicht, seinen Plan zu verwirklichen. Besser war 41. ... Kh5, und es ist nicht zu sehen, wie Weiß weiterkommen will.

42. Ke3 S3d5+ 43. Kd3 Sb4+

44. Kc4 Sbd5 45. Sc2 Se7 46. Se3 Scd5 47. S:d5 S:d5 48. Kd3 ...

Der Springertausch ist also unter günstigen Bedingungen zustande gekommen. Damit ist die weiße Aufgabe bereits lösbar. Auf der Tagesordnung steht jetzt die Vorbereitung des Durchbruchs d4–d5!

48. ... Sb4+ 49. Ke4 Sd5 50. Sc4 Sc3+ 51. Kd3 Sd5 52. Se3! Se7

Natürlich nicht 52. ... S:e3 53. K:e3 Kf5 54. Kd3 a4 (auch bei 54. ... Kg6 55. h4 gh 56. gh Kf5 57. Kc3 Kg6 58. Kb3 Kf5 59. h5 Kg5 60. d5! gewinnt Weiß) 55. h4 gh 56. gh, und Weiß siegt mühelos. Nach 52. ... Kf7 53. S:d5 ed 54. h4 gh 55. gh Kg6 56. Kc3 ist die Lage von Schwarz gleichfalls hoffnungslos. Hinter dem komplizierten Endspiel verbarg sich also der Übergang in ein leichtes Endspiel, und darauf zielten alle Bemühungen von Weiß ab.

53. Kc4 Sf5

Bei 53. ... Kf7 54. h4 (möglich ist auch 54. g4) 54. ... gh 55. gh Kg6 56. d5! ed 57. S:d5 Sc8 sichert 58. e6 den Sieg.

54. S:f5! ...

Als er diese Position anstrebte, mußte der Anziehende den Übergang ins Bauernendspiel berücksichtigt haben.

54. ... ef 55. Kd5 ...

Interessant ist 55. d5, z. B. 55. ...

Kf7 56. d6 Ke6 57. h4 gh 58. gh f4 59. h5 f3 60. Kd3 f2 61. Ke2 a4 62. d7! K:d7 63. h6 a3 64. h7 a2 65. e6+!, und Weiß behält die Oberhand. Aber Schwarz kann stärker fortsetzen: 57. ... f4! 58. gf gh! 59. f5+ Kd7 60. Kd5 h3 61. e6+ Kd8 62. Kc6 (62. d7 Kc7!) 62. ... h2 63. e7+ Ke8 64. Kc7 h1D 65. d7+ K:e7 66. d8D+ Kf7, und es steht noch ein harter Kampf bevor.

55. ... f4 56. gf gf 57. Kd6! f3 58. e6 f2 59. e7 Kf7 60. Kd7 f1D 61. e8D+ Kg7 62. De5+ Kf7 (nach 62. ... Df6 63. D:f6+ K:f6 64. d5 zieht der weiße Bauer mit Schach ein) 63. Kc6 a4 64. d5 Df3 (im Fall von 64. ... Dc4+ 65. K:b6 a3 66. De6+ erobert Weiß durch ein Schachgebot auf e7 oder d6 einfach den Bauern a3) 65. Kc7 a3 66. d6 Da8 67. De7+ Kg6 68. d7 Da7+ 69. Kc6 Da8+ 70. Kd6 (unkomplizierter war 70. K:b6) 70. ... Db8+ 71. Ke6 Dg8+ 72. Ke5? (der König mußte nach d6 zurückkehren, um anschließend den Bauern b6 zu schlagen) 72. ... a2 73. De8+ Kh6?

Erstaunliche Schachblindheit auf beiden Seiten. Sowohl mein Gegner wie ich übersahen völlig, daß Schwarz über die ernstzunehmende Antwort 73. ... Df7! gebietet, welche die Verwertung des weißen Vorteils bedeutend erschwert hätte. Im Endspiel ist nun einmal Genauigkeit oberstes Gebot. Nach dem Textzug ist alles zu Ende.

74. D:g8 a1D+ 75. Kd6 Df6+
76. De6 Kh5 (eine harmlose
Falle: 77. D:f6? patt) 77. h4 Df8+
78. Kc7. Schwarz gab auf.

Ermüdung
und Zeitnotdramen

Gehen wir etwas näher auf die
Probleme der Ermüdungserscheinungen ein. Diese sind natürlich keine rein schachliche
Angelegenheit. Ermüdung begleitet notgedrungen jede Arbeit,
also auch die schachliche, wobei
letztere ihre Besonderheiten aufweist.
Geradezu sprichwörtlich ist die
fünfte, d. h. letzte Spielstunde.
Auf sie entfällt der Löwenanteil
der groben Fehler, Versehen,
elementaren Verrechnungen
usw.
Die Müdigkeit des Schachspielers
ist keine Konstante. Sie entsteht
und wächst vielmehr als Folge
subjektiver Eigenheiten und ist
daher individuell verschieden.
Manche Menschen spielen beispielsweise abends gut, können
sich aber morgens nicht voll
konzentrieren. Selbstverständlich
gibt es auch den entgegengesetzten Typ.
Bei der modernen psychologischen Vorbereitung des Meisterspielers werden der Stil sowie
die starken und schwachen
Seiten des jeweiligen Gegners
genau einkalkuliert. So ist zweifellos die Wahrscheinlichkeit

groß, daß ein Positionsspieler
beim kombinatorisch-rechnerischen Kampf schneller ermüdet.
Andererseits fällt es einem Taktiker mit seinem lebhaften Vorstellungsvermögen sicher nicht
leicht, sich bei komplizierten,
rein positionellen Manövern
zurechtzufinden, weil er mit
jedem Zug die entstehende Stellung einzuschätzen hat. (Grundsätzlich ermüden umfangreiche
Rechnungen den Spieler mehr,
doch ist nicht eine Berechnung
wie die andere — und Varianten
gibt es schließlich ja immer
durchzurechnen.)
Ein einfühlsamer Psychologe ist
seit eh und je Exweltmeister
Spasski. Hier ein Vorbild für
seine Kunst, den Kampf in
psychologisch erwünschte Bahnen zu lenken.

Spasski–Hort
Bugojno 1978

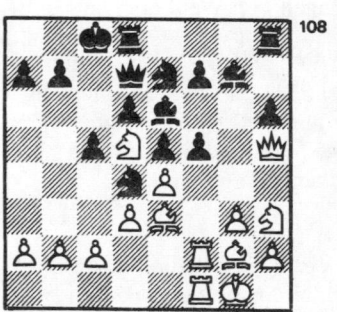

Diese Position ergab sich nach
14. Sc3–d5.
Mit dem letzten Zug stürzte sich
Spasski in ein schwer entwirrbares Knäuel taktischer Ver-

wicklungen. Dabei ließ er sich auch von psychologischen Überlegungen leiten. Zwar ist Hort ein sehr starker und vielseitiger Großmeister, mitunter neigt er jedoch zu übertriebener Vorsicht und ist bestrebt, unklare taktische Zusammenstöße zu vermeiden. Jetzt ist ein solcher Zusammenprall indessen unvermeidlich.

14. ... fe (Aufmerksamkeit verdiente 14. ... L:d5 15. ed Thf8 16. c3 Sb5 17. Kh1 mit annähernd gleichem Spiel) 15. S:e7 D:e7 16. L:d4 cd 17. T:f7 De8 18. L:e4 Tf8 19. Lf5! D:f7 20. D:f7 T:f7 21. L:e6+ Tfd7 22. Tf7 Kc7 23. L:d7 T:d7 24. T:d7+ K:d7 25. Kg2 Ke6 26. Kf3 d5?

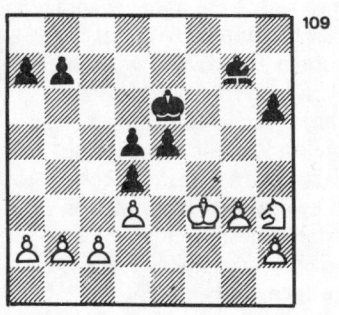
109

Hort hatte bisher alle Prüfungen ehrenvoll bestanden und war dem Remis nahe. Doch die geleistete Arbeit entsprach nicht seinem Geschmack und hat ihn ermüdet. Er brauchte nur noch aus dem Labyrinth herauszutreten — statt dessen wendet er sich in die falsche Richtung. Korrekt war 26. ... Kf5 27. g4+

Ke6 28. Sg1 d5 mit offensichtlichem Remis.
Jetzt hingegen gelangt der weiße König nach h5 und besiegelt die Niederlage des Nachziehenden.

27. Kg4 Kf6 28. Kh5 Lf8 29. Sg1 b5 30. Se2 a5 31. g4 a4 32. h4 b4 33. b3 a3 34. Sg3 e4! 35. g5+ hg 36. hg Ke5 37. Kg4 Lg7? 38. Sh5 Lf8 39. g6 e3 40. Kf3 Kf5 41. g7. Schwarz gab auf.

Wie man sieht, stellt die Ermüdung den Schachpraktiker vor unerquickliche Probleme. Die einzelne Partie — und erst recht ein langer Wettbewerb — ist ein ernster Gesundheitstest. Deshalb sind fast alle großen Schachmeister körperlich widerstandsfähige Menschen, die der physischen Vorbereitung eine erstrangige Bedeutung beimessen. Die Vernachlässigung der eigenen Gesundheit und der Körperkultur schlechthin zählt zu den wichtigsten Versäumnissen, deren sich ein Schachspieler schuldig machen kann. Die vielstündige sitzende Beschäftigung am Brett verlangt nicht allein Gewohnheit und Geduld, sondern auch einen guten allgemeinen Gesundheitszustand.
Besonders wichtig ist die physische Vorbereitung für junge Schachfreunde. An mich — wie wahrscheinlich an jeden anderen erfahrenen Spieler auch — wenden sich oft Eltern und wollen wissen, ob ihr Sohn eventuell das Zeug zum Groß-

meister hat. Diese Frage läßt sich nur mit Vorsicht beantworten, denn der Weg vom Anfänger zum Großmeister ist so weit und mühselig, daß man auf Anhieb keine Diagnose zu stellen vermag.

Wunderkinder erinnern mich oft ein wenig an gequälte, ohne frische Luft und ausreichende Bewegung aufgezogene Wesen, bei denen die körperliche Entwicklung hinter der geistigen zurückgeblieben ist. Daher ist es nicht erstaunlich, daß solche Kinder — nachdem sie in ein Kollektiv aufgenommen wurden — die ersten unausbleiblichen sportlichen Mißerfolge nicht verwinden können und schnell die Lust am Schach verlieren. Für ältere und erfahrene Schachspieler ist die Frage des sportlichen Regimes hochbedeutsam. Vor allen Dingen muß auf die Schädlichkeit von Alkohol und Nikotin hingewiesen werden. Das Schachspiel verlangt viel Willenskraft, doch Nikotin und vor allem Alkohol untergraben diese und dazu noch den allgemeinen Gesundheitszustand. Schachliche Auseinandersetzungen sind ohne Zeitnot kaum denkbar. Die Probleme des Spiels in Zeitnot und wie man ihr vorbeugen kann harren noch der Lösung. Dabei darf man das ökonomische Denken beim praktischen Kampf, mit dem wir uns jetzt befassen wollen, nicht außer acht lassen.

Die Ökonomie der Bedenkzeit sollte für jeden Schachpraktiker oberstes Gesetz sein. Gleichzeitig sollte ein bestimmtes Mindestmaß an Zeit für das Überlegen eines Zuges eingehalten werden. Macht man es sich beispielsweise zur Regel, sogar für selbstverständliche Züge fünf bis zehn Sekunden zu opfern, so wirkt sich das nur unwesentlich auf den Zeitfonds aus, bewahrt einen aber vor vielen Fehlern.

Jungen Schachspielern kann man immer wieder nur empfehlen, bedeutende Schachveranstaltungen zu besuchen, an denen Meister und Großmeister teilnehmen. Bei dieser Gelegenheit sollten sie auch darauf achten, mit welch ruhiger Besonnenheit diese selbst die naheliegendsten Züge ausführen. Wie bei einem geübten Autofahrer wird man selbst bei den vom Meister schnell gemachten Zügen (vom Spiel in Zeitnot einmal abgesehen) keine Hast entdecken. Demgegenüber kann man in Partien unerfahrener Spieler immer wieder überstürzte Reflexbewegungen beobachten. Dabei werden offensichtliche Erwiderungen übersehen, die den Spieler teuer zu stehen kommen. Gewarnt werden muß aber auch vor unergiebiger Zeitverschwendung, die der mystischen Furcht vor überraschenden Fallen entspringt. Das fruchtet nichts. Es muß allerdings eingeräumt werden, daß diese Frage nicht einhellig beurteilt wird.

Wie schon erwähnt haben viele Spieler ein bedeutend besseres Gespür für ihre eigenen taktischen Möglichkeiten als für die des Partners. Deshalb ist es ratsam, wenn der Gegner beispielsweise einen Zug macht, der zu verlieren scheint, genau zu prüfen, ob es nicht noch einen versteckten Ausweg gibt.

Einige Spieler vergessen manchmal, daß – im Unterschied zum Damespiel – das ungesäumte Wiederschlagen im Schach nicht Pflicht ist. Selbst bei unverfänglich erscheinenden Abtauschaktionen sind unvermutet auftauchende Zwischenzüge nie ganz von der Hand zu weisen. Mit einem Wort, begründete und unbegründete Befürchtungen unterscheiden sich oftmals gar nicht so deutlich voneinander.

Die Fragen der Bedenkzeit lassen sich nicht von den Problemen des praktischen Denkens trennen. Natürlich kann hier nur eine Einführung in diesen Problemkreis geboten werden, zumal viele Fragen bislang noch ungeklärt sind.

Bisher haben nur wenige darüber nachgedacht, wieviel Bedenkzeit man höchstens für einen Zug aufwenden sollte. Es geschieht sogar erfahrenen Meistern, daß sie in schwieriger Lage sehr viel Zeit (eine Stunde oder noch mehr) für einen einzigen Zug verschwenden. Später fehlt sie ihnen dann – und wäre es auch nur eine Minute.

Bei Fischer fiel mir während des 1971 in Buenos Aires ausgetragenen Wettkampfes mit Petrosjan, dessen Sekundant ich war, besonders folgendes auf: Selbst in den kompliziertesten und unbehaglichsten Lagen schien er sich für jeden Zug ein Bedenkzeitlimit vorgegeben zu haben, und zwar maximal eine halbe Stunde. War diese verstrichen, schlug er alle Zweifel in den Wind und entschied sich für einen Zug. Übrigens war Fischer einer der wenigen Schachmeister, die die Bedenkzeit auch dann ausnutzen, wenn der Gegner am Zuge ist. Obgleich er selbst rasch zieht, sitzt er – von kurzen, notwendigen Pausen abgesehen – die gesamte fünfstündige Spielzeit über am Brett und „arbeitet". Natürlich handelt es sich hierbei um eine Eigentümlichkeit seiner Spielauffassung. Dennoch kann nur geraten werden, aus der Praxis der führenden Schachmeister der Welt zu lernen.

Obwohl die Zeitnot einer der ärgsten Feinde des Praktikers ist, ist niemand gegen sie gefeit. Auch hier sind verschiedene Erscheinungsformen möglich, z. B. das Spiel in beiderseitiger Zeitnot und das Spiel auf die Zeitknappheit des Gegners.

In beiderseitiger Zeitnot hängt der Erfolg – bei sonst gleichen Bedingungen – meist von der größeren Kaltblütigkeit ab. Zeitnotspezialisten müssen Leute mit eisernen Nerven sein. Andernfalls wären sie ständig vom Unglück verfolgt, oder sie müßten dem praktischen Kampf entsagen und sich dem Fernschach zuwenden.

Viel Geschicklichkeit erfordert es, sich die Zeitnot des Gegners zunutze zu machen. Beispielsweise wäre es ein typischer Fehler bei reichlich bemessener eigener Bedenkzeit, schnell zu ziehen. Das führt bestenfalls zum Ausgleich der Chancen. Der erfahrene Spieler übereilt sich nicht und macht nur offensichtliche Züge rasch. Wie ein geübter Jäger lauert er auf eine günstige Gelegenheit, zum Schlag auszuholen. Eine Methode ist es, eine Serie von zwei, drei Zügen vorzubereiten. Der in Zeitnot befindliche Gegner antwortet zunächst noch richtig, doch den zweiten Zug durchschaut er vielleicht nicht mehr und begeht dann einen Fehler. Allgemeingültige Ratschläge kann man natürlich nicht erteilen. Der Meister bedenkt bei der Vorbereitung auf einen Gegner alle Einzelheiten des Kampfes von A bis Z und vergegenwärtigt sich dabei auch, wie das Spiel bei gegnerischer bzw. beiderseitiger Zeitnot verlaufen könnte. Mitunter nimmt ein kaltblütiger, an Zeitnotaffären gewöhnter Spieler, der sich in schwieriger Lage befindet, absichtlich eine Bedenkzeitverknappung in Kauf. Diese Spekulation auf die Nerven des Gegners ist so etwas wie eine psychologische Falle.

Schach ist nun einmal ein listiges Spiel – nicht nur was seinen unmittelbaren Gehalt angeht, sondern auch in bezug auf viele subjektive Belange.

Die Tragweite objektiver positioneller Faktoren

Wir haben an Hand von Beispielen einige typische psychologische Fehler besprochen. Nimmt man diese etwas gründlicher unter die Lupe, wird man bemerken, wie eng subjektive und objektive Faktoren miteinander verflochten sind.

Das vorige Kapitel war der Untersuchung verschiedener taktischer Unzulänglichkeiten gewidmet. Nun wollen wir uns mit positionellen bzw. strategischen Unterlassungen beschäftigen. Der Autor hat diese Probleme, mit denen sich auch andere Methodiker befaßt haben, in seinen Büchern „Schachlehrbuch für Fortgeschrittene" und „Schachstrategie für Fortgeschrittene" ausführlich dargelegt. Der interessierte Leser sei auf sie verwiesen. Hier sollen vor allem typische positionelle und strategische Fehler aufgezählt werden. Dazu gehören unter anderem: Das Unvermögen, typische Stellungen richtig zu behandeln (z. B. bestimmte zentrale Bauernstrukturen wie etwa Stellungen mit einem isolierten Damenbauern oder mit einem Freibauern im Zentrum, dem ein gegnerischer Mehrbauer am Flügel gegenübersteht usw.).

Die Unfähigkeit, sich die Elemente der Strategie zunutze zu machen (offene Linien, starke und schwache Punkte, Läuferdiagonalen usw.).

Unklare Vorstellungen über den Positionskampf bei ungleichartigem Material (wann sind z. B. Leichtfigur und Bauer einem Turm gleichwertig, wann sind zwei Türme stärker als die Dame bzw. umgekehrt usw.).

Die Unfähigkeit, einen wohldurchdachten Plan zu entwerfen – insbesondere beim Übergang von einem Partiestadium zum anderen (also von der Eröffnung zum Mittelspiel oder von dort zum Endspiel). Dazu zählt auch das Unvermögen, die Wendepunkte des Kampfes zu erkennen.

Das Unverständnis für den rechtzeitigen Übergang zur Verteidigung bzw. für den Übergang von der Verteidigung zum Gegenangriff.

Die Unfähigkeit, in Gleichgewichtsstellungen zu manövrieren bzw. die mangelhaft ausgebildete Kunst des Lavierens.

Derartige typische positionelle Unzulänglichkeiten machen nicht nur dem wenig erfahrenen Spieler ständig zu schaffen. Ein besonderer Platz gebührt den Problemen der Stellungsbeurteilung. Sie ist der Dreh- und Angelpunkt des Positionsspiels.

Zuerst wollen wir uns mit dem schwierigen Übergangsstadium zwischen Mittel- und Endspiel befassen, das man als Prüfstein für das Positionsverständnis jedes jungen Schachspielers ansehen kann.

Ich möchte dem Leser zwei Beispiele für eine unrichtige Einschätzung dieses Übergangs vorlegen.

Im ersten Fall ließ sich Weiß durch das Bestreben, Material zu erobern und zwei Figuren für einen Turm zu bekommen, vom rechten Weg abbringen. Er verkannte völlig die allgemeine Lage, die für ihn ungünstig war. Im zweiten Fall erweist sich der verständliche Wunsch, das Spiel in einer ein wenig schlechteren Stellung zu vereinfachen, als verfehlt.

Gehen wir zum ersten Beispiel über. Vorausgeschickt sei, daß in der Praxis das richtige Einlenken ins Endspiel immer wieder große Schwierigkeiten bereitet. So kann ein ungleichartiges Materialverhältnis, das im Mittelspiel durchaus annehmbar ist, sich im Endspiel als nachteilig erweisen. In dieser Beziehung ist der folgende Partieverlauf lehrreich.

Rasuwajew—Suetin
Sowjetunion 1971

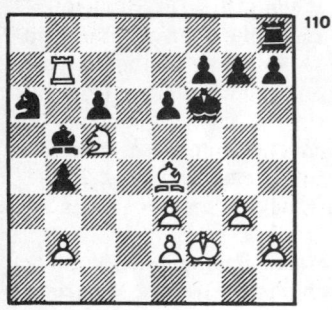

Obgleich keine Damen mehr auf dem Brett sind, trägt die Stellung alle Merkmale des Mittelspielkampfes. Der Anziehende hatte einen Bauern geopfert und war dem feindlichen König bedrohlich zu Leibe gerückt. Mit seinem letzten Zug, 22. ... Sa6, hatte Schwarz den Partner vor die Alternative gestellt, entweder mittels 23. Sd7+ Ke7! 24. Se5+ Kf6 25. Sg4+ Kg5 den Angriff fortzusetzen oder durch 23. T:b5 cb 24. S:a6 in ein echtes Endspiel einzulenken. In der ersten Variante schwebt der schwarze König zwar über dem Abgrund, aber es ist keine zwangsläufige Entscheidung zu sehen. Im zweiten Abspiel scheint Weiß angesichts des materiellen Übergewichts von zwei Leichtfiguren gegen Turm und Bauer gute Aussichten geltend zu machen.

Nach kurzem Nachdenken wählte Weiß den zweiten Weg. Offen gestanden, ich fühlte mich danach sofort wohler, weil ich vor-

hergesehen hatte, daß gerade das Endspiel meinem Gegner nichts verspricht.

23. T:b5(?) cb 24. S:a6 Tc8!

Schneidet den Springer ab (24. S:b4? scheitert an 24. ... Tc4) und droht 25. ... b3 nebst 26. ... Tc2! Zugleich taugt 25. b3 nichts wegen 25. ... Tc3! usw.

25. Ke1 b3! 26. Kd2(?) ...

Weiß verkennt die Dynamik der Ereignisse. Nötig war 26. Ld3, um den Springer über b4 wieder ins Spiel zu bringen. Allerdings ist die schwarze Stellung auch dann vorzuziehen.

26. ... Kg5! 27. h3 h5 28. Lb1 f5!

Nun türmen sich vor Weiß bereits ernste, wohl kaum zu überwindende Schwierigkeiten auf. Unverhofft ist der ungeschützte weiße Königsflügel zum Angriffsobjekt geworden, und der vor kurzem noch so hilflose schwarze König ist im Endspiel zur entscheidenden Offensivfigur aufgerückt.

29. Sb4 h4 30. gh+ K:h4 31. Sd3 g5 32. e4 f4! 33. e5 K:h3

Nachdem der gegnerische Befreiungsversuch abgewehrt ist, verstärkt Schwarz ungehindert seine Stellung. Dabei kann er auf den freien g-Bauern und die Einbruchsmöglichkeit des Turmes auf c2 pochen.

34. Sf2+ Kh4 35. Le4 g4 36. Sd3 Tc2+ 37. Ke1 Kg3. Weiß gab auf.

Vielleicht konnte Weiß die Partie irgendwo retten, aber die Ursache seiner Niederlage ist zweifellos in der unrichtigen Beurteilung der Stellung beim Übergang ins Endspiel zu suchen. Entgegen seiner Absicht hat er durch den „Gewinn" zweier Figuren für den Turm das schlechtere Endspiel angesteuert.

„Wo habe ich eigentlich einen Fehler gemacht", fragte mich nach der folgenden Partie Meister Goldin. Ich antwortete: „Mir scheint, der Übergang ins Endspiel war verfehlt."

Suetin–Goldin
Moskauer Meisterschaft 1972

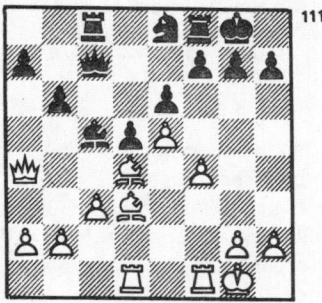

In dieser Position zog Schwarz 21. ... Dc6? und geriet nach 22. D:c6 T:c6 23. Tc1! g6 24. b4! sofort in eine bedrängte Lage. In dergleichen Stellungen ist das Endspiel im allgemeinen günstiger für Weiß. Berücksichtigt man zudem, daß die Postierung der schwarzen Damenflügelbauern auf a7 und b6 es dem weißen Läufer gestattet, im geeigneten Augenblick auf a6 zu erscheinen, so wird klar, daß es für Schwarz unvorteilhaft wäre, die c-Linie zu öffnen, d. h., er darf das Spiel nicht durch den Abtausch der schwarzfeldrigen Läufer vereinfachen. Zur Veranschaulichung des methodischen Vorgehens in derartigen Stellungen werden meist Beispiele herangezogen, in denen Weiß einen starken Zentralspringer auf d4 gegenüber einem schlechten schwarzen Läufer auf d7 besitzt. Hier hat Schwarz einen solchen Unglücksläufer zwar nicht, aber sein Springer ist dem beweglichen weißen Läufer auf d3 klar unterlegen.

24. ... Le7 25. a4 Sg7 26. g4! (engt die Handlungsfreiheit des schwarzen Springers noch mehr ein) 26. ... f6 27. Kg2 fe 28. fe Tfc8 29. La6 Tb8 30. Ta1 Tc7 31. Ta2 Td7 32. Lb5 Tc7 33. a5 Ld8 34. ab ab 35. Tfa1 Kf7 36. Ta8 T:a8 37. T:a8 Lg5 38. Kf3 Ld2 39. Ta3 g5 40. Ke2 Lf4 41. h3 ...

Weiß braucht sich nicht zu überstürzen, denn der Gegner befindet sich in einem eigenartigen positionellen Zugzwang.

41. ... Se8 (danach gewinnt Weiß einen Bauern) 42. L:b6 Tb7 43. L:e8+ K:e8 44. Ld4 Kf7 45. Ta6. Schwarz gab auf.

Im Verlauf der letzten Jahrzehnte hat sich die Schachstrategie unter dem Einfluß des dynamischen und stellungsbezogenen Herangehens gewaltig verändert. Bei vielen jungen Spielern entstand die radikale Auffassung, daß die alte Schule des klassischen Positionsspiels sich überlebt hat und in der modernen Strategie nur noch ein Schattendasein fristet.

Das ist ein gefährlicher Irrtum! Er engt nicht nur den schachlichen Horizont, sondern auch die praktischen Möglichkeiten vieler begabter junger Spieler ein. Die klassische Schule hat ihre Bedeutung keineswegs eingebüßt. Das moderne Positionsspiel ist eine Synthese alter und neuer dynamischer bzw. strategischer Ideen. Alles hängt von den Besonderheiten der jeweiligen Stellung ab. Doch dem modernen Spiel liegen die alten klassischen Vorstellungen zugrunde. Darüber geben die nächsten beiden Partiebeispiele beredt Auskunft.

Man beachte, wie Weiß Zug für Zug nach allen Regeln des klassischen Positionsspiels in eine strategische Verluststellung manövriert wird.

Angenommenes Damengambit
Miles–Portisch
Buenos Aires 1978

1. d4 d5 2. c4 dc 3. e4 Sf6 4. e5 Sd5 5. L:c4 Sb6 6. Lb3 Sc6 7. Se2 Lf5 8. Sbc3 (Aufmerksamkeit verdiente 8. e6!?) 8. ... e6 9. Lf4? Sb4 10. 0–0 Le7. 11. Dd2 S4d5 12. Le3 0–0 13. Sg3 Lg6 14. f4? ...

Ein schwerwiegender Positionsfehler, durch den nicht nur der eigene schwarzfeldrige Läufer eingeengt wird, sondern — und das ist noch wichtiger — auch die weißen Zentrumsfelder geschwächt werden. Erforderlich war 14. Sce4 oder 14. Sge4 mit ungefährem Ausgleich.

14. ... c5! 15. L:d5 S:d5 16. dc S:e3 17. D:e3 Dd3! 18. D:d3 L:c5+ 19. Kh1 L:d3

Der Nachziehende spielt einfach und überzeugend. Es ist eine typisch klassische Stellung entstanden, in der das schwarze Läuferpaar viel stärker ist als die beiden weißen Springer. Der jetzt folgende Kampfabschnitt könnte durchaus die Zierde eines methodischen Werkes längst vergangener Tage sein. Genauso wie Portisch es in dieser Partie vorführt, pflegten seinerzeit Tarrasch, Lasker und Rubinstein ihre Gegner unerbittlich zu bestrafen.

20. Tfd1 Tad8 21. Sge4 Le3 22. g3 f6 23. Sd6 Lg6 24. Sc4 Ld4 25. Kg2 Le8 26. ef gf 27. Tac1 Lc6+

150

28. Kf1 Lc5 29. Ke2 a6 30. Sd2
Kf7 31. Sce4 Ld4 32. Sc3 Ke7
33. Sf3 La7 34. Se1 T:d1 35. T:d1
Le8 36. Kf3 Tg8 37. Tc1 Lh5+
38. Kg2 Le3 39. Tc2 L:f4 40. Se4
Lb8 41. Sc5 Tc8. Weiß gab auf.

In der folgenden Partie ist es der
junge englische Großmeister,
der eine Lektion in klassischer
Strategie erteilt.

Englische Eröffnung
Najdorf—Miles
Wijk aan Zee 1978

1. c4 c5 2. Sf3 Sf6 3. Sc3 d5 4. cd
S:d5 5. e3 S:c3 6. bc g6 7. d4 Lg7
8. Le2 0—0 9. 0—0 b6 10. a4 Sd7
11. Db3 Dc7 12. e4?! ...

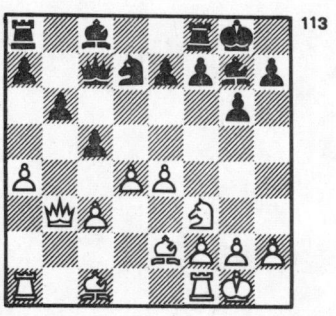
113

Ein zweifelhafter Zug. Das
weiße Zentrum wird zu einer
bequemen Zielscheibe, und die
Hauptereignisse spielen sich auf
der c-Linie ab, auf der Schwarz
die Vorherrschaft hat. Nachdem
Miles die Fäden in der Hand hält,
läßt er sich — von einem Fehlgriff abgesehen — nicht mehr
von seinem Ziel abbringen.

12. ... cd 13. cd Lb7 14. e5 e6

15. Sg5 Tfc8 16. Lf3 h6! 17. L:b7
D:b7 18. Sf3 Tc7 19. Ld2 Tac8
20. h3 Tc4 21. Tfb1 a6 22. Tc1
Dd5 23. T:c4 T:c4 24. Db1 Dc6
25. Dd1 Lf8 26. Le3 b5 27. ab ab
28. Sd2 Tc2?

Eine wesentliche Ungenauigkeit, denn Schwarz verliert nun
ein wichtiges Tempo. Richtig
war 28. ... Tc3!

29. Kh2 b4 30. Ta7 Tc3!
31. Db1? ...

Weiß „revanchiert" sich. Statt
dessen konnte er sich vermittels
31. Df3! D:f3 32. gf Sb6 33. Se4
Tc6 34. Sf6+ Kg7 35. Se8+ Kg8
36. Sf6+ usw. das Remis sichern.

31. ... Ta3 32. T:a3 ba 33. Da2
Sb6 34. Sb1 Dc4 35. D:c4 S:c4
36. Sc3 S:e3 37. fe Lb4 38. Sa2
Ld2 39. e4 Le3 40. d5 ed 41. ed
Lf4+ 42. Kg1 L:e5 43. Kf2 Kf8
44. Ke3 Ke7 45. Kd3 Kd6 46. Kc4
Lb2 47. Sb4 f5 48. Kb3 g5. Weiß
gab auf.

In den ersten vier Kapiteln des
Buches waren mehr oder weniger
offenkundige typische taktische,
positionelle und psychologische
Fehler Gegenstand der Untersuchung.
Doch darin erschöpft sich unser
Thema nicht. Wie schon erwähnt, ist der Begriff des Fehlers
umfassender. Es gibt viele Fehler
(falls dieses Wort überhaupt
noch zutrifft), die sich nicht unmittelbar bestrafen lassen. Sie
verschlechtern unter Umständen die Stellung ein wenig und

151

komplizieren zugleich das Spiel, wobei sie diesem oft eine originelle Note verleihen.

Solche unscheinbaren „Fehler" scheinen ansteckend zu sein, Es ist sehr wahrscheinlich, daß sie von der Gegenseite nicht mit dem logisch besten Zug beantwortet werden. Oft entbrennt z. B. ein undurchsichtiger, dynamisch zugespitzter Kampf, bei dem sich unauffällige Fehler auf beiden Seiten häufen.

Die Praxis zeigt, daß gerade derartigen Fehlern auch in Zukunft große Bedeutung zukommt. Ohne sie würde das Spiel verflachen. Von diesen Fehlern „zweiter Ordnung" sollen die Kapitel 5 bis 7 handeln.

5. Kapitel

Fehler zweiter Ordnung

Unter Fehlern zweiter Ordnung verstehen wir bei kompliziertem Spiel unvermeidliche Versehen, die sich aber nicht zwangsläufig ausnutzen lassen. Hier gibt es keine Schwarzweißmalerei wie etwa bei offensichtlichen Unachtsamkeiten oder groben positionellen Unterlassungen. Derartige Fehler sind sehr verschiedenartig, was natürlich ihre Systematisierung erschwert. Das ganze Thema ist bisher nur ungenügend untersucht worden und harrt seiner weiteren Erforschung. Wir gehen davon aus, daß geringfügige Fehler im praktischen Spiel völlig normal sind. Die Ursachen für ihre Entstehung sind derartig vielfältig und unterschiedlich, daß man sich wundern muß, daß sie nicht noch häufiger auftreten. Verweilen wir bei einigen charakteristischen Fällen.

Der Austausch von Ungenauigkeiten

Im lebhaften dynamischen Kampf werden immer wieder wechselseitig Ungenauigkeiten begangen. Doch meist wird die Partie nicht verdorben – im Gegenteil,

sie erhält dadurch erst ihr eigenes Gepräge.
Wie das vor sich geht, veranschaulicht am besten ein Beispiel.

Petrosjan–Spasski
Wettkampf 1966

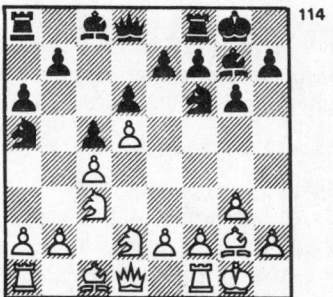

114

Bisher verlief das Spiel nach bekannten Mustern. Schwarz ging der Symmetrie aus dem Wege und bemüht sich – koste es, was es wolle – um Gegenspiel. Dabei fällt dem Springer a5, der den wichtigen Punkt c4 attackiert, eine besondere Rolle zu. Selbstverständlich trachtet Weiß danach, die taktischen Drohungen des Partners am Damenflügel unschädlich zu machen und den Springer a5 zu isolieren. Gelingt dies, hat er alle Aussichten, die Schlacht strategisch für sich zu entscheiden. Hinzu kommt, daß

153

Weiß noch einen Trumpf in der Hinterhand hält — nämlich sein räumliches Übergewicht im Zentrum, das es ihm ermöglicht, auf breiter Front in der Mitte und am Königsflügel zur Offensive überzugehen.

10. Dc2 e5 11. b3 ...

Aufmerksamkeit verdiente 11. a3 b6 (11. ... Dc7 taugt nichts wegen 12. b4 cb 13. ab S:c4 14. Sb5!) 12. b4 Sb7 13. Tb1 mit aktivem Spiel auf der Damenseite.

11. ... Sg4 12. e4 ...

Auch hier kam 17. a3 b6 18. b4 Sb7 mit weißer Initiative am Damenflügel in Betracht.

12. ... f5 13. ef gf 14. Sd1 ...

Objektiv gesehen ist die vorsichtige Spielweise 14. Lb2 vorzuziehen. Doch Petrosjans interessante Absicht fußt auf der listigen und weitsichtigen psychologischen Erwägung, das Feuer auf sich zu lenken.

14. ... b5

Die kühne, gewagte Fortsetzung 14. ... f4 war ebenfalls beachtenswert. Dagegen schied 14. ... e4 15. Lb2 Ld4? wegen des Figurenverlustes nach 16. L:d4 cd 17. b4 aus.

15. f3 ...

In demselben herausfordernden Stil gespielt. Besser war es jedoch, das schwarze Gegenspiel durch 15. Lb2 einzudämmen.

15. ... e4

Erliegt der Verlockung. Während der Partie und kurz nach ihrer Beendigung herrschte die Meinung vor, daß dieser Vorstoß ebenso nachhaltig wie naheliegend sei. In der Regel darf Schwarz es sich in der Königsindischen Verteidigung auch nicht leisten, das Gegenspiel zu verschleppen. Obendrein ist die Inbesitznahme der Initiative in dergleichen Situationen eine sich langhin auswirkende strategische Errungenschaft. Außerdem hat Weiß den Gegner durch sein scheinbar passives Verhalten zu energischem, Schwächungen nicht scheuendem Vorgehen geradezu ermuntert. Es erhebt sich indessen die Frage, über welche Hilfsmittel die Kontrahenten im Kampf für ihre Ziele verfügen und wie es um die Vor- und Nachteile der Position bestellt ist. Ist die schwarze Initiative nicht trügerisch? Der Kampfverlauf lehrt, daß der weißen Stellung jedenfalls weit schwieriger beizukommen ist, als es den Anschein hat. Aus diesem Grunde war 15. ... Sh6 mit der Absicht, die Gegenoffensive am Königsflügel allmählich in Gang zu bringen, umsichtiger.

16. Lb2 ...

Das Qualitätsopfer 16. fg L:a1 17. gf L:f5 18. S:e4 war kaum angebracht. Der Nachziehende hätte seinen wichtigen schwarzfeldrigen Läufer behalten und gute Chancen gehabt, die weißen Angriffsversuche zu entkräften.

16. ... ef 17. L:f3 ...

17. S:f3 L:b2 18. D:b2 bc bzw. 18. S:b2 Se3 hätte nichts getaugt.

17. ... L:b2

Wahrscheinlich war es klüger, mittels 17. ... Se5 die schwarzfeldrigen Läufer auf dem Brett zu belassen. Nach der Öffnung der g-Linie durch f5–f4! hätte Schwarz hoffen dürfen, sich des gegnerischen Angriffs zu erwehren.

18. D:b2 Se5 19. Le2 f4

Es fällt viel schwieriger, einen solchen Zug zu unterlassen, als sich in Verwicklungen zu stürzen. Zudem hatte Schwarz seinen Plan offenbar schon im 15. Zug gefaßt. Dennoch entsprach das Vorbereitungsmanöver 19. ... Ta7 20. Se3 Df6 (auch 20. ... Tg7 ist gut) 21. Dc2 Tg7 22. Sg2 Sg6, nachdem die Drohung f5–f4 beträchtlich an Kraft gewonnen hätte, mehr dem Geist der Stellung.
Schon nach 19. ... Ta7 20. Se3 sieht 20. ... f4 verlockend aus. Aber die Varianten 21. T:f4 T:f4 22. gf Tg7+ 23. Kh1 Dh4 24. fe Df2 25. Sf3! D:e3 26. e6 Lb7 bzw. 21. gf T:f4 22. T:f4 Dg5+ 23. Kh1 zeigen, daß Weiß nach der Öffnung des Spiels auf der Königsflanke besser für den Angriff gerüstet ist.

20. gf ...

Ein Versehen? Schließlich hätte 20. T:f4 T:f4 21. gf Sg6 22. Se4 S:f4 23. Se3! Ta7 24. Sf6+ Kf7 25. Tf1 D:f6 26. D:f6+ K:f6 27. T:f4+ dem Anziehenden ein klar überlegenes Endspiel eingeräumt. Auch 21. ... Ta7 22. Se3 Tg7+ 23. Kh1 Lh3 24. fe Dg5 25. Sg4! L:g4 26. Se4 wäre zu seinen Gunsten verlaufen.
Trotzdem kann man die weiße Entscheidung nicht als Fehler im direkten Wortsinn bezeichnen. Petrosjan legt die Partie bewußt psychologisch an und stellt dem Partner eine scharfsinnige Falle. Vor uns haben wir ein typisches Beispiel für einen Fehler zweiter Ordnung.

20. ... Lh3?

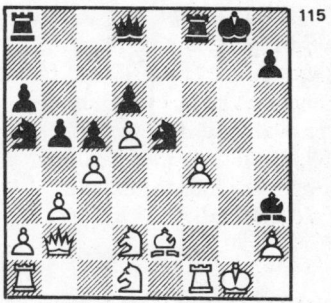

Der Kampf hat den psychologischen Höhepunkt erreicht. Fast ohne zu überlegen, läßt sich Schwarz zu dem schon lange geplanten Ausfall seines bis dahin eingeschlossenen Läufers verleiten. In diesem wichtigen Moment versäumt er es, konkrete Berechnungen anzustellen. Das erweist sich als verhängnisvoller Fehler.

Richtig war 20. ... T:f4 21. T:f4
Dg5+ 22. Kh1 D:f4 bzw. 21. Se3
Dg5+ 22. Kh1 T:f1+ 23. Sd:f1
Lh3, und die schwarzen Aussichten sind keineswegs schlechter.
All das zeigt nur, daß die Ursachen schachlicher Fehlgriffe
tiefer liegen, als allgemein angenommen wird.

21. Se3! ...

Diese im Grunde erzwungene
Antwort (21. Tf2? ist wegen
21. ... T:f4 ganz schwach) hat
Schwarz in der Hitze des Gefechts offensichtlich unterschätzt.
Bei 21. ... T:f4 22. T:f4 Dg5+
23. Tg4! L:g4 24. S:g4 S:g4
25. L:g4 D:g4+ 26. Kh1 gerät
sein König unerwartet in einen
vernichtenden Angriff. Hier wirkt
sich die ungünstige Aufstellung
des Springers a5 aus. Das
schwarze Spiel nach 19. ... f4
beruhte auf konkreter Berechnung, während der Ausfall 20. ...
Lh3? aus allgemeinen Erwägungen heraus geschah und ein
Fiasko erleidet.

21. ... L:f1 22. T:f1 Sg6

Hartnäckiger war 22. ... Sd7,
obgleich Weiß nach 23. Lg4
Sf6 24. Le6+ ebenfalls das Heft
in der Hand hält.

23. Lg4! ...

Weiß führt den Angriff vorbildlich. Nicht ganz so überzeugend
war 23. Sg4 wegen 23. ... h5!

23. ... S:f4

Etwas besser geschah 23. ... h6.

Falls jedoch 23. ... Df6, so
24. Le6+ Kh8 25. D:f6+ T:f6
26. f5 Se5 27. Se4, und Schwarz
muß schwere Verluste hinnehmen.

24. T:f4! ...

Noch ein Qualitätsopfer. Die
Abschlußkombination ist ebenso
lehrreich wie schön.

24. ... T:f4 25. Le6+ Tf7

25. ... Kf8 verliert wegen
26. Dh8+ Ke7 27. D:h7+ usw.

26. Se4 Dh4 27. S:d6 ...

Die Ereignisse entwickeln sich
forciert. Ungefährlich ist 27. ...
De1+ 28. Kg2 D:e3 29. L:f7+
Kf8 30. Dh8+ Ke7 31. Sf5+ K:f7
32. D:h7+ nebst 33. S:e3 oder
31. ... Kd7 32. Le6+, und erneut geht die schwarze Dame
verloren.

27. ... Dg5+ 28. Kh1 Taa7

Falls 28. ... D:e3, so 29. L:f7+
Kf8 30. Dh8+ Ke7 31. Sf5+
K:f7 32. Dg7+, gefolgt von
33. S:e3.

29. L:f7+ T:f7 30. Dh8+!

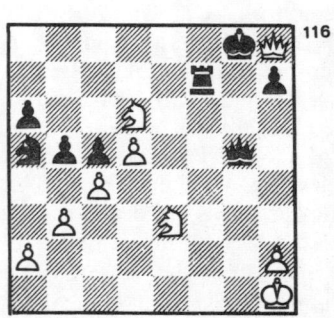
116

156

Schwarz gab auf.
Wie ersichtlich ist das Problem der Fehler zweiter Ordnung manchmal eng mit dem praktischen Risiko verbunden. Befassen wir uns damit gesondert.

Risiko und Fehler zweiter Ordnung

Das Risiko tritt im Schachkampf in verschiedenerlei Gestalt auf. Am gefährlichsten ist selbstverständlich das taktische Risiko. Dieses ist ein äußerstes Hilfsmittel, das nur unter den Bedingungen der Zeitnot oder in besonders gelagerten psychologischen Fällen seine Berechtigung hat. Dagegen ist das strategische Risiko nicht nur ein angemessenes, sondern mitunter sogar unentbehrliches Kampfmittel. Es ist vielfältig einsetzbar und belebt das Spielgeschehen.

Dem Risiko sollte man nicht nur in dynamischen Situationen mit Verständnis begegnen. Ihm kommt große strategische Bedeutung zu, da viele positionelle Aufstellungen von ihm geprägt sind. Kennzeichnend ist in dieser Hinsicht die Methode, die als erster Botwinnik schon zu Beginn der 30er Jahre beim Studium typischer Positionen befolgt hat. Lange Zeit vermochte niemand die Schattenseiten einiger seiner Lieblingssysteme nachzuweisen bzw. die ihnen innewohnenden praktischen Gefahren völlig zu ermessen. Das befähigte ihn, schablonenhaftes Spiel der Gegner auszunutzen und oftmals schon im Eröffnungsstadium großen Vorteil zu erringen.

Nüchtern beurteilt waren einige der von Botwinnik erarbeiteten strategischen Systeme anfechtbar. Wichtiger ist indessen, daß er seiner Zeit voraus war, die Triebkräfte richtig erkannte und vor allem den praktischen Erfolg zu erringen wußte.

Charakteristisch sind beispielsweise Systeme wie der Aufbau 1. c4 c5 2. Sc3 Sf6 3. g3 d5 4. cd S:d5 5. Lg2 Sc7 6. Sf3 Sc6 7. 0—0 e5 8. d3 Le7 in der Englischen Eröffnung und die Stonewall-Aufstellung 1. d4 e6 2. c4 f5 3. g3 Sf6 4. Lg2 Le7 5. Sf3 0—0 6. 0—0 d5 7. Dc2 c6 der Holländischen Verteidigung, die Botwinnik lange Zeit hindurch erfolgreich als Schwarzspieler anwandte. Heutzutage ist der Stonewall ziemlich ungebräuchlich, und auch das System 3. ... d5 der Englischen Eröffnung hatte lange Zeit viel von seiner Anziehungskraft eingebüßt.

Objektiv betrachtet bergen diese Aufstellungen, wie die Entwicklung der Theorie gezeigt hat, mehr Nach- als Vorteile in sich. Während Botwinnik aber ihre Vorzüge ausnutzte, sind für seine Nachahmer nur noch die Nachteile übriggeblieben. Inzwischen hatte er sich neue Systeme zurechtgelegt, deren

er sich so lange bediente, bis seine
Kontrahenten geeignete Gegen-
mittel gefunden hatten.
Die Formen des strategischen
Risikos sind also mannigfaltig.
Das gesunde Risiko ist unver-
äußerlicher Bestandteil des modernen Schachkampfes. Seine
Hauptwirkung beruht auf dem
Überraschungseffekt. (Dabei
sollte aber stets die eigene
Sicherheit hinreichend gewährleistet sein.)
Beim modernen dynamischen
Kampf ist das Risiko größtenteils mit der Kunst der Variantenberechnung verknüpft, die es
einem ermöglichen soll, in komplizierten, scharfen und für den
Gegner vorteilhaften Stellungen
weiter und genauer zu rechnen
als dieser.
In diesem Zusammenhang ist
eine Beurteilung des Schaffens
von Tal aufschlußreich, die
Botwinnik in seinem Buch „Zur
Erreichung des Ziels" ausgesprochen hat. Er schreibt:
„Vom Standpunkt der Kybernetik
und Rechentechnik ist Tal ein
Informationen verarbeitender
Mechanismus, der mit einem
größeren Gedächtnis und einer
größeren Operationsgeschwin-
digkeit ausgestattet ist als andere
Großmeister. Das hat in den-
jenigen Fällen entscheidende Bedeutung, in denen die Figuren auf
dem Brett große Beweglichkeit
entfalten. Tal interessierte es
wenig, wie die Stellung, die er
anstrebte, objektiv einzuschätzen
war; mochte er in ihr auch

schlechter stehen, Hauptsache
die Figuren waren beweglich. Ist
der Variantenbaum dann noch
sehr groß und die Zahl der Züge,
die dazugehören, ebenfalls, so
übersteigt das die Kräfte des
Partners, und Tals Reaktionsschnelligkeit sowie sein Gedächtnis geben den Ausschlag. Das ist
der ganze Grundgedanke bei
dem ungewöhnlichen, phantastischen Spiel Tals."
Hier zwei typische Vorbilder
aus dessen Schaffen.

Botwinnik–Tal
Wettkampf um die Weltmeisterschaft 1960

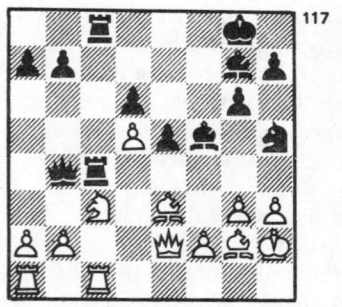

Die schwarze Position sieht sehr
aktiv aus. In dem Bestreben,
das Spielgeschehen möglichst umfassend zu diktieren, brachte Tal
ein originelles positionelles
Figurenopfer.

21. ... Sf4!? 22. gf ef 23. Ld2 ...

Später gab dieses Opfer Anlaß
zu Meinungsverschiedenheiten
unter den Analytikern, die seinen
objektiven Wert herausfinden
wollten. Dieser Meinungsstreit

war völlig natürlich – nicht nur als unmittelbare Reaktion auf den sportlichen Ausgang der Partie. Schließlich möchte ja jeder Schachfreund den Gehalt solcher schöpferischen Auseinandersetzungen begreifen. Dennoch glaube ich, daß alle nachfolgenden Analysen nicht an dem grundsätzlichen Sinn des kühnen Springeropfers zu rütteln vermögen, nämlich an seiner praktischen Wirksamkeit. Und diese ist unbestritten.

23. ... D:b2

Der Nachziehende gebot außerdem über die verlockende Möglichkeit 23. ... Le5, z. B. 24. Kg1 D:b2 25. Tab1 L:b1 26. T:b1 Dc2 27. Tc1 Df5 oder 24. Lf3 D:b2 25. Sd1 Da3! 26. T:c4 T:c4!; in beiden Fällen mit schwarzem Übergewicht. Allein, die ziemlich einfache Fortsetzung 24. f3! hätte ihn vor schwierige Probleme gestellt.

24. Tab1 f3! 25. T:b2? ...

Das ist gleichbedeutend mit der Kapitulation. Noch immer war es nicht zu spät, 25. L:f3! L:b1 26. T:b1 Dc2 27. Tc1 Db2 28. Tb1 zu spielen. Schwarz hätte sich danach mit Remis bescheiden müssen.

25. ... fe 26. Tb3 Td4! 27. Le1 Le5+ 28. Kg1 Lf4

Energischer geschah 28. ... T:c3! 29. Tb:c3 Td1 30. Tc7 Lb2!, und Schwarz siegt sofort.

29. S:e2 T:c1 30. S:d4 T:e1+

31. Lf1 Le4 32. Se2 Le5 33. f4 Lf6 34. T:b7 L:d5 35. Tc7 L:a2 36. T:a7 Lc4

Der Nachziehende hat das geopferte Material mit Zinsen zurückgewonnen und verwertet seinen Vorteil mühelos.

37. Ta8+ Kf7 38. Ta7+ Ke6 39. Ta3 d5 40. Kf2 Lh4+ 41. Kg2 Kd6 42. Sg3 L:g3 43. L:c4 dc 44. K:g3 Kd5 45. Ta7 c3 46. Tc7 Kd4. Weiß gab auf.

Lombard–Tal
Biel 1976

Auf dem Brett hat sich eine zweischneidige Stellung ergeben, in der die weißen Aussichten angesichts des drohenden Qualitätsgewinns besser zu sein scheinen. Doch steht dem Anziehenden ein scharfer taktischer Kampf bevor, bei dem er es keinesfalls leicht hat und es seinem Gegner gelingt, ihn zu überlisten.

18. ... Sa2! 19. L:b8 ...

Nach 19. S:a2 S:e4 20. Df3 Sd2! 21. L:d2 T:d2! bzw. 20. Dh2 Dc5+

159

21. Kh1 D:b6 22. L:b8 Sf2+
23. T:f2 D:f2 besitzt Schwarz
eine bedrohliche Initiative.

19. ... S:c1 20. T:c1 Dc5+ 21. Kh1
(21. Kh2 Se8! mit der Absicht
22. ... T:b8 oder 22. ... D:b6 ist
günstig für Schwarz) 21. ... D:b6
22. Lc7 D:b2 23. Tb1 D:c2
24. L:d8 Sd7 25. Dd3 D:c3
26. D:c3 L:c3 27. T:b7 Sc5

Vermittels ausgefallener Wen-
dungen ist es Tal gelungen, die
Chancen ungefähr auszuglei-
chen. Das ist ein erster Erfolg.
Doch der Kampf tobt weiter.
Schließlich zertrümmert der
Nachziehende dank seiner Kom-
binationskunst die gegnerische
Stellung.

28. Tb8 Kg7 29. Ta8 S:a4 30. L:a5
Ld4 31. Ld1 Sb2 32. Lc2 Sc4
33. Le1 Se3 34. La4?! ...

Richtig war 34. Lb1, was das
Gleichgewicht aufrechterhalten
hätte.

34. ... c5 35. Lf2 Kf6 36. Kg1
Ke5 37. Lc6 c4 38. Ta5+ Kd6
39. La4 c3 40. e5+?! Kc7 41. L:e3
L:e3+ 42. Kf1 Lf5 43. e6 fe
44. Te5 Ld4 45. Te2 Kd6
46. Lc2? ...

Mittels 46. Ke1! ließ sich der
Ausgleich noch immer sicherstellen.

46. ... L:c2 47. T:c2 Kd5 48. Ke2
Kc4 49. Tc1 e5 50. Tf1 c2!
51. Kd2 Kb3 52. Tc1 Lc3+
53. Kd3 e4+ 54. K:e4 Kb2 55. Tf1
c1D 56. T:c1 K:c1 57. Kf4 Lf6.
Weiß gab auf.

Für das wichtigste halten die
Befürworter des strategischen
Risikos, die natürlich Anhänger
des dynamischen Stils sind,
die praktischen Schwierigkeiten,
die sie vor ihren Partnern auf-
türmen.
Dieser psychologische Aspekt
des strategischen Denkens gewinnt immer mehr an Bedeutung – und das völlig gesetzmäßig, denn im schachlichen
Schaffen sind objektive und
subjektive Momente untrennbar
miteinander verflochten.
Bei der Betrachtung der verschiedenen Seiten des Risikos
muß man stets innerhalb der
versteckten Grenzen des Ver-
tretbaren bleiben. Sehr leicht
kann man hier über das Ziel
hinausschießen! Im allgemeinen
ist es nämlich durchaus nicht
einfach, einen Fehler zweiter
Ordnung von einem direkten
Schnitzer zu unterscheiden.
In dieser Hinsicht ist die folgende Partie aufschlußreich. In
ihr bedient sich der Nachziehende eines seiner Lieblings-
strategeme, nämlich der gewagten Provokation eines Angriffs
auf seine Stellung.

Spanische Partie
Karpow–Kortschnoi
Wettkampf um die Weltmeister-
schaft 1978

1. e4 e5 2. Sf3 Sc6 3. Lb5 a6
4. La4 Sf6 5. 0–0 S:e4 6. d4 b5
7. Lb3 d5 8. de Le6 9. Sbd2 Sc5
10. c3 g6?! 11. De2 Lg7

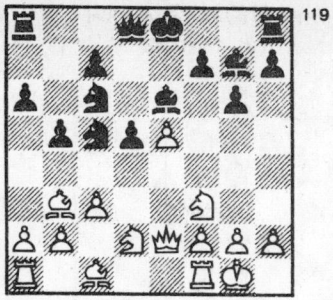

Bei ruhigem Gang der Ereignisse, etwa 12. Lc2 0–0, beendet Schwarz gemächlich seine Entwicklung und erhält ein vollkommen befriedigendes Spiel. Doch der Weltmeister war sich der strategischen Dynamik des Kampfes vollauf bewußt und fand einen wirkungsvollen, taktisch zugespitzten Weg, eine Offensive einzuleiten, dank der er die exponierte Lage des schwarzen Königs im Zentrum auszunutzen vermochte. Der weitere Kampfverlauf erhärtet unerbittlich, daß der Zug 10. ... g6?! wohl schon der entscheidende Fehler war.

12. Sd4! ...

Ein ausgezeichnetes Bauernopfer, das den gegnerischen Plan als gekünstelt nachweist. Den folgenden Partieabschnitt behandelt Karpow taktisch einwandfrei und mit großer Erfindungskraft. Dabei stützt er sich auf sein ausgeprägtes Positionsverständnis.

12. ... S:e5 (wenig verlockend ist auch 12. ... Dd7 13. S:c6 D:c6 14. Sf3, und Weiß hat klaren Positionsvorteil) 13. f4 Sc4 14. f5! gf 15. S:f5 Tg8 16. S:c4! ...

Eine prächtige Entgegnung. Scheinbar ist 16. Sf3 oder 16. Lc2 präziser, zumal der Abtausch auf c4 Schwarz ein gewisses Gegenspiel einzuräumen scheint. Doch wahre Taktik ist stets konkret. Der weitere Gang der Ereignisse lehrt, daß die sich auf weite und genaue Berechnung gründende Entscheidung des Anziehenden nicht nur am energischsten, sondern auch am folgerichtigsten ist.

16. ... dc (16. ... bc 17. Le3!)
17. Lc2! Sd3

Nach 17. ... Dd5 18. Lh6! Lf6 (18. ... Le5 19. Tad1 Sd3 20. L:d3 cd 21. T:d3 Dc5+ 22. Kh1 Td8 23. Tfd1! ist vorteilhaft für Weiß) 19. Se3! De5 20. Lf4! ist es um den Nachziehenden sehr schlecht bestellt.

18. Lh6! ...

Eine originelle Methode, den Angriff zu verstärken. Allerdings war auch 18. Dg4! sehr kräftig.

18. ... Lf8?

Der Nachziehende zeigt sich der Anspannung nicht gewachsen und wählt trotz langen Nachdenkens die schwächste Fortsetzung. Indes dürfte seine Stellung auch nach 18. ... L:h6 19. S:d6 bzw. 18. ... Lf6 kaum zu halten sein.

19. Tad1 Dd5 20. L:d3 cd 21. T:d3 Dc6 22. L:f8 Db6+ 23. Kh1 K:f8 24. Df3! ...

Nun ist der schwarzen Stellung nicht mehr zu helfen.

24. ... Te8 25. Sh6 Tg7 26. Td7! Tb8 27. S:f7 L:d7 28. Sd8+. Schwarz gab auf.

Eine hervorragende Kombinationspartie, in der die Taktik jedoch der strategisch richtigen Positionseinschätzung untergeordnet war.

Lang anhaltende Schwierigkeiten als Folge unauffälliger Fehler

Dieser Abschnitt steht in einem gewissen Gegensatz zum vorangegangenen. Dort war hauptsächlich von den positiven Seiten der Fehler zweiter Ordnung die Rede. Diese Fehler bleiben häufig nicht nur unbestraft, sie tragen auch zur jähen Verschärfung des Spiels bei oder stellen den Gegner vor schwierige praktische Aufgaben.
Jetzt wollen wir die Aufmerksamkeit des Lesers auf ein anderes Problem lenken. In vielen Fällen haben unauffällige Fehler zwar keine unmittelbar nachteiligen Folgen, sie können aber zu lang andauernden Schwierigkeiten führen.
Betrachten wir einige Beispiele.

Neshmetdinow–Petrosjan
21. Meisterschaft der UdSSR, 1954

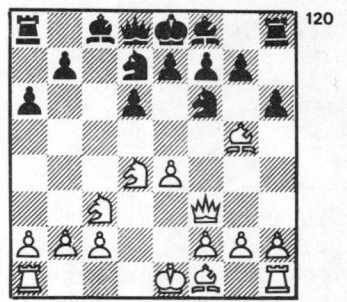

Als letzter Zug geschah 7. ... h6. Wahrscheinlich war es jetzt am zweckmäßigsten, mit dem Läufer bescheiden nach d2 zurückzugehen. Der natürlich anmutende weiße Rückzug findet eine energische Entgegnung.

8. Le3 e5!

Die Pointe des strategischen Plans von Schwarz. Die Schwächung der Zentralfelder fällt nicht ins Gewicht, denn viel wesentlicher ist, daß das Zusammenspiel der weißen Figuren auf der Königsseite desorganisiert wird (der weiße Springer gebietet nicht über das Manöver Sd4–f5–e3!), so daß der Anziehende seine Hoffnungen auf einen Figurenangriff zu Grabe tragen muß.

9. Sf5 ...

Das kleinere Übel bestand in 9. Sb3.

9. ... g6! 10. Sg3 b5 11. h4 h5

Erneut einfach und stark! Die

leichte Schwächung des Feldes g5 ist unwesentlich.

12. Lg5 Le7 13. 0–0–0 Lb7

Die schwarzen Figuren sind sehr harmonisch postiert, was man von den zusammengedrängten weißen Streitkräften nicht behaupten kann. Die Verwundbarkeit des zentralen Punktes e4 springt ins Auge. Der Nachziehende hat das Heft bereits fest in der Hand.

14. Kb1 Tc8 15. Ld3 Sc5 16. Sge2 b4!

Führt zwangsläufig zu Vereinfachungen, wonach sich eine für Weiß höchst unangenehme Situation ergibt.

17. L:f6 L:f6 18. Sd5 L:d5 19. ed De7 (aber nicht etwa 19. ... L:h4? wegen 20. g4!) 20. Sg3 ...

Auf 20. Dh3 konnte kaltblütig 20. ... 0–0 21. f3! e4 22. fe De5 mit starker schwarzer Initiative geschehen.

20. ... L:h4

Dieses Schlagen erfolgt genau im richtigen Augenblick.

21. Se4 Lg5 22. g3 a5 23. Tde1 S:e4 24. L:e4 f5 25. Ld3 ...

Die weiße Stellung ist verloren. Das Figurenopfer 25. L:f5 ist angesichts 25. ... gf 26. D:f5 Tc5 27. Dg6+ Kd8 28. T:h5 T:h5 29. D:h5 Kc7 ein untauglicher Versuch, im trüben zu fischen. Der Anziehende nimmt vorerst von äußersten Maßnahmen

Abstand, doch Petrosjan raubt ihm auch so unerbittlich alle Illusionen.

25. ... Lf6 26. Lb5+ Kf7 27. Db3 Kg7 28. f3 h4 29. g4 fg 30. fg Lg5 31. Ld3 h3 32. La6 Ta8 33. T:h3 Lh4!

Am einfachsten. Weniger klar war 33. ... T:a6 34. T:h8 K:h8 35. Dd3!, wonach gleichzeitig der Turm und der Bauer g6 angegriffen sind.

34. Teh1 T:a6 35. g5 D:g5 36. Dc4 Ta7

Weiß gewinnt Material zurück, muß sich aber davon überzeugen, daß dies ihn nicht glücklich macht. Der Schluß ist leicht verständlich.

37. T:h4 T:h4 38. D:h4 D:h4 39. T:h4 Tc7 40. Th1 g5 41. Kc1 Tc5 42. Td1 Kg6 43. Td2 g4! 44. Kd1 Kf5. Weiß gab auf.

Govedarica–Uhlmann
Vrbas 1977

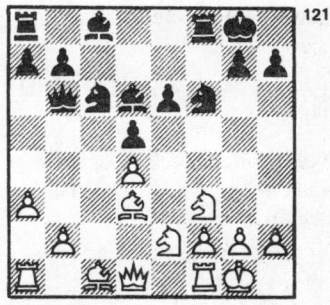
121

Weiß hätte am sinnvollsten mit 13. Sc3 Ld7 14. Le3 fortsetzen sollen, was ihm einen zwar

163

geringen, doch dauerhaften Vorteil garantiert hätte. Allein, ihn läßt sein Positionsgefühl im Stich, so daß er sich im 13. und 15. Zug beinahe unmerkliche Ungenauigkeiten zuschulden kommen läßt.

13. b4?! e5 14. de S:e5 15. S:e5? (richtig ist 15. Sed4) 15. ... L:e5 16. Ta2 ...

Schon machen sich bei Weiß Schwierigkeiten bemerkbar. So war 16. Le3 Dc7 17. Tc1 L:h2+ 18. Kh1 De5! nichts wert, da es keine Parade gegen die Drohung Dh5 gibt.

16. ... Sg4 17. Sg3 Ld4 18. Sh1 (bittere Notwendigkeit; Weiß ist nunmehr einem lang anhaltenden Druck ausgesetzt) 18. ... Ld7 19. h3 Se5 20. Le2 Lc3! 21. Db3 (21. Ld2 d4!) 21. ... Tac8 22. Tc2 (wieder taugte 22. Le3 nichts, diesmal wegen 22. ... De6 23. Lc5 d4! usw.) 22. ... Le6!!

Eine ausgezeichnete Erwiderung. Selbstredend verbietet sich 23. T:c3? wegen 23. ... d4!

23. Ld2 d4 24. Da4 L:d2 25. T:d2 d3! 26. Lg4 ...

Sowohl 26. L:d3 S:d3 27. T:d3 Lc4 als auch 26. Ld1 Tc3! ist schwach.

26. ... L:g4 27. hg Tc3! 28. Sg3 S:g4 29. Dd7 Sf6!?

Noch besser war 29. ... Dh6! 30. D:g4 D:d2 31. Se4 De2!, und Weiß ist verloren.

30. Df5 Td8 31. Te1 T:a3 32. Te6 D:b4 33. Td1 Dg4! 34. T:f6 D:d1+ 35. Kh2 Ta6! 36. T:a6 ba 37. Dg5 Td7! 38. Sh5 Da1! 39. Df5 Dd4 40. De6+ Kf8 41. f4 d2. Weiß gab auf.

Uhlmann–Přibyl
Tallinn 1977

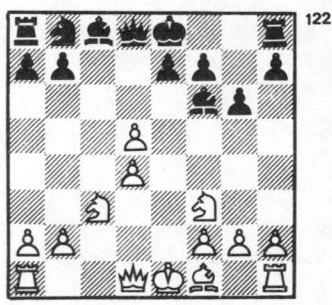

Der Anziehende hat die Eröffnung erfolgreich behandelt und durch die Ausnutzung gegnerischer Ungenauigkeiten die besseren Chancen erhalten. Mit seinen nächsten Zügen beugt er den Gegenaktionen des Partners vor und verstärkt allmählich den Druck auf dessen Stellung.

10. h3! (10. Lc4 Lg4!) 10. ... 0–0 11. Lc4 Sd7 12. 0–0 Sb6 13. Lb3 Lf5 14. Te1 Sc8 (14. ... Tc8 15. Se5 ist günstig für Weiß) 15. Dd2 Sd6 16. Dh6! Lg7 17. Dh4 Te8 18. g4! Ld7 19. Se4 a5 20. a4 S:e4

Man überzeugt sich unschwer davon, daß die Lage des Nachziehenden bereits kritisch ist. So ist seine Stellung nach 20. ... Ta6 21. S:d6 ed 22. T:e8+ D:e8

164

23. Lc4 Ta8 24. Te1 Dd8 25. D:d8+
T:d8 26. Lb5! L:b5 27. ab Kf8
28. Tc1 Ke7 29. b6 nicht gerade
beneidenswert.

21. T:e4 Db6 22. Te3 Tad8 (unzureichend ist 22. ... L:d4? wegen
23. Sg5 h5 24. Tf3! usw.) 23. Tae1
Db4 24. Tc1 h6 25. Tc7 Db6
26. Dg3 L:d4 27. S:d4 D:d4
28. De5! Db4 29. d6! ...

Der entscheidende Durchbruch.
Schwarz ist zwangsläufig verloren.

29. ... D:d6

29. ... ed 30. L:f7+! K:f7
31. T:d7+! T:d7 32. D:e8+ oder
29. ... e6 30. Lc2 Tf8 31. Tb3
D:a4 32. Tb:b7 Da1+ 33. Kh2
Le8 34. Df6 T:d6 35. D:g6+! ändert nichts.

30. D:d6 ed 31. T:d7. Schwarz
gab auf.

Stilfehler

Mit den sogenannten Stilfehlern
sind viele Probleme verbunden.
Im Hinblick darauf wollen wir
zunächst einen Ausflug in die
Vergangenheit unternehmen
und uns einigen Äußerungen
Nimzowitschs zuwenden, die
sich auf die 20er Jahre unseres
Jahrhunderts beziehen.
Als Probe legen wir ein Urteil
Nimzowitschs über die verwund-
baren Stellen seines Kollegen
Spielmann, eines höchst begab-
ten Kombinationsspielers, vor.

„Spielmann ist nicht imstande
zu lavieren. Diese Eigenart hat
ihren Ursprung in seiner recht
geradlinigen Gemütsart. Auch
massive Verteidigungszüge (z. B.
die Deckung eines armseligen
Bäuerleins durch einen Turm)
sind ihm fremd. Deshalb sollte
man im Kampf mit ihm die
Stellung zu vereinfachen suchen
(um Angriffsmotive auszuschlie-
ßen) und danach ein beiderseiti-
ges Lavierungsspiel aufziehen.
Solche Situationen sind ziemlich
alltäglich, und Positionen mit
undeutlich ausgeprägten und
gegenseitigen Schwächen erfordern geradezu das Lavieren."
Von dem Gesagten ausgehend,
beschritt Nimzowitsch in der
folgenden Partie schon in der
Eröffnung eigene Wege.

Unregelmäßige Eröffnung
Nimzowitsch–Spielmann
Karlsbad 1929

1. e3 e5 2. c4 Sf6 3. Sf3 e4 4. Sd4
Sc6 5. Sb5 d5 (stärker war
5. ... a6 6. S5c3 Lc5 7. d4 ed
8. L:d3 d6 mit annähernd gleichen Aussichten) 6. cd S:d5
7. S1c3 Sf6 8. Da4 Lf5 9. Sd4 Ld7
10. S:c6 L:c6 11. Lb5 Dd7 12. L:c6
D:c6 13. D:c6 bc

Das weitere Spiel verlief — wie Nimzowitsch schrieb — „nach dem oben dargelegten psychologischen Plan".

14. b3 0—0—0 15. Lb2 Lb4 16. a3 L:c3 17. L:c3 ...

Im schwarzen Lager sind ernste, möglicherweise sogar unheilbare Bauernschwächen auf e4, c6 und g7 entstanden. Das kleinere Übel bestand nun in 17. ... Thg8 und falls 18. 0—0, so 18. ... Sd5 mit der positionellen Drohung 19. ... S:c3. Spielmann verkennt indes völlig den Ernst der Lage und unternimmt einen verlockenden, aber primitiven Ausfall mit dem Turm.

17. ... Td3 18. 0—0 Thd8 (noch immer war 18. ... Tg8 nebst Sd5 besser) 19. f3 Sd5 20. L:g7 T:d2 21. Ld4 f5 22. fe fe 23. L:a7 Td3 24. b4 S:e3 25. L:e3 T:e3 26. Tfe1 Tb3 27. T:e4, und Weiß realisierte sein Übergewicht.

Diese Art zielgerichteten Spiels hat sich inzwischen ebenfalls zu einer gründlich erforschten Methode der strategischen Vorbereitung entwickelt. Es sei nur daran erinnert, daß sich Botwinnik nach der Niederlage im Wettkampf 1960 gegen Tal für den Revanchekampf vor allem auf geschlossene Stellungen „programmierte", in denen kombinatorische Stürme auf ein Mindestmaß reduziert sind.

Dazu ein aufschlußreiches Zitat aus Botwinniks Buch „Zur Erreichung des Ziels":

„Ich beschloß zu spielen, indem ich mich in zwei Richtungen betätigte: 1. bei Tal in die Lehre zu gehen und ein guter, gewandter Praktiker zu werden und 2. solche Spielanfänge sowie die damit verbundenen Mittelspielpläne vorzubereiten, bei denen der Kampf geschlossen geführt wird, das Brett in einzelne Teile zerfällt und die Figuren wenig beweglich sind; mochte meine Stellung objektiv auch schlechter sein, aber dann vermochte mein Partner wenigstens seine Reaktionsschnelligkeit und sein Gedächtnis nicht auszunutzen (und mein schachliches Positionsverständnis konnte sich auswirken)."

Und weiter: „Der Revanchekampf begann. Ich dachte nur daran, wie ich die Stellungen geschlossen halten konnte und daß ich nicht hinter dem sportlichen Praktizismus des Partners zurückbleiben wollte."

In diesem Zweikampf ging Botwinniks Rechnung auf. Hier zwei Vorbilder daraus, die seine Beurteilungen und Verwertungsmethoden veranschaulichen.

Königsindische Verteidigung
Botwinnik–Tal
13. Wettkampfpartie 1961

1. d4 Sf6 2. c4 g6 3. Sc3 Lg7 4. e4
d6 5. f3 0–0 6. Le3 e5 7. de!? de
8. D:d8 T:d8 9. Sd5 S:d5 10. cd
c6 11. Lc4 ...

Die Wahl dieser Eröffnungsvariante erklärt sich in erster
Linie aus psychologischen Erwägungen. Botwinnik ist bemüht, das schwarze Gegenspiel
einzudämmen und – das ist noch
bedeutsamer – den Kampf in
Bahnen zu lenken, in denen sich
Tals Phantasie nicht zu entfalten vermag. Hinzu kommt, daß
Tal zu diesem Zeitpunkt klar im
Rückstand lag.

11. ... b5 (einfacher war 11. ...
cd 12. L:d5 Sc6 mit guten Aussichten auf Ausgleich) 12. Lb3
Lb7 13. 0–0–0 c5?!

Eine verantwortungsvolle Entscheidung, da Weiß in Gestalt
des starken Freibauern d5 einen
soliden positionellen Trumpf in
die Hand bekommt. Schwarz hat
nur geringe Handlungsfreiheit.

14. Lc2 Sd7 15. Se2 Lf8 16. Sc3
a6 (Aufmerksamkeit verdiente
16. ... b4 nebst Sb6) 17. b3! Tac8
18. Ld3 Sb6 19. Le2! Td6 20. Kb2
f5

Nach 20. ... c4 21. Sb1 (gut ist
auch 21. b4) 21. ... b4 22. bc
S:c4+ 23. L:c4 T:c4 24. Tc1!
hat Weiß gleichfalls ein klares
Übergewicht.

21. Tc1! ...

Ohne das schwarze Ablenkungs-
manöver auf der Königsseite zu
beachten, konzentriert Weiß
seine Kräfte am Damenflügel,
der bald zum Hauptschlachtfeld
wird. Im weiteren treten die
Schattenseiten des Zuges f7–f5
klar zutage, weil der Bauer e5
eine Stütze eingebüßt hat.

21. ... Tf6 22. a4! ba 23. ba a5
24. Kc2 c4 25. Tb1 Lb4 26. Sa2
Lc5 27. L:c5 T:c5 28. Sc3 (noch
stärker war 28. f4!) 28. ... Lc8
29. Tb2 Ld7?

Hartnäckiger geschah 29. ... fe
30. S:e4 Lf5 mit gewissen
Rettungschancen.

30. Thb1 L:a4+ 31. S:a4 S:a4
32. Tb8+ Kg7 33. T1b7+ Tf7

Die schwarze Stellung ist hoffnungslos. Auch nach 33. ... Kh6
34. Th8 Kg5 35. g3 fe 36. fe behält Weiß die Oberhand.

34. d6! T:b7 35. T:b7+ Kf6
36. T:h7 Tc8 37. d7 Td8 38. L:c4
Sc5 39. Tf7+ Kg5 40. Lb5 fe
41. fe. Schwarz gab auf.

Caro-Kann-Verteidigung
Tal—Botwinnik
10. Wettkampfpartie 1961

1. e4 c6 2. d4 d5 3. e5 Lf5 4. h4!?
h6 5. g4 Ld7 6. h5 c5 7. c3 Sc6
8. Lh3 e6 9. Le3?! Db6 10. Db3 cd
11. D:b6? ab 12. cd Sa5

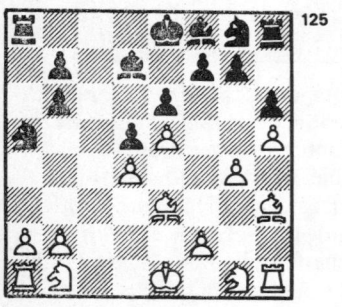

Die Folgen der Eröffnung sind
betrüblich für Weiß, denn das
Endspiel ist vorteilhaft für den
Gegner. Von diesem Augenblick
an spielt Botwinnik sehr zielstrebig und läßt Tals Tatendrang
nicht zum Zuge kommen.

13. Sc3 b5 14. Lf1 b4! 15. Sb5
Kd8! 16. Sf3 Sc4 17. L:c4 dc
18. Sd6 L:d6 19. ed Lc6! 20. Se5
L:h1 21. S:f7+ Ke8! 22. S:h8 Le4
23. d5?! ...

Auf Kosten eines Bauern trachtet
Weiß danach, das Spiel zu beleben, doch erhält er keine ausreichende Kompensation.

23. ... ed 24. Ld4 Sf6 25. Kd2
Kd7 26. Sf7 Ke6! (schwächer ist
26. ... S:g4 wegen 27. L:g7)
27. Se5 K:d6 28. f3 Lh7 29. g5
hg 30. h6 gh 31. Sf7+ Ke6 32. S:h6
Sg8 33. Sg4 Lf5 34. Se3 Lg6

35. Sg4 Lf5 36. Se3 Lg6 37. Sg4
Kd6 38. Se5 Lf5 39. Sf7+ Kd7
40. S:g5 Se7! 41. f4 Sc6 42. Sf3
Kd6. Weiß gab auf.

Die Ausnutzung psychologischer Faktoren

Wir wollen uns einem weiteren
von Nimzowitsch aufgestellten
Grundsatz zuwenden. Er
schrieb:
„Den meisten Spielern, darunter
auch einigen Meistern, mangelt
es an ausreichendem schöpferischem Talent. In bezug auf
diese Spieler gilt eine goldene
Regel: Setze ihnen in der Eröffnung irgend etwas Neues vor!"
Diesen Leitspruch veranschaulicht Nimzowitsch an Hand des
folgenden Partiebeginns, bei dem
er sich für eine ausgefallene
Variante entschied.

Holländische Verteidigung
Johner—Nimzowitsch
Karlsbad 1929

1. d4 f5 2. e4 fe 3. Sc3 Sf6 4. Lg5
b6!? 5. f3? ...

Weiß mußte 5. Lc4! e6 6. d5!
spielen. Aber Nimzowitsch
baute auf die Wahrscheinlich-
keitsrechnung und erwartete von
seinem schablonenhaft denken-
den Gegner geradezu den in vielen analogen Varianten pro-
grammgemäßen Textzug.

5. ... e3! 6. L:e3 e6! 7. Dd2 d5
8. 0—0—0 c5 9. Lb5+ Ld7, und

Schwarz erhielt ein vorzügliches Spiel.

Heutzutage ist ein solches Vorgehen in der Eröffnung (und nicht nur dort!) in Meisterkreisen eine wichtige Vorbereitungsmethode.

Man kann auf manch interessanten Versuch verweisen, dem Gegner praktische Schwierigkeiten zu bereiten. Nehmen wir zum Beispiel die folgende Variante, die sich Bronstein einmal im Zweispringerspiel zurechtgelegt hatte:

1. e4 e5 2. Sf3 Sc6 3. Lc4 Sf6 4. Sg5 d5 5. ed Sa5 6. d3 h6 7. Sf3 e4 8. de!? S:c4 9. Dd4 Sb6 10. c4 usw.

Sachlich gesehen ist das Figurenopfer recht fragwürdig. Doch sein praktischer Nutzen war unbestreitbar, als Bronstein es zum ersten Male ausprobierte.

Im allgemeinen wirkt es sich günstig aus, neue oder dem Partner nicht liegende Varianten anzuwenden. Das hängt aber nicht allein von dessen Fähigkeiten oder schöpferischem Talent ab, denn überrascht zu werden, ist stets unangenehm.

Kennzeichnend ist die folgende Partie.

Französische Verteidigung
Boleslawski–Bronstein
Kandidatenwettkampf 1950

1. e4 e6 2. d4 d5 3. Sc3 Lb4 4. Ld2 de 5. Dg4 Sf6 6. D:g7 Tg8 7. Dh6 Lf8!

126

Dies war die zweite zusätzliche Partie im Finalkampf der Kandidaten, und zwar die 14. in der Gesamtwertung. Dieser Zweikampf war äußerst dramatisch verlaufen. In seiner ersten Hälfte hatte Bronstein mit einem soliden Vorsprung von zwei Punkten die Führung übernommen. Dann trumpfte Boleslawski auf: Er glich den Rückstand aus und riß die Initiative im Wettkampf an sich. Nach den 12 vorgesehenen Begegnungen war Gleichstand erzielt. Das Match wurde bis zur nächsten Gewinnpartie verlängert. Selbstverständlich hatte die Spannung ihren Höhepunkt erreicht.

Unter diesen Ausnahmebedingungen nahm Bronstein seine Zuflucht zu einem wirksamen psychologischen Hilfsmittel. Er bediente sich einer seit langem vorbereiteten, tückischen Eröffnungsvariante, die in dem neuen Zug 7. ... Lf8! gipfelte. Damit stellte er den Gegner vor sehr schwierige praktische Probleme. Niemand zweifelt an der großen schöpferischen Begabung Boleslawskis, der zudem ein bemerkenswertes Kombinationstalent besaß. Doch im Laufe der Zeit hatte er in häuslicher Abgeschiedenheit der Ausarbeitung theoretischer Fragen und analytischer Untersuchungen mehr Aufmerksamkeit geschenkt, als einem Praktiker guttut. (Auch diese Fehlhaltung ist bei einigen hervorragenden Großmeistern anzutreffen.) Die Folge war, daß sich seine Fähigkeit verringerte, am Brett zu improvisieren, und er — im Bestreben, der Wahrheit sofort auf den Grund zu kommen — mitunter dogmatisch an die Lösung neuartiger Aufgaben heranging.

Bronstein seinerseits, der die Stärken und Schwächen seines Gegners gründlich studiert hatte, erkannte ganz richtig, daß er diesem unter den Bedingungen beschränkter Bedenkzeit ein ernstes psychologisches Hindernis in den Weg legte. Wie jeder Theoretiker würde Boleslawski durch eine neue Fortsetzung aus der Fassung gebracht werden und mit aller Macht nach der objektiven Wahrheit fahnden.

8. Dh4 D:d4 9. 0—0—0 Tg4
10. Dh3 D:f2 11. Sb5? ...

Boleslawski verfehlt den richtigen Weg. Ausgleich hätte 11. Le2 Tg6 (nach 11. ... Th4 12. D:h4! D:h4 13. g3 e3! 14. gh ed+ 15. Kb1 Lh6 16. Sh3 Le3 17. Thf1 hat Weiß ein deutliches Übergewicht) 12. g4 Dc5 13. Le3 De5 14. Ld4 Df4+ 15. Le3 ergeben.

11. ... Sa6 12. Kb1 ...

Möglicherweise hatte der Anziehende ursprünglich seine Hoffnungen auf 11. Le3 Dh4 12. D:h4 T:h4 13. Lg5 gesetzt, dabei aber die Fesselung 13. ... Lh6 übersehen. Jetzt geht der Vorteil eindeutig an Schwarz über.

12. ... Ld7 13. Le3 Df5 14. Sd4 Dg6 15. Sb3 Sb4 16. Se2 Sfd5 17. Sc3 S:c3 18. bc Sd5

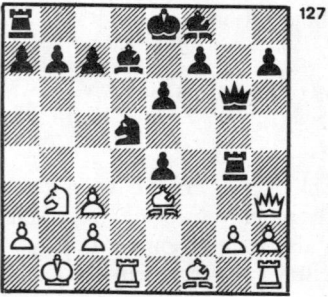

127

Wie man sieht, hat Weiß die Schlacht strategisch verloren. Den Schluß dieser spannenden Partie behandelt Bronstein sehr stark.

19. Ld4 Tg5 20. g4 e5 21. Lf2 L:g4 22. T:d5 L:h3 23. L:h3 Td8 24. T:d8+ K:d8 25. Td1+ Ld6 26. Le3 f5, und Schwarz gewann.

Eine schmerzlichere Lektion ist wohl kaum denkbar. Doch selbst die niederschmetterndsten Rückschläge sorgen leider nicht dafür, daß man sich der im eigenen Wesen liegenden Unzulänglichkeiten entledigt. Es fällt eben leichter, zu lernen als umzulernen. Ganz zu schweigen davon, daß diese Mängel in unserem Charakter und unserer Natur wurzeln.

Jedenfalls hat Boleslawski sein übertriebener Hang zur Perfektion auch später noch mehrfach geschadet, unter anderem noch einmal gegen Bronstein. Hier diese Begegnung.

Sizilianische Verteidigung
Bronstein–Boleslawski
25. Meisterschaft der UdSSR, 1958

1. e4 c5 2. Sf3 e6 3. d4 cd 4. S:d4 a6 5. c4 Sf6 6. Sc3 Lb4 7. Ld3 Sc6

An dieser Stelle probierte Bronstein einen listigen und damals neuen Zug aus, indem er mit 8. Lc2!? fortsetzte. Später stellte sich heraus, daß der objektive Wert dieses Manövers umstritten ist.

Boleslawski wandte viel Zeit auf, um eine Widerlegung zu finden, verlor dabei aber die Gebote der Praxis aus den Augen.

In der Partie geschah:

8. ... Dc7 9. 0–0 S:d4 10. D:d4 Sg4 11. e5! h5?

128

Schon dieser Zug ist ein ernster Fehler. Schwarz mußte die Herausforderung annehmen und 11. ... S:e5 12. Lf4 f6! spielen, wonach der Gegner die Korrektheit des Opfers erst noch zu beweisen hat. Jetzt hingegen wächst die weiße Initiative weiter an.

12. Lf4 Lc5 13. Dd2 g5?! 14. L:g5 D:e5 15. Lf4 Dd4 16. D:d4 L:d4 17. h3 Sh6 18. Tfe1 Kf8 19. Ld6+ Kg8 20. Tad1. Die schwarze Stellung ist strategisch verloren.

Verweilen wir noch bei einigen Äußerungen Laskers über die psychologische Spielführung, die bis heute nichts von ihrem Reiz eingebüßt haben.

Für Lasker war die Schachpartie vor allem ein Zweikampf der Nerven und Intellekte. Er bemühte sich planmäßig darum, den Gegner psychisch zu bezwingen und seine Nervenkraft zu zermürben, wonach die Katastrophe am Schachbrett nicht auf sich warten ließ.

Zu diesem Zweck ging Lasker nicht nur von den objektiven Gegebenheiten am Brett aus, sondern in erster Linie von den individuellen Besonderheiten seiner Rivalen. Er bemühte sich, das Spiel in für sie unangenehme Bahnen zu lenken. Um den Kampf maximal zu verschärfen, wählte er mitunter nicht die objektiv stärksten, sondern absichtlich schwache Züge.

Obgleich seine Widersacher nüchtern betrachtet oft reale Gewinnchancen erhielten, waren ihnen die Positionen nicht genügend vertraut, und sie entsprachen auch nicht ihrem Stil. (Darin lag ja gerade die Kunst Laskers!) Zudem stellte sie Lasker ständig vor neue, schwierige Aufgaben. Und das unter den Bedingungen des praktischen Kampfes und strenger Zeitbegrenzung.

Mancher Leser wird zweifelnd fragen, weshalb Lasker wissentlich schwach gespielt haben soll. Auf diese Frage hat Réti in seinem Buch „Die Meister des Schachbretts" treffsicher geantwortet:

„Der Sinn ist unschwer zu erkennen. Tartakower hat irgendwann einmal das Paradoxon ausgesprochen, das hier wie eine Offenbarung klingt: ‚Eine Partie wird immer durch einen Fehler entschieden, gleichgültig durch wessen – den eigenen oder den des Gegners!' Bei der heutigen Vollkommenheit der Schachtechnik führt ruhiges, korrektes Spiel fast unvermeidlich zum Remis. Um diesem aus dem Weg zu gehen, lenkt Lasker mit theoretisch fehlerhaften Zügen die Partie an den Rand des Abgrunds. Er selbst hängt über dem Abgrund, während sein Gegner noch festen Boden unter den Füßen hat, doch dank seiner überlegenen Kraft gelingt es ihm, selber das Gleichgewicht zu bewahren und seinen Gegner hinabzustürzen. So erringt er Siege, die er auf direktem Wege, d. h. bei korrektem Spiel, nicht erzielen könnte."

In diesem Zusammenhang ist ein Interview interessant, das Lasker nach dem New Yorker Turnier 1924 gab. Es wurde im Juni des gleichen Jahres in der Zeitung „The Telegraph" veröffentlicht.

Frage an Lasker: „Wie wir gehört haben, spüren Sie sowohl die starken als auch die schwachen Seiten Ihrer Gegner auf, indem Sie deren Partien aufmerksam studieren. Stimmt das?"

Laskers Antwort: „Das trifft zweifellos zu und gehört zu meinen theoretischen Anschauungen über den Kampf. Die Schachpartie – das ist ein Kampf, an dem die verschiedenartigsten Faktoren teilhaben. Und deshalb ist die Kenntnis der starken Seiten und der Schwächen der Gegner äußerst wichtig. So zeigen beispielsweise die Partien Rétis, daß er als Weißer besser denn als Schwarzer spielt; die Partien Maróczys, daß er sich gut verteidigt und nur dann selber angreift, wenn er dazu gezwungen wird; die Partien Janowskis, daß er den Gewinn zehnmal in den Händen halten kann, aber es tut ihm leid, die Partie schon zu beenden, und schließlich verdirbt er sie noch. In diesem Sinne hat er im New Yorker Turnier alle Rekorde geschlagen. Mit einem Wort: Bei gründlichem Studium kann man einigen Partien der Gegner viel entnehmen."

Ausführlicher wird Laskers Methode im zweiten Band meines Buches „Schachstrategie für Fortgeschrittene" dargelegt und durch Partien veranschaulicht. Der interessierte Leser sei darauf verwiesen. Jetzt wollen wir zu einem nahe verwandten Thema übergehen.

Psychologische Details des schachlichen Denkens

Außer bestimmten grundsätzlichen Fehlleistungen des Denkens, die sogar bei sehr starken Spielern anzutreffen sind, hat jeder seine eigenen kleinen (durchaus nicht unwesentlichen) Gewohnheiten, Eigentümlichkeiten und Schwächen. Diese bei der individuellen Vorbereitung zu berücksichtigen ist ebenfalls wichtig.

Hierher gehört beispielsweise der Einfluß des Turnierstandes, der den Partner zwingt, je nach den Umständen auf Gewinn oder Remis zu spielen. Oder die Frage,

wie der Gegner auf eine Niederlage reagiert. Bekanntlich spielte Aljechin nach einem Mißerfolg mit verdoppelter Kraft und Energie, Bogoljubow verwand die Niederlage, ohne daß sich seine Spielstärke änderte, Capablanca dagegen kam nur schwer darüber hinweg, und sein schöpferischer Elan ließ für einige Zeit nach.

Eine andere Frage betrifft das Studium der Besonderheiten des gegnerischen Nervensystems. Wie verhält es sich in den verschiedenen Augenblicken des Kampfes?

Alles dies spielt bei der Vorbereitung auf einen bestimmten Gegner keine geringere Rolle als etwa dessen Eröffnungsgeschmack.

Wenden wir uns zunächst wieder der Geschichte zu und zitieren wir noch einmal Nimzowitsch. Er bekräftigte: „Seien sie bestrebt, dem Partner ein solches Bauernskelett zu überlassen, mit dem jener seine Sorgen hat!" In der Annahme, daß Bogoljubow Stellungen, die durch das Bauerngerüst c3, c4, d4 charakterisiert sind, ungenau behandelte, entschied sich Nimzowitsch in der folgenden Partie für eine entsprechende Variante.

Nimzowitsch-Indische Verteidigung
Bogoljubow–Nimzowitsch
Karlsbad 1929

1. d4 Sf6 2. c4 e6 3. Sc3 Lb4
4. Sf3 L:c3+?! 5. bc b6 6. g3(?)
Lb7 7. Lg2 0–0 8. 0–0 Te8!

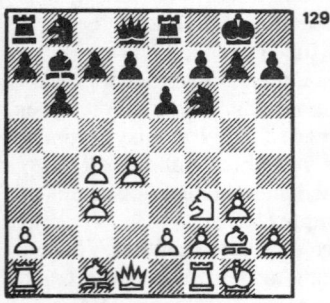

129

Schwarz bemüht sich, den Vorstoß e2–e4 zu verhindern, und richtet deshalb sein Gegenspiel auf den Punkt e4.

9. Te1 d6 10. Dc2? Le4 11. Db3
Sc6 12. Lf1 e5 13. de S:e5
14. S:e5 T:e5 15. Lf4 Te8 16. f3
Lb7 17. Tad1 Sd7 18. e4 Df6
19. Lg2 Se5 20. Td2 Te7 21. Ted1
Lc6 22. Tf2 Tae8 23. Lf1 h6
24. Le2 Kh8 25. Da3 De6
26. Dc1 f5 27. ef D:f5 28. Dd2
Df7 29. Dd4 Sg6! 30. Ld3 S:f4
31. D:f4 D:f4 32. gf Tf8, und das Endspiel ist unerfreulich für Weiß.

Überhaupt widmete Nimzowitsch der genauen Ausarbeitung des Eröffnungsrepertoires große Aufmerksamkeit.
So ist beispielsweise seine Feststellung höchst aktuell, daß fast jeder Schachspieler bestrebt ist, in der Eröffnung mit irgendwelchen Überraschungen aufzuwarten. Zu Recht vermerkte er auch, daß die Zahl der Spieler, die sich der Mode oder eingefleischten Gewohnheiten unterwerfen, noch größer ist.
Bei der Untersuchung der mit der Vorbereitung zusammenhängenden Probleme wies Nimzowitsch auf die Originalitätssucht einiger eigentlich durch Erfahrung gewitzter Meister hin. Diese geht manchmal so weit, daß sie eigenwillig das Glück herausfordern und sich von Zeit zu Zeit auf zweifelhafte Experimente einlassen, obwohl sie ihr Hauptrepertoire sicher beherrschen.
Zur Veranschaulichung und als Beispiel wählte Nimzowitsch Großmeister Tartakower, den „weisen Sonderling" der Schachwelt. Wir wollen seinem Gedankengang folgen, als er sich während des Karlsbader Turniers auf die Partie mit diesem originellen Menschen und Schachmeister vorbereitete:
„Auf 1. d4 wagt er es nicht, mit dem Budapester Gambit zu antworten; Holländisch hatte er schon zweimal probiert, wenngleich auch ohne Erfolg, doch seine Liebe zur Abwechslung wird ihn zwingen, diesmal irgend etwas Neues zu versuchen. Folglich wird er wahrscheinlich entweder eine orthodoxe Variante oder 1. d4 Sf6 2. c4 g6 spielen. Und tatsächlich, am nächsten

Tag stellte sich heraus, daß ich es erraten hatte: Tartakower wählte die Variante 2. ... g6." Hinzugefügt sei, daß Tartakowers Wahl sich als unglücklich erwies. Hier die ersten Züge dieser Partie:

1. d4 Sf6 2. c4 g6 3. f3 Lg7 4. e4 d6 5. Sc3 0–0 6. Le3 Sbd7 7. Sh3!? e5? (7. ... c5!) 8. d5 a5 9. Sf2 b6 10. Dd2 Sc5 11. Lg5 Ld7 12. g4 Dc8 13. h4 Kh8 14. h5 gh, und es ist eine für Weiß vorteilhafte Stellung entstanden.

Die Einbeziehung psychologischer Erwägungen in das Spiel ist schon seit langem bekannt. Bereits in dem berühmten Wettkampf Anderssen–Morphy bemühte sich der erfahrene Anderssen (allerdings ohne nennenswerten Erfolg), seinen jungen, manchmal unbedachten Rivalen zu überstürzten Angriffen zu verleiten. Er hoffte, auf diese Weise sein kombinatorisches Geschick in die Waagschale werfen zu können.
Einige aufschlußreiche Charakteristiken, die auf derselben Ebene liegen, hat Botwinnik in dem Buch „Zur Erreichung des Ziels" gegeben.
Über Exweltmeister Euwe schrieb er 1946: „Mir fiel es schwer, gegen ihn zu spielen. Ich verstand sein Spiel schlecht. Er veränderte geschickt die Lage auf dem Brett, indem er irgendwelche ‚langen' Züge mit den Figuren machte (die mir entgangen waren). Man muß ihm Gerechtigkeit widerfahren lassen – er ging bei der ersten Gelegenheit energisch zum Angriff über, berechnete die Varianten genau und erforschte gründlich das Endspiel. Alle hielten ihn für einen guten Strategen, aber ich kann nicht umhin, Aljechin beizupflichten, der nach seinem Sieg im Revanchekampf 1937 erklärt hatte, daß er Euwe als Taktiker ansieht. Selbstverständlich war Euwe mit einer Menge bekannter strategischer Ideen vertraut, doch ein tiefer Stratege konnte er wohl kaum sein, weil er seiner Natur nach ein Pragmatiker ist – sowohl im Leben wie auch am Schachbrett. Deshalb ist es mir, dem Logiker und in mancher Hinsicht auch Phantasten, nicht leichtgefallen, mit ihm zu spielen."
Über Großmeister Keres urteilte er 1947 folgendermaßen: „Keres hatte auch Mängel, die mir gut bekannt waren. Die erste Unzulänglichkeit war schachlicher Art: Keres fand sich in neuen Eröffnungssystemen nicht immer sogleich zurecht. Er bevorzugte in der Regel veraltete Systeme, weshalb er sich zum offenen Spiel hingezogen fühlte. Die zweite Unzulänglichkeit war psychologisch begründet: In entscheidenden Augenblicken des Kampfes wurde Keres etwas schwächer, und sobald seine seelische Verfassung sich verschlechtert hatte, blieb er unter seinen Möglichkeiten."
Über Exweltmeister Tal heißt es

anläßlich des Wettkampfes 1960: „Tal machte fleißig Gebrauch von seinen hervorragenden praktischen Eigenschaften: Er zwang mich, den Abgabezug aufzuschreiben; nutzte geschickt meine Zeitnot aus; die Hauptsache aber war, daß er für einen möglichst geringen positionellen Preis danach strebte, aktive und bewegliche Figuren zu bekommen... Mich setzte in Erstaunen, daß der Gegner, statt ‚auf Position' zu spielen (wie man es mich von Jugend an gelehrt hatte), einen scheinbar unlogischen Zug macht; seine Logik hat den rein praktischen Sinn, den Partner vor schwierige Aufgaben zu stellen... Sobald der Gegner fehlgriff, fand Tal prächtige und unerwartete Entscheidungen."

Über Exweltmeister Petrosjan äußerte Botwinnik 1963: „Er besitzt ein ungewöhnliches Schachtalent. Wie Tal trachtet er nicht danach, in dem Sinn ‚auf Position' zu spielen, wie man das früher auffaßte. Doch wenn Tal bestrebt war, dynamische Stellungen zu erhalten, so baute sich Petrosjan Positionen auf, in denen sich die Ereignisse gleichsam in Zeitlupe abspielten. Über seine Figuren herzufallen, ist schwer: Die langsam vorrückenden Angriffsfiguren bleiben in dem Sumpf stecken, der das Lager von Petrosjans Figuren umgibt."

Natürlich sind die angeführten psychologischen Details (sie stellen keine erschöpfende und schon gar nicht eine auf das Wesentliche zielende Charakteristik dar) subjektiv gefärbt. Doch in Verbindung mit den Haupteigenschaften geben sie genaue Auskunft über die jeweilige Schachpersönlichkeit. Im weiteren werden wir ähnliche Analysen an Hand von Beispielen aus dem Schaffen einiger moderner Meister anfertigen. Jetzt gehen wir zum nächsten Abschnitt dieses Kapitels über, der mit dem Thema Stilfehler vieles gemeinsam hat. Und zwar handelt es sich um dogmatische Auffassungen und eigensinniges Festhalten an eine einmal gewonnene Überzeugung.

Über Dogmatismus

Zweifellos kann man den Begriff Dogmatismus als Ganzes gesehen nicht zu den Mängeln des Denkens rechnen. Über diese komplizierte Frage wird noch zu sprechen sein.

Vorerst wollen wir uns seiner rein praktischen Seite zuwenden, bei der den Unzulänglichkeiten dogmatischen Herangehens viel Aufmerksamkeit geschenkt wird. Schließlich sind ja selbst namhafte Großmeister davon betroffen.

So war es ein kleiner, aber doch spürbarer Mangel von Keres, daß er manchmal nicht imstande war, Kompromisse einzugehen und im undurchsichtigen Kampf

Zugeständnisse zu machen — vor allem dann nicht, wenn er sich in der Rolle des Verteidigers befand.

Sehr bemerkenswert ist die schöpferische Visitenkarte Portischs, eines führenden modernen Großmeisters. Befassen wir uns etwas eingehender mit ihm, um die positiven und negativen Seiten dogmatischen Verhaltens zu beleuchten.

Von Portisch kann man ohne weiteres behaupten, daß er sein Leistungsvermögen voll ausgeschöpft hat. Er ist außerordentlich fleißig und diszipliniert, hat reiche Erfahrungen gesammelt und diese systematisiert.

Obgleich Portischs Aufstieg zu den von ihm erreichten Höhen nicht von Rückschlägen verschont blieb und sich schrittweise vollzog, wäre es falsch anzunehmen, daß Mißerfolge nicht an seinen Nerven zehrten. Im Gegenteil, er ist sehr sensibel. Das Spiel des jungen Portisch zeichnete sich durch gesunde Risikofreudigkeit und das Streben nach improvisierten Entschlüssen aus, wenngleich es seine heutigen umfangreichen Kenntnisse natürlich vermissen ließ. Mit den Jahren konnte man Gefühlsbetontheit und Unbefangenheit jedoch immer seltener bei ihm beobachten. Durch außerordentlich solide Lebensführung gelingt es Portisch, sich nach Fehlschlägen rasch zu erholen und beharrlich wie zuvor sein Ziel anzusteuern.

Sein ausgeprägtes Positionsverständnis und seine rege Phantasie setzt Portisch immer seltener für rein praktische, „zufällige" Entscheidungen ein; statt dessen konzentrierte er sich auf häusliche Analysen. Um einen Aphorismus Tartakowers auf ihn umzumünzen: Er fing an, sich immer häufiger auf den Krückstock der Theorie zu stützen, und verlor dabei den Spazierstock des Genies.

Portisch ist ein überzeugter Anhänger des aktiven modernen Positionsstils. Seine Pläne fußen stets auf einer gesunden positionellen Grundlage. Hätte Portisch früher gelebt, wäre er meines Erachtens das getreue Abbild des großen deutschen Schachmeisters Tarrasch geworden. Doch heutzutage ist Schach anders, und zwar dynamischer. So hat Portisch seiner Zeit Tribut gezollt und sich bemüht, mit ihr Schritt zu halten. Seine Pläne sind inhaltsreich und in ihrer Art dynamisch. Initiative bedeutet ihm viel. Obwohl er haushälterisch mit seinem Material umgeht, ist er bereit, sich um ihretwillen auf Opfer einzulassen.

Bezeichnenderweise fällt dem Königsangriff eine Glanzrolle in Portischs Repertoire zu. Bei solchen Gelegenheiten fängt er Feuer und reitet schneidige Attacken.

Hier ein Beispiel dafür.

Königsfianchetto
Portisch–Bilek
Ungarische Mannschaftsmeister-
schaft 1978

1. d4 g6 2. e4 Lg7 3. c3 d6 4. f4
Sf6 5. Ld3 e5 6. Sf3 ed 7. cd 0–0
8. Sc3 Sc6 9. 0–0 Sh5?

Ein ernster Positionsfehler, durch
den Schwarz seinen Einfluß auf
das Zentrum einbüßt. Dem
Geist der Stellung entsprach
9. ... Lg4 10. Le3 Te8 usw.

10. Le3 Te8 11. Dd2 Lg4 12. d5!
Sb4 13. Lb1 L:f3 14. T:f3 c6
15. a3 Sa6 16. dc bc 17. La2 ...

Ein Vorbote des heraufziehenden Sturms. Dieser zeichnet sich
auf der f-Linie ab, wo Turm und
Läufer von Weiß bald ihre Kräfte
vereinen.

130

17. ... Sf6 18. f5! Tb8 19. fg hg
20. Taf1 d5 21. ed cd 22. Ld4
Te6 23. S:d5 S:e4 24. T:f7!! (ein
würdiges Finale) 24. ... Lh8
25. Se7+. Schwarz gab auf.

Im nächsten Beispiel basiert der
Königsangriff auf der vorangegangenen massiven Zentralisa-
tion.

Königsindische Verteidigung
Portisch–Balinas
Lone Pine 1978

1. c4 c5 2. Sf3 d6 3. Sc3 Lg4
4. e3 Sc6 5. Le2 Sf6 6. d4 g6
7. d5 Sa5 8. e4 Lg7 9. Le3 0–0
10. Sd2 L:e2 11. D:e2 Db6
12. Tb1 Sd7 13. 0–0 a6 14. f4 Ld4
15. Kh1 e6 16. Dd3 L:e3 17. D:e3
Tae8 18. Dh3 Dd8 19. Tbe1 ed
20. S:d5 Sf6 21. S:f6 D:f6

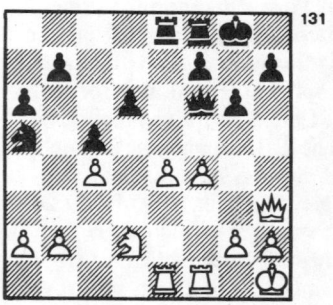

131

22. e5! de 23. fe Dg7 24. Dc3 Sc6
25. Se4! Te7 26. Sf6+ Kh8
27. Tf3! Td8 28. Th3 h6 29. g4
Td4 30. g5 h5 31. Df3. Schwarz
gab auf.
Portisch legt seine Partien
außerordentlich methodisch an.
Da sein Spiel hohes Niveau hat,
fällt ihm noch die Verantwortung
des berufenen Pädagogen zu,
was ihn ebenfalls mit Tarrasch
verbindet. Viele seiner Partien
geben ausgezeichnetes Lehr-
material ab.

Vorbilder liegen in Hülle und
Fülle vor. Hier zwei Illustrationen.

Unregelmäßige Eröffnung
Portisch–Timman
Buenos Aires 1978

1. c4 g6 2. e4 e5 3. d4 Sf6 4. Sf3
S:e4 5. Ld3 d5 6. 0–0! Sd6
7. de! S:c4 8. L:c4 dc

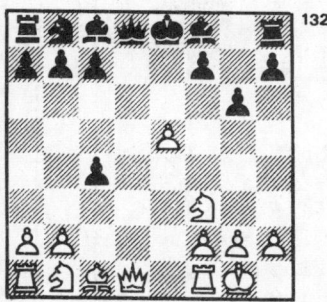

9. Da4+! c6 10. Td1 Dc7 11. D:c4
Le6 12. Dh4 Sd7 13. Sc3 Le7
14. Lg5 L:g5 15. D:g5 ...

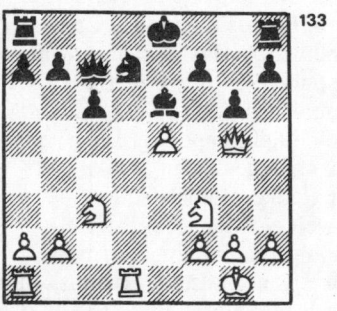

Als Folge vorbildlicher Eröffnungsbehandlung hat Weiß das
aussichtsreichere Spiel erhalten.
Da Portisch die Fäden in der
Hand behält, versichert er sich
folgerichtig und bis zum Partieschluß der Initiative, indem er
den schwarzen Damenflügel aufs
Korn nimmt.

15. ... h6 16. De3 Db6 17. Td4
0–0–0 18. b4 Dc7 19. Tc1 Kb8
20. a4! Sb6 21. b5 Sd5 22. S:d5
L:d5 23. bc L:c6 24. T:d8+ T:d8
25. Sd4 Dd7 26. Td1 Ka8 27. Td2
b6 28. a5! Te8 29. ab Lb7 30. h3
g5 31. Da3 a6 32. Dd6 Da4 33. e6
Da1+ 34. Kh2 Df1 35. f3 Dc4
36. e7 Dc8 37. Tc2 Db8 38. Tc7.
Schwarz gab auf.

Nimzowitsch-Indische
Verteidigung
Portisch–Hort
Nikšić 1978

1. d4 Sf6 2. c4 e6 3. Sc3 Lb4
4. e3 0–0 5. Ld3 d5 6. Sf3 c5
7. 0–0 Sc6 8. a3 L:c3 9. bc Dc7
10. cd ed 11. Sh4 Te8 12. f3 b6
13. Ta2 a5? (besser ist 13. ...
Lb7) 14. Te2 Lb7 15. Lb2 Tad8
16. De1! g6 17. g4! Dc8 18. Df2
Te7 19. h3 La6 20. L:a6 D:a6
21. e4! ...

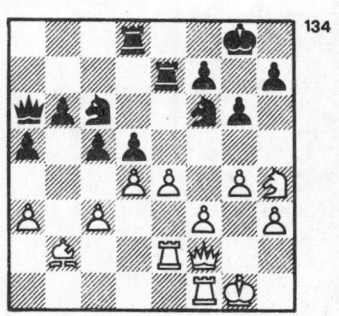

Der Anziehende verwirklicht
seinen Frontalangriff am Königsflügel peinlich genau. Die
schwarze Stellung ist bereits
schwierig.

21. ... de?

Der entscheidende Fehler. Erforderlich war, mittels 21. ... b5! Gegenspiel anzustreben.

22. fe Dc4 23. D:f6! D:e2 24. Lc1! D:f1+ 25. D:f1 T:e4 26. Lh6. Schwarz gab auf.

Wie ersichtlich, hängt die Strategie des Mittelspiels bei Portisch wesentlich davon ab, was er in der Eröffnung erreicht hat. Er gebietet über mehrere nach allen Richtungen hin ausgearbeitete Eröffnungssysteme, an denen er unermüdlich feilt. Wehe dem Gegner, der so naiv ist zu glauben, daß er Portisch in irgendeinem klassischen Aufbau überrumpeln könne! Hier ein Beispiel für die Verfeinerung eines gut bekannten Systems.

Nimzowitsch-Indische Verteidigung Portisch—Sosonko Tilburg 1978

1. d4 Sf6 2. c4 e6 3. Sc3 Lb4 4. e3 c5 5. Ld3 Sc6 6. Sf3 d5 7. 0–0 0–0 8. a3 L:c3 9. bc dc 10. L:c4 Dc7 11. La2 e5 12. Dc2 Lg4 13. de! (gewöhnlich spielte man hier 13. S:e5) 13. ... S:e5 14. Se1 ...

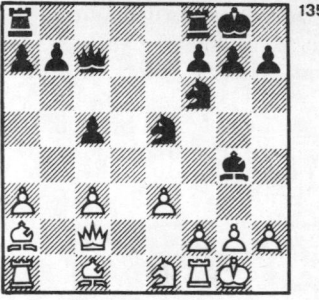

135

14. ... Tad8 15. f3 Le6 16. c4 Da5 17. Lb2 Td2 18. Dc1 Sd3 19. Dc3! D:c3 20. L:c3 T:a2 21. T:a2 L:c4 22. Td2 Sd5 23. S:d3 S:c3 24. Kf2 f5 25. Tc1 Se4+ 26. fe L:d3 27. T:c5, und Weiß verwertete sein materielles Übergewicht.

Aus diesen Beispielen sind Portischs Bemühungen um eine zentrale Strategie ablesbar. Sehr stark und lehrreich behandelt er typische Positionen des Damengambits. An das Zentrum — insbesondere an das Bauernzentrum — glaubt er beinahe dogmatisch. Überhaupt liegt seine Stärke in geklärten Strukturen mit stabilen Bauernketten. Soweit eine längst nicht vollständige Aufzählung der positiven Eigenschaften Portischs, die durch sein zutiefst wissenschaftliches Herangehen an das Schach geprägt sind. Es ist jedoch durchaus denkbar, daß gerade diese Einstellung auch für die Schattenseiten seines Schaffens verantwortlich gemacht werden muß. Eben haben wir Portischs Spielkunst in Positionen vorgeführt, in denen er ein bewegliches Bauernzentrum besitzt. In diesem Zusammenhang scheint es angebracht, ein weiteres Beispiel vorzustellen.

Portisch–Petrosjan
Lone Pine 1978

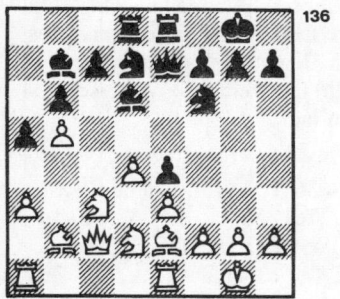

136

Anscheinend hatte der Anziehende schon in der Eröffnung den soliden positionellen Plan gefaßt, ein starkes Bauernzentrum zu errichten. Nun beginnt er folgerichtig, dieses zum Leben zu erwecken.

17. f3 ef 18. L:f3 L:f3 19. S:f3 Se4 20. S:e4 D:e4 21. D:e4 T:e4 22. Sd2 Te6 23. e4? ...

In dieser Partie bleibt Portisch nicht auf dem Boden der Tatsachen, sondern er läßt sich von seiner eigenen Gedankenwelt gefangennehmen. Wegen seiner Vorliebe für das Bauernzentrum hat er sich Schritt für Schritt eines aufgebaut. Doch außer Plänen und Wunschbildern gibt es im Schach noch die jeweiligen Besonderheiten der Stellung — oder anders ausgedrückt:

das innere Leben auf dem Brett. Wie sein Gegner treffend bemerkte, hätte Schwarz seine strategische Niederlage eingestehen müssen, wenn er an dieser Stelle über keinen kräftigen Zug verfügt hätte. Allein, Portisch zweifelte bis zu diesem Zeitpunkt nicht im geringsten an der Richtigkeit seiner Intuition und spielte schnell und sicher. Doch plötzlich fiel alles wie ein Kartenhaus zusammen.

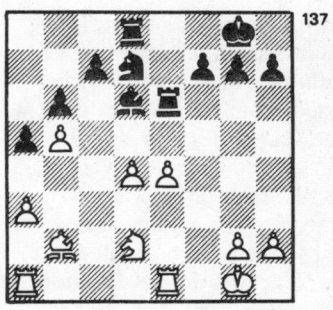

137

23. ... Sc5!! 24. Sc4 (falls 24. dc, so 24. ... L:c5+ nebst 25. ... T:d2) 24. ... S:e4 25. Tac1 Lf8 26. Se5 Sd6 27. a4 f6 28. Sf3 T:e1+ 29. S:e1 Td7 30. Sf3 Sf5 31. Kf2 h5, und Schwarz siegte bald.

Auch das folgende Beispiel ist kennzeichnend.

181

Portisch–Timman
Bugojno 1978

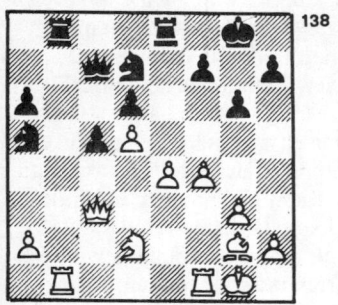

Portisch hatte in der Eröffnung
eine interessante Neuerung gebracht und klaren positionellen
Vorteil erhalten. Die strategische
Lage seines Gegners ist daher
nicht gerade beneidenswert, zumal Weiß auf ein gewaltiges
Zentrum pocht und der schwarze
Springer a5 abseits steht. Mit
dem folgenden feinen Positions-
zug verstärkt der Anziehende
seinen Druck.

23. Lh3! Sb7 24. Tbe1? ...

Doch das kann man nicht anders
denn als Verirrung des Positionsgefühls bezeichnen. Richtig war
24. L:d7 D:d7 25. Tbe1, gefolgt
von Sc4. Danach hätte die Drohung e4–e5 wie ein Damokles-
schwert über Schwarz geschwebt.

24. ... Sb6

Von jetzt an wehrt sich Timman
verbissen und erfindungsreich.
Seine Pläne sind auf die Be-
setzung der schwarzen Felder
sowie auf Gegenaktionen am
Damenflügel gerichtet.

25. f5?! (erneut eine fragwürdige
Entscheidung) 25. ... c4 26. f6
(besser war 26. Sf3) 26. ... Sc5
27. De3 S:d5 28. Dh6 S:f6 29. T:f6
c3 30. Sb3 S:e4 31. Tff1 d5
32. Lg2 a5

Weiß hat zwar eine Figur erobert, aber der Ausgang des
Kampfes ist ungewiß. Die Initiative liegt eher bei Schwarz, dessen Gegenspiel auf der Damenseite unzweideutig vorgeschrie-
ben ist.

33. L:e4 de 34. De3 Tb4 35. Tc1
Tc4 36. Tc2 (vorzuziehen war
36. Tfd1) 36. ... Td8 37. Sc1 h5
38. Se2 Td3 39. Dh6 Db6+
40. Kg2 e3 41. T:f7? ...

Portisch verliert die Nerven und
verrechnet sich obendrein, wodurch rasch die Krise herauf-
beschworen wird.

41. ... K:f7 42. Dh7+ Kf6 43. Tc1
Td2 44. Tf1+ Ke5 45. Dg7+ Ke4
46. Tf6 T:e2+ 47. Kh3 D:f6
48. D:f6 c2!, und Weiß gab binnen kurzem die Partie auf.
Diese Beispiele zeugen von
einer gewissen Unausgeglichen-
heit in Portischs Denken. Es
klingt widersinnig, aber sein
wissenschaftliches Vorgehen
bringt hin und wider seine
Schöpferkraft zum Erliegen.
Unter dem Einfluß des Wissens
wirkt er manchmal schwerfällig.
Selbstredend ist Portisch nach
wie vor ein Großmeister von
höchstem Rang. Bei seinen umfangreichen Kenntnissen und
der virtuosen Beherrschung der

Materie ist er vor völligem Versagen oder dem krassen Absinken seiner Spielstärke sicher. Dennoch, die Frische der Wahrnehmung ist ihm abhanden gekommen. Das Wichtigste ist indessen, daß ihn mitunter sein Positionsgefühl trügt. Mir scheint, darin liegt der Hauptmangel des ungarischen Großmeisters. Leider spielt seine in mancher Hinsicht dogmatische Einstellung dabei keine unerhebliche Rolle. Ehe wir unsere Betrachtung über Portischs Schachkunst fortsetzen, sei noch einmal betont: In Übereinstimmung mit den Zielen des vorliegenden Buches werden besonders Fehlhaltungen hervorragender Großmeister hervorgehoben, d. h., die Licht- und Schattenseiten werden nicht im richtigen Verhältnis zueinander dargestellt.

Trotzdem soll hier eine Aufzählung einiger grundsätzlicher positiver Eigenschaften eingeschaltet werden, die jedem großen Schachmeister eigen sind — unabhängig von Stil und Charakter:

1. Jeder bedeutende Meister ist von Natur aus ehrgeizig und zeichnet sich durch ungewöhnliche Zielstrebigkeit sowie einen starken Willen aus.

2. Er ist in der Lage, große geistige Anstrengungen auf sich zu nehmen. Seine Turnierhärte und Arbeitsfähigkeit liegen weit über dem Durchschnitt.

3. Er ist in seiner Art ein Fanatiker, der dem Schach grenzenlos ergeben ist.

4. Er besitzt eine klar ausgeprägte Individualität.

Im Schach gibt es Obligatorisches und Fakultatives. Wenn wir von bestimmten Eigenheiten bzw. starken oder schwachen Seiten eines Spielers sprechen, so beziehen wir uns auf Situationen, in denen sein Stil und Charakter zur Geltung kommen. Die fakultative Seite äußert sich also im Problem der Wahl. Die obligatorischen Fertigkeiten (z. B. genaue Berechnung und Technik) sind dagegen bei allen Großmeistern dank ihrem Können nahezu identisch.

Kehren wir nun zu Portisch zurück und vertiefen wir uns weiterhin in einige seiner Wesenszüge.

Schon seit langem fällt auf, daß er sich nur selten auf scharfes Spiel einläßt (abgesehen von zweischneidigen Eröffnungssystemen, die er zu Hause sorgfältig ausgearbeitet hat). Daher fühlt er sich unbehaglich, sobald ihn der Partner in originellen oder verhältnismäßig wenig erforschten Stellungen in schwer durchschaubare Verwicklungen hineinzieht. Zu diesem Thema finden sich mehrere Beispiele in seinen Zweikämpfen mit Tal.

Tal–Portisch
Wettkampf 1965

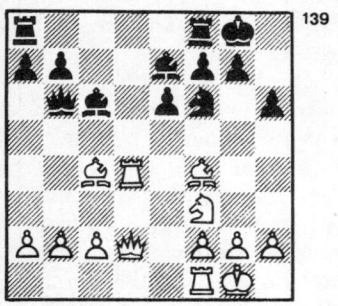

139

Weiß faßte den verantwortungsvollen, aber psychologisch vollauf berechtigten Entschluß, eine
Figur zu opfern.

15. L:h6!? Se4

Der beste Zug. Verloren hätte
dagegen 15. ... L:f3 16. L:g7!
K:g7 17. Dg5+ Kh8 18. Th4+
Sh7 19. D:e7 usw.

16. Df4 gh 17. T:e4 (17. D:h6 wird
durch 17. ... Tad8 entkräftet,
wonach Weiß mittels 18. L:e6
das Remis forcieren muß) 17. ...
L:e4 18. D:e4 Tad8 (Schwarz hat
ständig mit praktischen Schwierigkeiten zu kämpfen: so taugte
18. ... D:b2 nichts wegen
19. Se5!, und nach 18. ... Lf6
19. Ld3! ist seine Stellung ebenfalls schwer zu halten) 19. b3 Lc5
20. Df4 Kg7 21. De5+ f6!
22. Dg3+ Kh7 23. Te1 Tg8?

Der Nachziehende ist der nervli-
chen Anspannung nicht gewachsen. Nüchtern betrachtet konnte
er vermittels 23. ... Lb4! oder
23. ... Td6 das Gleichgewicht

aufrechterhalten. Jetzt indessen
dringt der weiße Angriff rasch
durch.

24. Dh4 Td6 25. Kf1 f5 26. h3 Tg6
27. g4 Td7 28. T:e6! Td1+ 29. Kg2
T:e6 30. L:e6 fg 31. D:g4 Td8
32. Se5. Schwarz gab auf.

Weitere wesentliche, allerdings
nicht gar so auffällige Unzulänglichkeiten des ungarischen
Großmeisters sind (selbstredend
handelt es sich hier um eine
subjektive Beurteilung):
Portisch verteidigt sich nicht
gern und meidet passive Stellungen. Man kann mitunter sogar an
seinem Gesicht ablesen, daß er
die Initiative eingebüßt hat und
in eine psychologisch unbehagliche Lage geraten ist – auch
wenn sich diese objektiv bessern
ließe.
Manchmal fühlt er sich in Positionen unwohl, die langwieriges
und undurchsichtiges Manövrieren erfordern – zumal, wenn er
keinen klarumrissenen Plan hat
(oder keinen zu finden vermag).
In solchen Fällen verliert er
gleichsam den Boden unter den
Füßen, jagt äußerlicher Aktivität hinterher und läßt sich zu
Bauernvorstößen hinreißen, die
organische Schwächen hinter-
lassen.
Des öfteren behandelt Portisch
Stellungen mit ungleichartigem
Material oder gestörtem Gleichgewicht nicht zum besten (vorausgesetzt, es liegt keine häusliche Vorbereitung vor).
Die sportlich-psychologischen

Eigenheiten Portischs darf man ebenfalls nicht außer acht lassen. Trotz äußerer Kaltblütigkeit ist er von Natur aus sehr sensibel und bei Belastungen gewissen Schwankungen unterworfen. So gibt es beispielsweise Gegner, die ihm nicht liegen, so daß er gegen sie über einen längeren Zeitraum hinweg erfolglos abschneidet. Manchmal zeigt er sich bei entscheidenden Begegnungen nicht ganz auf der Höhe. Zwischen 1968 und 1974 sowie 1977 unterlag er auf diese Weise in den Wettkämpfen der Kandidaten. Jedesmal gab die letzte Partie den Ausschlag.

Obgleich er sich nur selten auf Experimente einläßt, die Turniere gründlich auswählt und sich sorgfältig auf sie vorbereitet, schützt ihn das nicht vor eindeutigen Mißerfolgen (man denke etwa an Manila 1978). Ja selbst bei günstig verlaufenden Turnieren gibt es Tage, an denen Portisch seine gewohnte Energie und Spannkraft vermissen läßt. Dann kommt es vor, daß er sogar gegen recht schwache Gegner Niederlagen einstecken muß.

Innerhalb bestimmter, sehr weit gesteckter Grenzen ist Portisch außerordentlich stark. Dennoch muß er es sich meiner Meinung nach zur Aufgabe machen, erneut den Weg des Risikos und der Improvisation zu beschreiten, wobei er nicht vor komplizierter Rechenarbeit zurückschrecken darf.

Trotz allem bleibt Portisch dank vieler Stärken und dem Umfang seines Wissens nach wie vor einer der führenden Großmeister der Welt.

Wir haben uns mit einigen praktischen Gesichtspunkten befaßt, die verschiedene Seiten des dogmatischen Herangehens beleuchten.

Zum Abschluß wollen wir noch eine Frage streifen, die von historischem Interesse ist. Gemeint ist das dogmatische Festhalten an bestimmten Ideen. In der Regel wurde diese Einstellung von den Anhängern der klassischen Methoden, und zwar sowohl von den Vertretern des positionellen wie auch des kombinatorischen Stils, mit Nachdruck verfochten. In jener Zeit galt es als Ehrensache, sich bis zum äußersten für sein schöpferisches Glaubensbekenntnis einzusetzen. So bediente sich beispielsweise Steinitz, der Begründer der positionellen Schule — dem großen praktischen Risiko zum Trotz —, unentwegt der ausgefallenen Varianten 1. e4 e5 2. Sc3 Sc6 3. f4 ef 4. d4 Dh4+ 5. Ke2 bzw. 1. e4 e5 2. Sf3 Sc6 3. Lc4 Sf6 4. Sg5 d5 5. ed Sa5 6. Lb5+ c6 7. dc bc 8. Le2 h6 9. Sh3?! Auf Grund seiner Auffassung hielt er es auch für obligatorisch, das Evans-Gambit anzunehmen. Im Mittelspiel setzte er seinen König mitunter absichtlich exponierten Lagen aus usw.

Oder nehmen wir den bedeutenden Neuerer der dynamischen Stellungsbehandlung und Vertreter des Kombinationsstils, Tschigorin. Auch er hatte vor dem Hintergrund prächtiger Einfälle verschrobene Ideen, für die er eintrat, ohne sich durch praktische Mißerfolge einschüchtern zu lassen. Wie viele Sorgen bereitete ihm in den Wettkämpfen mit Steinitz sein Lieblingssystem 1. d4 d5 2. c4 Sc6!?, das später seinen Namen tragen sollte.

Ohne darauf Rücksicht zu nehmen, bediente er sich mit wahrhaft ritterlichem Mut immer wieder dieses Spielanfangs.

Ungeachtet mancher geglückter Einfälle erfreute sich dieser Aufbau nie besonderer Beliebtheit.

Doch sein Grundgedanke – die Schaffung eines Figurendrucks auf das feindliche Zentrum – erwies sich als wertvoll und zukunftsträchtig. Heute ist er in so aktuellen Eröffnungen wie der Nimzowitsch-Indischen, der Grünfeld-Indischen und in vielen Abspielen der Königsindischen Verteidigung (die übrigens auf Tschigorin zurückgeht) fest verankert.

All das zeigt, daß standhaftes und hingebungsvolles Eintreten für seine Überzeugungen den echten Künstler auszeichnen.

Besonderen Eifer bei der Verteidigung ihrer Anschauungen legten Tarrasch, Rubinstein, Nimzowitsch, Réti, Spielmann und andere Koryphäen der Vergangenheit an den Tag. Auch späterhin ist der feste Glaube an die eigenen Schaffensgrundlagen für viele bedeutende Schachmeister unserer Zeit wie Euwe, Botwinnik, Keres, Smyslow, Portisch und andere kennzeichnend.

Darin liegt ihre Stärke, zugleich aber auch ihre Schwäche, wie wir an Hand von verschiedenen Beispielen gezeigt haben.

Im weiten Sinn des Wortes ist der Begriff Dogmatismus also recht vieldeutig. Man darf nicht vergessen, daß die Preisgabe des eigenen Standpunkts allein dann gerechtfertigt ist, wenn man sich den Tatsachen beugen muß. Jeder hervorragende Schachmeister ist nun einmal verpflichtet, fest seine Überzeugungen zu vertreten.

6. Kapitel

Auf der Suche nach einem neuen Stil

Wie jede andere schöpferische Tätigkeit entwickelt sich das Schachspiel unaufhörlich. Seit Spasski und Tal Ende der 50er Jahre die Turnierarena betreten haben, hat der moderne dynamische Stil festen Fuß gefaßt. (Übrigens bringt jede Generation beim Ringen um ihre Anerkennung neue Methoden und einen neuen Stil hervor. Dies geschieht – das sei besonders betont – intuitiv.)

Der nächste Schritt auf der Suche nach Neuem wurde Ende der 60er, Anfang der 70er Jahre getan. Wie nie zuvor hat sich Schach zum Sport gewandelt. In dieser Hinsicht ist die äußerst praktische Einstellung Fischers kennzeichnend. Es ist auch kein Zufall, daß Karpow mit seinen Partien und in seinen Äußerungen immer wieder unterstreicht, daß er sich von den Prinzipien des Kampfes und rein sportlichen Zielen leiten läßt.

Immer deutlicher zeichnet sich die Tendenz ab, daß sich gegenwärtig neben der Dynamik eine neue selbständige Schule herausbildet – die Schule des gesunden Schachpraktizismus.

Der moderne Schachpraktizismus

Der Begriff Praktizismus erweckte bis vor kurzem nicht nur bei Schachspielern Mißtrauen. Weit verbreitet war die Auffassung, daß Praktizismus allein darauf abziele, die eigenen Angelegenheiten zu regeln. Mit anderen Worten, er wurde der Engstirnigkeit bezichtigt.

Etwa ebenso wurde die Frage im Schach angesehen. Eine oberflächliche Vorstellung setzte ihn z. B. mit den berüchtigten „Großmeisterremisen" gleich.

Im Grunde genommen gab es jedoch stets zwei Arten von Praktizismus. Den primitiven, dem der „Spatz in der Hand" alles bedeutet und dem Schöpfertum zutiefst fremd ist. Außerdem aber den gesunden Schachpraktizismus, ohne den sportliche Erfolge im Schach undenkbar sind.

In letzter Zeit bedienten sich seine Anhänger immer häufiger der Methode, den Partner vor komplizierte und psychologisch unliebsame Probleme zu stellen, wobei Standardsituationen weitgehend gemieden werden.

Die moderne praktische Einstellung zum Kampf am Brett, d. h. zum Kampf bei beschränkter

Bedenkzeit, ist eng mit dem strategischen Risiko und den sich daraus ergebenden Fehlern zweiter Ordnung verbunden. Beides ist gewissermaßen zur Norm geworden.

Im Zusammenhang damit wollen wir die beiden folgenden Illustrationen aus dem Weltmeisterschaftskampf Baguio 1978 betrachten. In beiden Fällen führte Weltmeister Karpow die schwarzen Steine.

Obgleich sich diese Partien in ihrer Anlage stark voneinander unterscheiden, ist ihnen doch die strategisch gewagte Spielführung des Nachziehenden gemeinsam. Dabei war das Risiko in der ersten von ihnen recht groß. Es gelang Karpow indessen, dem Gegner eine Reihe schwieriger psychologischer und praktischer Aufgaben zu stellen und ihn letztlich durch ein Qualitätsopfer in Versuchung zu bringen. (Die Schwäche des Herausforderers für angebotenes Material ist ja seit langem bekannt!) Diese Rechnung ging auf. In der zweiten Partie war das schwarze Risiko bedeutend geringer. Allerdings hatte Karpow, der ausgetretene Pfade vermied, zunächst gewisse Schwierigkeiten zu überwinden. Das glückte ihm auch dank einfallsreichem und unschablonenhaftem Spiel.

Nimzowitsch-Indische Verteidigung
Kortschnoi—Karpow
7. Wettkampfpartie

1. d4 Sf6 2. c4 e6 3. Sc3 Lb4
4. e3 0–0 5. Ld3 c5 6. d5 b5!?
7. de fe 8. cb Lb7 9. Sf3 d5
10. 0–0 Sbd7 11. Se2 De8 12. Sg3
e5 13. Lf5 g6 (vorsichtiger geschah 13. ... a6) 14. Lh3 a6

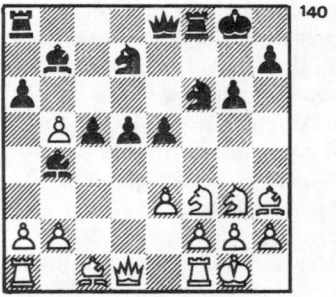

140

Der strategische Aufmarschplan des Nachziehenden macht einen gefälligen Eindruck. Doch das vorgeschobene Zentrum kann die Zielscheibe für einen Gegenangriff abgeben. So auch hier, wo Schwarz nach 15. e4! einige bange Augenblicke zu überstehen gehabt hätte. Aber der Herausforderer verkennt die Stoßrichtung des Kampfes und läßt sich zu einem Qualitätsgewinn verleiten.

15. Sg5 ...

Dieser Ausfall wird in großem Stil abgewehrt.

15. ... ab! 16. Se6 c4 17. Ld2 Lc5
18. Sc7 De7 19. S:a8 T:a8 20. a3

Sb6 21. Dc2 Lc8! 22. L:c8 T:c8
23. La5 Sbd7 24. Dd2 Ld6!
25. Lb4 Sc5, und Schwarz
hatte klaren Vorteil.

Damengambit
Kortschnoi–Karpow
9. Wettkampfpartie

1. c4 Sf6 2. Sc3 e6 3. Sf3 d5 4. d4
Le7 5. Lf4 0–0 6. e3 c5 7. dc L:c5
8. Dc2 Sc6 9. Td1 Da5 10. a3 Le7
11. Sd2 e5?! 12. Lg5 d4 13. Sb3
Dd8 14. Le2 h6 15. L:f6 L:f6
16. 0–0 Le6 17. Sc5 De7 18. S:e6
D:e6 19. Sd5 Tad8 20. Ld3 Se7
21. S:f6+ D:f6 22. ed ed 23. Tfe1
Td7

141

Auf dem Brett hat sich eine
typische Zentrumsformation ergeben. Obzwar der schwarze
Bauer d4 zuverlässig geschützt
ist, beengt er doch ein wenig die
Aktionen seiner Mitfiguren. Beim
Vorhandensein der Schwerfigu-
ren erweist sich der weiße Läufer dem schwarzen Springer
leicht überlegen.

24. Te4 ...

Vielleicht war 24. De2 besser,

und falls dann 24. ... Sc6, so
25. Dg4! Td6 26. Df5 mit weißem
Druckspiel.

24. ... Sc6 25. De2 g6 26. Tde1
Kg7 27. b4 ...

Der Anziehende will eine Fron-
taloffensive eröffnen, vergrößert
aber lediglich die Zahl der An-
griffsobjekte, wodurch das Gegenspiel begünstigt wird. Zweck-
mäßiger war wohl 27. h4.

27. ... b6 28. Dg4 Tfd8 (28. ...
Dd6? 29. Te6!) 29. h4 h5 30. Dg3
Dd6 31. f4 Te7 32. T:e7 S:e7
33. Te5 a5! 34. T:h5 ab 35. ab
D:b4 36. Tb5 Dd2, und erneut
hat Schwarz dank seinem Er-
findungsreichtum die Schwierigkeiten wohlbehalten überstanden.

Die moderne Praxis weitet die
Grenzen des Schachpraktizismus immer mehr aus. Bis vor
kurzem gründete er sich in erster Linie auf die Logik und die
positionelle Schule von Steinitz
(wir erinnern an Nimzowitschs
Aufforderung, beim Vorhandensein vieler kombinatorischer
Möglichkeiten die Lösung im
Positionellen zu suchen). Jetzt
hingegen ist der Inhalt dieses
Begriffs beträchtlich komplizierter und reichhaltiger geworden.
Eben haben wir Beispiele für
das strategische und praktische
Risiko kennengelernt, das zweifellos zu einer Methode des modernen Schachpraktizismus
wurde.

Die Praxis lehrt, daß verblüffende Positionsopfer oder ausgefallene strategische Ideen, die nicht einmal völlig korrekt zu sein brauchen, bei beschränkter Bedenkzeit nur schwer zu widerlegen sind und so zu einer gefährlichen Waffe des Schachpraktizismus wurden.

Bei diesen Beispielen fällt es nicht leicht herauszufinden, was wesentlicher an ihnen ist — dynamische oder schachpraktische Erwägungen. Diese Frage stellen heißt jedoch, sie beantworten, weil sich beides in den meisten Fällen gar nicht voneinander trennen läßt (man vergleiche die Äußerungen Botwinniks über Tal auf S. 176). In dergleichen Situationen bildet die Dynamik die geistige Grundlage, während die praktischen Ziele des Spielers dieser eine bestimmte Richtung weist. Gerade wegen dieses Zusammenhangs habe ich den Terminus „moderner Schachpraktizismus" geprägt, der eine Synthese zwischen den beiden genannten Strömungen herstellt. Als Ergebnis erhalten wir einen neuen, möglicherweise noch nicht endgültig ausgeformten, schöpferischen Schachstil.

Im weiteren werde ich auf einige neuartige Züge dieses Stils hinweisen, die unablässig unter dem Einfluß der Praxis entstehen und ihn bereichern.

Die modernen Erscheinungsformen des Schachpraktizismus sind äußerst vielgestaltig.

Noch bedeutsamer ist indes, daß sich die Einstellung zum Schachpraktizismus selbst geändert hat. Aus dem einstigen (teils nüchternen, teils risikofreudigen) Hilfsmittel hat sich eine Kampfweise entwickelt, die Schule gemacht hat. In ihr sind Gesichtspunkte der Strategie mit psychologischen Faktoren des praktischen Kampfes bei beschränkter Bedenkzeit miteinander verschmolzen.

Wir haben bereits hervorgehoben, daß sich das Schach zum Sport — im weitesten Sinne des Wortes — gewandelt hat. Das ist auch der Grund, weshalb der Begriff Schachpraktizismus in einem anderen vielsagenden Licht erscheint.

Für die klassische positionelle Schule war das Streben kennzeichnend, den objektiv besten Zug bzw. Plan sowie die vielversprechendsten Wege für die Entwicklung der Theorie einer bestimmten Eröffnungsvariante mit Hilfe wissenschaftlich-analytischer Methoden zu suchen. Heutigentags hat sich in der Denkweise ein radikaler Umschwung zugunsten rein sportlicher Ziele vollzogen. Oft haben neue und originelle Ideen nicht den Zweck, objektive Probleme grundsätzlich zu lösen, sondern sie erweisen sich lediglich als listige, genau berechnete psychologische Finten, bei denen allein der unmittelbare sportliche Erfolg ausschlaggebend ist.

Wir haben uns den Problemen des Schachpraktizismus, der

Psychologie und der Strategie zugewandt, weil diese wirksame Mittel zur Ausschaltung von Salonremisen bereitstellen. Obendrein wollte der Autor die schöpferischen Triebkräfte bloßlegen, die den neuen Strömungen der Strategie und Taktik innewohnen.

Aber auch im Schach heißt es, Realist zu bleiben! Man darf nicht außer acht lassen, daß in der Praxis — besonders beim Spiel von Großmeistern untereinander — häufig stabile Gleichgewichtsstellungen und uneinnehmbare Festungen entstehen, die sozusagen den Remisbazillus in sich tragen.

Das braucht indes nicht zu bedeuten, daß beide Widersacher den Kampf scheuen. Es genügt vollauf, daß einer der Gegner friedfertig gestimmt, vor allem auf seine Sicherheit bedacht ist und nichts riskiert. Natürlich wird ein derartiges „Kräftemessen" meist von sportlichen Erwägungen überschattet. Angenommen, unser Turnierziel zwingt uns in einem bestimmten Augenblick, dem Tatendrang des kampflustigen Gegners Fesseln anzulegen. In diesem Fall hält die Theorie in jeder beliebigen Eröffnung Abspiele bereit, die geeignet sind, den Siegeswillen unseres Partners zu brechen. Ja, die Eröffnungstheorie hat nicht nur Varianten und Systeme hervorgebracht, die von unbändiger Schöpferkraft zeugen, in ihr findet man auch

(besonders für Weiß) viele den Spielfluß hemmende Zugfolgen, die zu einem strategisch inhaltsarmen Mittelspiel führen.

Läßt beispielsweise die Abtauschvariante 1. d4 d5 2. c4 c6 3. cd cd 4. Sc3 Sf6 5. Sf3 Sc6 6. Lf4 der Slawischen Verteidigung nicht jeden Spieleifer erkalten?

Auf diese Weise unterbindet Weiß ein für allemal ein mit d5:c4 beginnendes Gegenspiel (etwa das Botwinnik-System 3. Sf3 Sf6 4. Sc3 e6 5. Lg5 dc 6. e4 b5 7. e5 h6 8. Lh4 g5), aber auch das Slawische Gambit 3. Sc3 e6 4. e4 de 5. S:e4 Lb4+ 6. Ld2 D:d4 7. L:b4 D:e4+ usw. Beide Abspiele würden zweischneidige Verwicklungen heraufbeschwören. Obendrein verflacht das Spiel angesichts der vollkommenen Symmetrie und der stabilen Bauernstruktur im Zentrum.

Oder nehmen wir die Variante 1. d4 Sf6 2. c4 d6 3. Sc3 e5 4. de de 5. D:d8+ K:d8 der Altindischen Verteidigung oder die Variante 1. d4 Sf6 2. c4 g6 3. Sc3 Lg7 4. e4 d6 5. Sf3 0–0 6. Le2 e5 7. 0–0 Sc6 8. Le3 Te8 9. d5 Sd4 10. S:d4 ed 11. L:d4 S:e4 12. S:e4 T:e4 13. L:g7 K:g7 der Königsindischen Verteidigung.

142

Aussichten sind wenig gewinn-
trächtig.

Das gleiche gilt für eine weitere
von Paulsen stammende Variante:
1. e4 c5 2. Sf3 e6 3. d4 cd 4. S:d4
Sc6 5. Sc3 Dc7 6. g3 a6 7. Lg2
Sf6 8. 0–0 Le7 9. Te1 d6 10. S:c6!
bc 11. e5! de 12. T:e5 0–0
13. Lf4

Auch hier wird (für beide Seiten!) sogar der unscheinbarsten
Gefahr radikal vorgebeugt. Daß
man natürlich jede Stellung
noch verlieren kann, steht auf
einem anderen Blatt.

In der Sizilianischen Verteidigung, die als die wohl „asymme-
trischste" Aufstellung für
Schwarz gilt, kann man mehrere
Abspiele nennen, die dem Versuch des Nachziehenden, auf
Sieg zu spielen, von vornherein
einen Riegel vorschieben.
Hier ein unvollständiger Überblick:
1. e4 c5 2. c3 Sf6 (2. ... d5 3. ed
D:d5 4. d4, und wie die Praxis
zeigt, muß sich Schwarz noch
sehr um den Ausgleich bemühen)
3. e5 Sd5 4. d4 cd 5. D:d4!? e6
6. Sf3 Sc6 7. De4 – an ein Spiel
auf Gewinn ist für den Nachziehenden vorläufig gar nicht
zu denken.
1. e4 c5 2. Sf3 e6 3. d4 cd 4. S:d4
a6 5. Ld3 Sc6 (vor uns haben
wir eine Hauptvariante der Paul-
sen-Verteidigung) 6. S:c6 bc
7. c4 Sf6 8. Sc3 d5 9. cd cd
10. ed ed, und die schwarzen

143

Natürlich ist in den angeführten
Abspielen genug Raum für
Kampf, so daß der weniger erfahrene oder einfach schwächere
Spieler die Partie noch nach
allen Regeln der Schachkunst
verlieren kann. Eine Faustregel
für das Spiel auf Gewinn gegen
bedeutend schwächere Gegner
lautet ja gerade: Man halte die
Figuren auf Distanz und laviere.
Aller Wahrscheinlichkeit nach
wird der Partner früher oder
später seine Stellung verderben.
Aus diesem Grund ist in der
Tarrasch-Variante 1. e4 e6 2. d4
d5 3. Sd2 der Französischen Verteidigung die Fortsetzung 3. ...
c5 (sie eignet sich gut für den
Kampf mit ebenbürtigen oder
stärkeren Gegnern) weniger
empfehlenswert als die Spiel-

weise 3. ... Sf6 4. e5 Sfd7 5. f4
c5 6. c3 Sc6 oder gar 3. ... Sc6
4. Sf3 Sf6 5. e5 Sd7 6. Sb3 Le7
7. Lb5 Scb8!?
Strategisch anspruchslose Eröffnungsvarianten können also
wirkungsvoll und nachhaltig sein.
Kennt man diese Zusammen-
hänge nicht, vermag man viele
Feinheiten des Kampfes der
stärksten Großmeister untereinander nicht richtig zu würdigen.
Das Können des erfahrenen
Kämpfers äußert sich eben auch
darin, daß er sich im praktischen
Spiel bietende Gelegenheiten
rasch ergreift. Dabei kann er den
Tatendrang des Gegners eben-
sogut im Mittelspiel hemmen.

Polugajewski–Karpow
1. Wettkampfpartie 1974

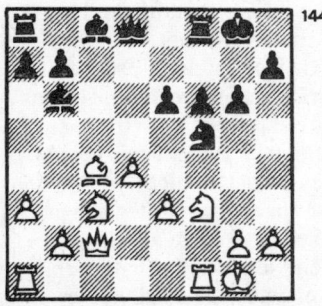

144

Das schwarze Bauerngefüge am
Königsflügel sieht arg zerrüttet
aus. Aber bereits Lasker hat in
seinen Partien wiederholt bewiesen, daß derart luftigen Stellungen vielerlei Verteidigungsressourcen innewohnen. Die folgenden Ereignisse bestätigen das,
denn Schwarz verfügt über aus-

reichendes Gegenspiel. Eine
wichtige Rolle fällt dabei dem
unscheinbaren Läufer b6 zu.
18. Tfe1 Kg7 19. Tad1 Ld7
20. Kh1 Tc8 21. La2 Sd6 22. Dd3
(sonst geschieht 22. ... Sc4)
22. ... De7 23. e4 ...
Hauptschauplatz der Schlacht
wird auch künftighin das Zentrum bleiben. Die Drohung 24. e5
nebst 25. d5! scheint sehr unangenehm zu sein. Doch Schwarz
gelingt es, sie überzeugend zu
entkräften.

23. ... Sf7! 24. e5 ...

Es hat sich eine ausgeglichene
Stellung ergeben. Weiß vermag
die Postierung seiner Figuren
kaum noch zu verstärken, während Schwarz Tfd8 nebst Le8
zu spielen beabsichtigt, um
e6—e5 durchzusetzen. Wenig
verheißungsvoll war jedenfalls
24. d5 e5 oder sogar 24. ... Se5
25. S:e5 fe, und der Nachziehende hat ein bequemes Spiel.

24. ... fe 25. S:e5 ...

Auch bei 25. d5!? Lc7! 26. Se4 ed
27. L:d5 Lc6 ist nicht zu sehen,
wie Weiß vorankommen will.
All das spricht für die Zuver-
lässigkeit der strategischen Ver-
teidigungskonzeption von Karpow.

25. ... S:e5 26. T:e5 Tf5

Hier kam auch der schärfere
Zug 26. ... Dh4 in Betracht, z. B.
27. L:e6 D:d4 28. D:d4 L:d4
29. L:d7 L:e5 30. L:c8 T:c8
31. Td7+ Kh6 32. T:b7 L:c3

193

33. bc T:c3 34. h4 T:a3 mit wahrscheinlichem Remis.
Karpow bleibt jedoch seiner klaren Linie treu und führt die Verteidigung elastisch.

27. Sd5 (27. Tee1! hätte Schwarz vor größere Probleme gestellt)
27. ... Dd6 28. S:b6 D:b6 29. De2 Dd6 30. h3 Tcf8 31. Kg1 La4 32. Td2 Ld7! Remis.

Den meisten jungen Heißspornen wird eine derartige Hemmungsstrategie nicht nur langweilig, sondern auch unschöpferisch erscheinen. Doch sollten sie wissen, daß es sich um ein unerläßliches Attribut des Schachs handelt, das Einblicke in die Geheimnisse der Hohen Schule der Meisterschaft gewährt.
Die Hemmungsstrategie ist ein fester Bestandteil des modernen Schachpraktizismus. Ihr Ausgangspunkt ist ein starker Druck auf den Gegner. Natürlich birgt diese Kampfmethode die Gefahr übermäßig vieler Remispartien in sich. Aber ohne dergleichen Alltäglichkeiten kommt man bei keinem Wettkampfsport aus. Wie immer der Spielfluß auch gehemmt werden mag, der weite Horizont der Schachkunst wird dadurch keineswegs eingeengt.

Ein Hauptmerkmal des modernen Schachpraktizismus ist, daß strategische Entscheidungen rasch und rechtzeitig getroffen und Pläne plötzlich umgestoßen werden, wobei sowohl objektive als auch psychologische Faktoren berücksichtigt werden.
Sehr oft beklagt sich der Verlierer über zufällig versäumte Möglichkeiten, die eigentlich doch auf der Hand lagen. Hier drängt sich unwillkürlich die Antwort auf, daß der Mißerfolg völlig gesetzmäßig ist, wenn der richtige Plan während des Spiels nicht erkannt wurde.
Im praktischen Kampf gibt es nicht selten Fälle offensichtlicher Unachtsamkeiten, bei denen das Versehen als mehr oder weniger zufällig bezeichnet werden kann. Doch im ganzen genommen ist die Reaktionsschnelligkeit ein Gradmesser für die Spielstärke. Hier liegt auch der wesentliche Unterschied zwischen dem Meister und dem bedächtigen Analytiker, der nur unter großem Zeit- und Energieaufwand zur Wahrheit vordringt. Für das Fernschach ist analytisches Können sicher wertvoll, für das praktische Spiel mit streng einzuhaltender Bedenkzeit genügt dieses hingegen nicht.
Den Prozeß des strategischen Denkens in Worte zu kleiden, ist sehr schwierig — natürlich vorausgesetzt, daß nicht gerade selbstverständliche oder erzwungene Züge zur Debatte stehen.
In Verbindung hiermit ist die folgende Anmerkung Botwinniks höchst lehrreich.

Französische Verteidigung
Pogrebysski–Botwinnik
11. Meisterschaft der UdSSR,
1939

1. e4 e6 2. d4 d5 3. Sc3 Lb4 4. e5
c5 5. a3 L:c3+ 6. bc Se7 7. Sf3
Sbc6 8. Ld3 Da5 9. Dd2 c4
10. Le2 Da4 11. 0–0 Ld7 12. Sg5!
h6 13. Sh3 0–0–0 14. f4? ...

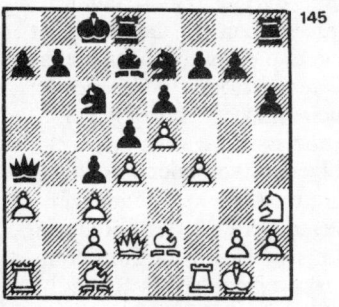

145

Zu diesem Fehlzug legte Botwinnik seine Gedanken wie folgt
dar: „Erst jetzt wurde verständlich, daß der gute Zug 12. Sg5
einer sehr schlechten Idee ent-
sprang. Es stellt sich nämlich
heraus, daß Weiß vermittels
Sh3–f2–d1–b2 den a-Bauern beweglich machen möchte... Ich
hatte 14. Sf4 erwartet, worauf
14. ... Tdf8 15. Sh5 Th7! gefolgt
wäre mit etwa gleichem Spiel.
Der Zug 14. f4 arbeitet allein
Schwarz in die Hände, weil er
die Aktivität des Läufers c1
noch mehr einengt."
In der Partie wurde Weiß nach
und nach in eine aussichtslose
Lage gedrängt. Es geschah:

14. ... f6 15. Sf2 h5 16. Sd1 Sf5
17. Sb2 Da5 18. a4 g5, und

Schwarz hatte ein deutliches
Übergewicht.

Beim Schachpraktizismus besteht – wie bei jedem anderen
Stil auch – ein wesentlicher Unterschied zwischen den allgemeinen Methoden, die wir eben dargelegt haben, und gewissen subjektiven Erscheinungsformen.
Letztere hängen von den individuellen Besonderheiten des
Spielers ab. Jeder Meister geht
nämlich beim praktischen Spiel
auf seine Art an die Lösung
dringender Aufgaben heran, angefangen vom Eröffnungsrepertoire bis zur allgemeinen Lebens-
weise während des Turniers.
So unterscheidet sich beispielsweise der rationale Praktizismus
Petrosjans grundlegend von Tals
halsbrecherischen „Balance-
akten". Für Fischer war vor
allem die außergewöhnliche
Ökonomie bei der Variantenberechnung und beim Zeitverbrauch kennzeichnend. Er ar-
beitete angestrengt die ganze
Partie hindurch, hob den Blick
kaum vom Brett und bemühte
sich, den Gegner in Zeitnot zu
bringen. Diese sportliche Grund-
einstellung und seine Gewohnheit, bis zur letzten praktischen
Chance zu kämpfen, ließen dem
Widersacher nicht die kleinste
Atempause und erwiesen sich
deshalb als besonders wirkungsvoll. Eine ähnliche Linie verfolgt gegenwärtig Karpow.
Um eine jähe Wendung des
Spielverlaufs bemühen sich in

den verantwortungsvollsten und schwierigsten Augenblicken des Kampfes Spasski, Larsen, Timman, Miles, Sax und andere.

Schnelle Änderungen des Planes, der zudem mit unerwarteten Mitteln durchgesetzt wird, haben eine zweifach beunruhigende Wirkung, denn der Gegner wird nicht allein vor große schachliche, sondern auch vor psychologische Probleme gestellt.

Man kann zusammenfassend sagen, daß die Kunst der praktischen Spielführung letztlich etwas zutiefst Individuelles ist.

Die Suche wird fortgesetzt

Die moderne Entwicklung der Schachtheorie und -praxis verläuft äußerst stürmisch. Dazu trägt eine früher nicht gekannte Zahl von Turnieren ebenso bei wie das Erscheinen vieler theoretischer Abhandlungen und Leitfäden. All das erzeugt eine schöpferische Unruhe, die noch nie so tiefgreifend war wie gegenwärtig.

Immer deutlicher wird, daß sich ein neuer Stil ankündigt, dessen Wesenszüge allerdings noch unklar sind. Dieser Stil harrt seiner Helden — in der Art wie Spasski und Tal die Dynamik, Fischer und Karpow den modernen Schachpraktizismus hervorbrachten. Vorerst jedoch hat der

neue, sich herausbildende Stil noch keinen Anführer. Er wird von einer Schar von Vertretern der jungen Generation geprägt. Zu ihr gehören mehrere sowjetische Schachmeister (Romanischin, Zeschkowski, Kusmin und andere — selbstverständlich auch Karpow) sowie namhafte ausländische Großmeister (Timman, Miles, Sax und andere).

Untersuchen wir die Besonderheiten, die unseres Erachtens für die sich jetzt vollziehende Suche nach dem neuen Stil kennzeichnend sind.

Folgendes sei jedoch noch vorausgeschickt. Die meisten jungen Großmeister beteiligen sich sehr häufig an Turnieren. Nur zwei Zahlen als Beleg. In den Jahren 1977/78 hat der niederländische Großmeister Timman mehr als 210 Turnierpartien in verantwortungsvollen Kämpfen gespielt. Im gleichen Zeitraum hat es der englische Großmeister Miles sogar auf mehr als 240 Partien (d. h. etwa 120 Partien im Jahr!) gebracht. Seinerzeit hat Botwinnik, der Mitte der 50er Jahre verhältnismäßig oft an Turnieren teilnahm, ungefähr 50(!) Turnierpartien pro Jahr angeraten. Botwinnik ging davon aus, daß ihm ein Zuviel an Praxis sowohl bei der analytischen Arbeit als auch bei der Auswertung des Gespielten hinderlich wäre und ihm die Lust am Schach nehmen würde. Diesen Standpunkt vertraten die meisten Vertreter der klassischen

Schule. Beweist das nicht, daß man heute grundsätzlich anders an die Dinge herangeht? Der Schwerpunkt liegt auf der Praxis, und hauptsächlich in ihr vervollkommnen sich die Spieler. Das erfordert Ausdauer und neuartige Formen der theoretischen Vorbereitung.

Ohne Zweifel werden von diesen Umständen alle Seiten des Spiels betroffen, unter anderem auch die eröffnungstheoretischen Belange. Die moderne Form der Vorbereitung unterscheidet sich grundlegend von der klassischen, die im Schaffen Botwinniks und seiner Anhänger zur Blüte gelangte. Damals wurde analytische Filigranarbeit geleistet, bei der noch das unscheinbarste Detail beachtet wurde.

In der heutigen Zeit erwirbt man Eröffnungskenntnisse in erster Linie durch die Praxis.

Unlängst fragte ich einen unserer führenden jungen Großmeister am Abend vor einer für ihn sportlich wichtigen Partie (auf die sich Spieler meiner Generation bestimmt gründlich vorbereitet hätten): „Welche Eröffnung werden Sie wählen?" „Den offenen Spanier", erwiderte mein Gesprächspartner. „Wieso das? Wenn mich mein Gedächtnis nicht trügt, haben Sie den doch noch nie gespielt. Immerhin handelt es sich ja um eine Entscheidungspartie." „Stimmt", antwortete er, „mir hat aber gefallen, wie A gestern mit Schwarz gegen B gespielt hat.

Ich möchte das auch einmal probieren, zumal mein Gegner sicher nicht damit rechnet."

Er hielt sein Versprechen und hatte — Erfolg! Das dürfte diesen begabten Spieler in der Meinung bestärkt haben, daß ein solches Herangehen richtig (und obendrein auch mühelos) ist.

Man kann indessen nicht behaupten, daß die Vertreter der jungen Generation in der Eröffnung schwach sind. Viele Systeme (vor allem die aktuellen) beherrschen sie ausgezeichnet. Zudem erlaubt ihnen die Frische ihrer Wahrnehmung sowie ihre Unvoreingenommenheit, interessante und wirkungsvolle Eröffnungsideen am Brett zu entwickeln.

In dieser Hinsicht ist die folgende Partie aufschlußreich.

Damengambit
Timman—Ivkov
Genf 1977

1. d4 d5 2. c4 e6 3. Sc3 c5 4. cd ed 5. Sf3 Sc6 6. g3 Sf6 7. Lg2 Le7 8. 0—0 0—0 9. dc L:c5 10. Lg5 d4 11. L:f6 D:f6

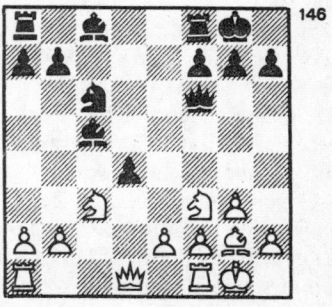

146

In dieser altbekannten Stellung der Tarrasch-Verteidigung wartete Timman mit der überraschenden Fortsetzung 12. Sd5! (gewöhnlich spielte man hier 12. Se4) auf, die sich — wie der weitere Gang der Ereignisse zeigt — bestens bewährt. Es geschah:

12. ... Dd8 13. Sd2 Te8 14. Tc1 Ld6 15. Sb3 Le5 16. Sc5 Tb8 17. Da4 Ld6 18. Tfe1 L:c5 19. T:c5 Dd6 20. b4 Ld7 21. Sf4 a6 22. Td5 De7 23. a3 Ted8 24. Dc2 Le8 25. Dd2 T:d5 26. S:d5 De5 27. e4! de 28. T:e3 Dd4 29. De1 Ld7 30. Sf4 Df6 31. Dd2 Le8 32. De1 Kf8 33. Se6+!, und Weiß gewann.

Der Leser wird sich wahrscheinlich fragen, weshalb ich die Neuerung 12. Sd5! als Improvisation ansehe und nicht als Frucht häuslicher Arbeit. Natürlich habe ich keinen direkten Beweis und kann ihn auch gar nicht haben. Doch als mir ein wenig später die Partie Timman–Gligorić, Nikšić 1978, unter die Augen kam, in der Gligorić anstelle von 15. ... Le5 mit 15. ... Lg4!? fortsetzte und nach 16. Te1 Te5 17. Sf4 Lb4 18. Sd2 d3 19. S:d3 L:e2 20. T:e2 D:d3 schon alle Schwierigkeiten überwunden hatte und remis hielt, drängte sich mir der Verdacht auf, daß der Springerzug nach d5 Improvisation war. Im Gegensatz zu früheren Zeiten ist also eine betonte Nachlässigkeit gegenüber der eröffnungstheoretischen Vorbereitung zu beobachten. Doch wird das durch andere Dinge wettgemacht. Davon wird in den nächsten Abschnitten die Rede sein.

Die Eröffnungstheorie kennt keine Stiefkinder

Ein charakteristischer Zug modernen Forschens ist das Bemühen, Systeme zu beleben, die seit langem als theoretisch unbefriedigend verschrien sind. Bis vor kurzem zählte die Spielweise 1. d4 b6?! bzw. 1. e4 b6?! zu den „Stiefkindern" der Eröffnungstheorie. Doch gegenwärtig gewinnt sie dank den Verstärkungen einiger Praktiker an Boden.

Damenfianchetto
Farago–Miles
Hastings 1976/77

1. d4 b6 2. c4 Lb7 3. Sc3 ...

Etwas später wurde eine wirksamere Bekämpfungsart in 3. d5 gefunden. (Man beachte, daß bereits im 3. Zug um die beste Spielweise gerungen wird.) So geschah beispielsweise in der Begegnung Karpow–Miles, Las Palmas 1977: 3. d5 e6 4. a3! Sf6 5. Sc3 Ld6? (das ist gar zu „neumodisch") 6. Sf3 ed 7. cd 0–0 8. Lg5 Te8 9. e3 Le7 10. Lc4 h6 11. Lf4 Sh5 12. Le5 Lf6 13. Ld4 La6 14. L:a6 S:a6 15. 0–0 c5 16. L:f6 S:f6 17. Dd3! Dc8 (besser ist 17. ... Sc7) 18. Sd2 d6

19. Sc4 Td8 20. e4 Sc7 21. b4
Sa6 22. b5 Sc7 23. a4 Dd7 24. f4!
Te8 25. Tad1 Tad8 26. h3 De7
27. e5! de 28. d6! ...

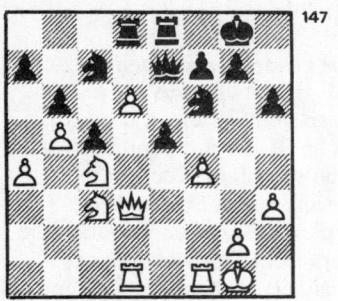

Die schwarze Stellung fällt wie
ein Kartenhaus zusammen.
28. ... Df8 29. fe Sh7 30. Df3
Se6 31. Db7 Ta8 32. Sd5 g6
33. Se7+ Kg7 34. Sc6. Schwarz
gab auf.
Unbestreitbar ein überzeugender
Sieg. Er führt eindringlich die
Schattenseiten des b6-Systems
vor Augen. Aber die Verfechter
des neuen Stils lassen sich durch
objektive Schwierigkeiten nicht
in Verlegenheit bringen. Sie
gehen vorwiegend von der praktischen Wirkung ihrer Ideen aus.
In der ersten Zeit erzielten sie
mit dem System 1. ... b6 auch
hervorragende Resultate.
Kehren wir zur Partie Farago—
Miles zurück.

3. ... e6 4. e4 Lb4 5. Dc2 (offenbar ist 5. f3 besser) 5. ... Dh4
6. Ld3 f5 7. g3?! ...

Hier verdiente 7. Sf3 Dg4 8. 0-0
L:c3 9. h3 Dh5 10. bc Sf6
11. Sd2 mit beiderseitigen Chancen beachtet zu werden.

7. ... Dh5 8. Le2 Df7! 9. f3 fe
10. fe Sf6 11. d5 0-0 12. Sf3
Dg6 13. Ld3 Dh5 14. 0-0 Sa6
15. a3(?) L:c3 16. bc Sc5
17. Le3? (das kleinere Übel war
17. Lf4) 17. ... S:d3 18. D:d3 ed
19. ed S:d5!

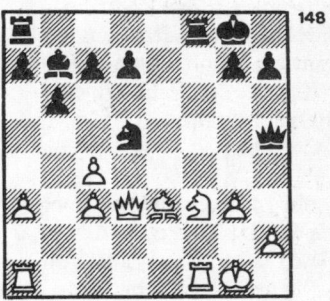

Der entscheidende taktische
Schlag. Schwarz erringt Materialvorteil.

20. cd T:f3 21. T:f3 D:f3 22. Td1
La6 23. Dd2 Lc4 24. Lf4 d6
25. h4 Tf8 26. Kh2 Le2 27. Tg1
Te8 28. Tg2 Lc4 29. Tf2 De4
30. Dd4 L:d5 31. D:e4 T:e4
32. h5 h6 33. g4 Tc4. Weiß gab
auf.

Durch erbitterten Kampf zeichnet sich die nächste Partie aus.

Damenfianchetto
Ogaard—Šahović
Stockholm 1976

1. d4 b6 2. c4 Sf6 3. Sc3 Lb7
4. d5 e6 5. a3 ed 6. cd g6 7. g3
Lg7 8. Lg2 0-0 9. Sf3 c5!? 10. 0-0
d6 11. e4 Sbd7 12. Lf4 De7
13. h3 Se8 14. Lg5! Lf6 15. Lh6
Lg7 16. L:g7 K:g7 17. Te1 a6

18. a4 Se5 19. Sd2 Sc7 20. f4
Sd3 21. Te3 Sb4 22. Db3 b5
23. e5?! ...

Ein übereilter Durchbruch in
der Brettmitte. Weiß mußte zuerst die letzten Reserven vermittels 23. Tae1 heranholen und
den Druck auf das Zentrum
aufrechterhalten. Jetzt entbrennt ein kombinationsgelade-
ner Kampf, den Schwarz einwandfrei besteht.

23. ... de! 24. d6 ...

Sowohl 24. T:e5 Dd7! als auch
24. fe Sc:d5! 25. S:d5 L:d5
26. L:d5 c4! usw. verläuft günstig für den Nachziehenden.

24. ... D:d6 15. L:b7 D:d2 26. Se4
c4! 27. S:d2 cb 28. L:a8 ...

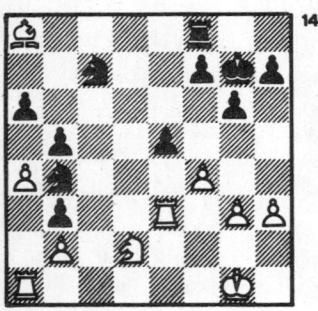

149

28. ... Sc2!!

Die Pointe des kombinatorischen
Vorhabens von Schwarz, der
jetzt ein gewonnenes Endspiel
bekommt.

29. T:e5 S:a1 30. Lc6 Td8
31. Sf3 Td1+ 32. Kf2 Tb1
33. Te2 Sc2 (noch einfacher hätte
33. ... ba! den Sieg sichergestellt)

34. Sd2 T:b2 35. S:b3 T:b3
36. T:c2 ba 37. L:a4 Ta3 38. Ld7
Sb5 39. Tb2 Sc3 40. Tb7 Se4+
41. Ke1 Sc5 42. Tb3 T:b3. Weiß
gab auf.

Wie besonders aus dem letzten
Beispiel zu ersehen ist, geht in
derartigen Systemen das praktische Risiko mit dem Streben
nach scharfem, Rechenarbeit
verlangendem Spiel einher.
In dieser Beziehung ist auch die
stürmische Entwicklung des
„aus der Asche auferstandenen"
Löwenthal-Lasker-Systems 1. e4
c5 2. Sf3 Sc6 3. d4 cd 4. S:d4 Sf6
5. Sc3 e5!? 6. Sdb5 d6 7. Lg5 a6
8. Sa3 b5 der Sizilianischen Verteidigung kennzeichnend. Immer
öfter (und zu Recht) wird es
allerdings Tscheljabinsker Variante genannt, weil die jungen
Tscheljabinsker Meister Sweschnikow und Timostschenko die
ersten waren, die es wieder in
die Spielpraxis einführten (und
mit ihm internationales Niveau
erreichten).
Die moderne Suche nach dem
neuen Stil vermag man sich ohne
die Entwicklung dieses und ähnlich gearteter Systeme kaum
vorzustellen. Das liegt natürlich
nicht an der Eröffnungsvariante
selbst, sondern vielmehr an den
inhaltsreichen Positionen, die
sich im Mittelspiel zu ergeben
pflegen.
Tatsächlich sind die aus der
Tscheljabinsker Variante her-
vorgehenden Stellungen höchst
interessant. Vom klassischen

Standpunkt aus beurteilt, ist die schwarze Bauernformation im Zentrum mangelhaft, weil unheilbar geschwächt. Das ist aber angesichts des dynamischen Gehalts und der ausgezeichneten praktischen Chancen, die Schwarz besitzt, keineswegs leicht zu beweisen. Zudem verläuft das Spiel konkret, so daß der Weißspieler mit jedem Zug scharfe taktische Varianten zu berechnen hat.

Selbst wenn man annimmt, daß dieses System und die anderen angeführten Abspiele nicht völlig korrekt sind, muß man doch einräumen, daß die weitere Entwicklung der Schachtheorie ohne derartige Experimente heutzutage unvorstellbar ist. Hier zwei Illustrationen, die die verschlungenen Pfade der Tscheljabinsker Variante vor Augen führen.

Sizilianische Verteidigung
Stean–Sax
Las Palmas 1978

1. e4 c5 2. Sf3 Sc6 3. d4 cd
4. S:d4 Sf6 5. Sc3 e5 6. Sdb5 d6
7. Lg5 a6 8. Sa3 b5 9. L:f6 gf
10. Sd5 f5 11. Ld3 Le6 12. Dh5
Lg7 13. 0–0 f4 14. c4!? ...

Eine interessante Neuerung, die – wie die vorliegende Partie zeigt – den Nachziehenden vor schwierige Probleme stellt.

14. ... bc 15. L:c4! 0–0 16. Tac1 Tb8 17. b3 L:d5 18. L:d5 Sb4 19. Tfd1! S:a2 (auch nach 19. ... Tc8 20. T:c8, gefolgt von 21. Sc4, hat Schwarz eine schlechte Stellung) 20. Tc6 Tb6 21. T:b6 D:b6 22. Sc4 Dc7

23. S:d6! Sc3 24. Sf5! Kh8 25. Td3 S:d5 26. T:d5 f6 27. h3 Tg8 28. Dd1! Schwarz gab auf.

Die nächste Partie wurde etwas später gespielt.

Sizilianische Verteidigung
Tukmakow–Sweschnikow
Meisterschaft der UdSSR 1978,
Höchste Liga

17. ... Dd7! (bis zu dieser Stelle
stimmt die Partie mit der vor-
hergehenden überein. Mit dem
Textzug verstärkt Schwarz das
Spiel wesentlich) 18. h3 Kh8
19. Tfd1 Sd4 20. Sc2 S:c2
21. T:c2 f5!? 22. ef L:f5 23. Tcd2
Da7 24. Kh1 Tbe8 25. f3 e4
26. S:f4 Le5 27. Sd5 ef 28. gf Lg6
29. Dg4 Df7 30. Tf2 Lh5 31. Sf6
L:g4 32. L:f7 T:f7

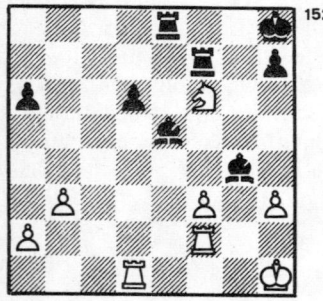
152

Ein lebhafter, taktisch zugespitzter Kampf ist entbrannt,
der am dynamischen Gleichgewicht jedoch nichts ändert.

33. S:e8 T:f3 34. Tdd2 T:h3+
35. Kg2 Tg3+ 36. Kf1 Lh3+
37. Ke1 Tg8 38. S:d6 Lg3
39. Kd1 L:f2 40. T:f2 Lg4+
41. Ke1 h5 42. Se4 Td8 43. Kf1
Kg7, und die Partner einigten
sich auf Remis.

Wie man sieht, sorgt die junge
Generation der 70er Jahre dafür,
daß es in der Eröffnungstheorie
keine „Stiefkinder" gibt.

Wir wollen noch darauf hinweisen, daß ein Teil dieser Experimente nicht dazu angetan
ist, die klassischen Gesetze ins
Wanken zu bringen. Manche
haben sogar nicht einmal eine
Existenzberechtigung.
Da es bei Gemälden zeitgenössischer Maler bekanntlich
schwierig sein kann, die Spreu
vom Weizen zu scheiden, habe
ich in einem Gespräch mit einem
Künstler diesem die Frage gestellt: „Was unterscheidet
eigentlich einen wahrhaft modernen Künstler, wie etwa Picasso
oder Modigliani, von denen, die
sich nur modern gebärden?"
Seine Antwort lautete: „Ein
echter Maler muß auch im
klassischen Stil malen können!"
Auf das Schachspiel übertragen
heißt das, daß jedes Experiment
auf einem soliden Fundament
ruhen und einer genau umrisse-
nen strategischen Idee verpflichtet sein sollte. So läßt sich
im Damenfianchetto (1. ... b6)
trotz aller Abseitigkeit der klar
vorgezeichnete Plan erkennen,
den kritischen Punkt e4 von
beiden Flanken her unter Beschuß zu nehmen (man ver-
gleiche die Züge Lb7, Lb4 und
Dh4!).
Auch die Tscheljabinsker Variante ist reich an strategischen
Leitgedanken. In ihr tritt ebenfalls die Tendenz zutage, das
schwarze Spiel (durch b7–b5
und f6–f5!) auf die Flügel zu
verlagern. Hinzu kommt der

Druck auf die schwarzen Felder sowie das Läuferpaar des Nachziehenden, wodurch der Kampf kompliziert wird und sich in keine Schablone pressen läßt. Gegen seinen Willen wird der Weißspieler praktisch bei jedem Zug gezwungen, selbständig zu denken.

Nun zu einem Gegenbeispiel, in dem pseudomoderne Eröffnungsbehandlung hart bestraft wird.

Knaak—Adamski
Sandomierz 1976

153

Anstatt mittels 8. ... d5!? 9. cd D:d5 10. Da4+ Sc6 11. Lf3 Dd6 12. 0—0 0—0! 13. Td1 De7 die Entwicklung abzuschließen, was ungefähr gleiches Spiel ergeben hätte, ließ sich Schwarz zu dem scheinbar aktiven Damenausfall 8. ... Dh4? hinreißen.
Weiter geschah:

9. 0—0 0—0 10. Sb3 Te8 11. Sd4 Sc6 12. Sf5 Df6 13. Sg3 Ld6?

Im Geiste derselben verfehlten Experimentierfreudigkeit. Erforderlich war 13. ... Lf8 14. Tb1

g6 15. b3 Lg7 16. Lb2, wonach Weiß nur minimalen Vorteil gehabt hätte.

14. Sh5!? ...

Dieser Springer hat eine große Zukunft vor sich, da die Bedrohung der Punkte g7 und f6 zum Leitmotiv des weißen Spiels wird.

14. ... De7 15. a3 a5 16. Ld2 (genauer war 16. f4! mit weißem Übergewicht) 16. ... De5?

Der Nachziehende „revanchiert" sich mit einem ernsten Fehler. Nach 16. ... Le5 hätte er noch Chancen gehabt, das Spiel auszugleichen.

17. f4 D:b2 18. Tb1 D:a3 19. Tb3 Da4 (19. ... Dc5 20. Tb5 Da3 21. Tg5! zieht den sofortigen Zusammenbruch nach sich) 20. Ld3 Lf8 21. Lc3 Te6 22. f5 Te5 23. Tf4 d6 24. Tg4! Kh8 25. c5! Sb4 26. L:e5 de 27. S:g7! ...

Weiß führt den Angriff sehr schwungvoll. Die schwarze Stellung ist jetzt nicht mehr zu halten.

27. ... Dc6 (nach 27. ... L:g7 28. Lb5! entscheidet 29. Dd8+) 28. Sh5 D:c5 29. Le4 Dd6 30. De1 Ld7 31. h3 Dh6 32. Th4 Lc6 33. L:c6 S:c6 34. T:b7 Ld6 35. Tb1 Lc5 36. Kh1! D:e3 37. Sf6 D:e1+ 38. T:e1 Kg7 39. Sh5+ Kh6 40. Sg3+ Kg7 41. Tc1 a4 42. T:c5 a3 43. T:c6! a2 44. Tg4+ Kf8 45. Tc1 a1D 46. T:a1+ T:a1+ 47. Kh2. Schwarz gab auf.

Der Vorteil
eines umfangreichen
Eröffnungsrepertoires

Ein weiterer Vorzug der neuartigen Eröffnungsbehandlung und -vorbereitung liegt darin, daß sich in letzter Zeit das Eröffnungsrepertoire vieler Spieler beträchtlich erweitert hat und die unterschiedlichsten Systeme umfaßt. Das ungenügende Vertrautsein mit den Feinheiten so vieler Varianten wird durch den Überraschungseffekt kompensiert.

Auf einige zeitgenössische Großmeister kann man sich auf herkömmliche Art gar nicht vorbereiten. Man weiß bei ihnen nie, wie sie sich fühlen, welcher Stimmung sie unterworfen sind und in welche Bahnen sie das Spiel lenken wollen (und doch wird die Eröffnungswahl von derlei Dingen maßgeblich beeinflußt).

Nehmen wir als Beispiel das Eröffnungsrepertoire des jungen englischen Großmeisters Miles. Als Nachziehender bedient er sich bei geschlossenen Spielanfängen gleichermaßen der Damenindischen Verteidigung, des angenommenen Damengambits und des Wolga-Gambits (obendrein ist er nicht abgeneigt, sich gelegentlich auf eine Verteidigung mit fianchettiertem Königsläufer einzulassen).

Zwar ist die Eröffnung nicht gerade Miles Stärke, aber auf Überraschungen muß man bei ihm stets gefaßt sein. Mit unverhofften Neuerungen wartet er des öfteren auf.

In dieser Hinsicht ist der folgende Partiebeginn aufschlußreich.

Angenommenes Damengambit
Portisch–Miles
Lone Pine 1978

1. d4 d5 2. c4 dc 3. Sf3 Sf6 4. e3 Lg4 5. L:c4 e6 6. 0–0 Sbd7 7. Sc3 Ld6 8. h3 Lh5 9. e4 e5 10. Le2 0–0 11. de S:e5 12. Sd4 ...

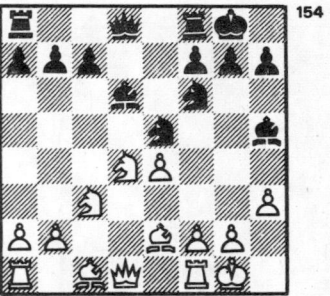

154

In dieser bekannten Theoriestellung machte Miles anstelle der bewährten Fortsetzungen 12. ... Lg6 oder 12. ... L:e2 den neuen Zug 12. ... Lc5! Nach 13. Sb3 D:d1 14. L:d1 Lb6 15. a4 L:d1 16. T:d1 konnte Schwarz vermittels 16. ... a6 ein gutes Spiel erhalten, z. B. 17. Lg5 c6 18. L:f6 gf 19. Sd4 Tfd8 20. Sf5 Sd3! mit beiderseitigen Aussichten. Er zog indessen unvorsichtig 16. ... c6? und geriet durch 17. a5 Lc7 18. f4 Sg6 19. e5 in eine wenig beneidenswerte Lage.

Die Eröffnungsbehandlung des jungen sowjetischen Großmeisters Romanischin ist nicht minder reizvoll. Seine Vorliebe gilt zu gleichen Teilen den Zügen 1. e4 und 1. d4. Beide weiß er originell zu handhaben, wobei er sich in der Regel neuer Gambitspiele bedient.

Von ihm stammt in der Spanischen Partie die Variante 1. e4 e5 2. Sf3 Sc6 3. Lb5 a6 4. La4 Sf6 5. 0–0 Le7 6. Te1 b5 7. Lb3 0–0 8. c3 d6 9. d4 Lg4 10. d5 Sa5 11. Lc2 c6 12. h3 L:f3 13. D:f3 cd 14. ed Sc4 15. Sd2 Sb6, die auf einem nichtalltäglichen Bauernopfer basiert. Ebenso gern steckt er in der Katalanischen Eröffnung einen Bauern ins Geschäft (vergleiche das nächste Beispiel).

Soweit einige wesentliche Merkmale und neue Tendenzen der Eröffnungsvorbereitung.

Wenden wir uns nun wichtigen Problemen des Mittelspiels zu.

Zweischneidiges Spiel als Ausgangspunkt

Bisher haben wir hauptsächlich Beispiele betrachtet, in denen das Endergebnis der taktischen Suche ziemlich deutlich vorgezeichnet war. Doch beim modernen dynamischen Kampf entstehen immer wieder undurchsichtige taktische Situationen, die von Zug zu Zug berechnet werden müssen und eine rasche

Einschätzung der Stellungsveränderungen erfordern.

Hier zwei typische Beispiele für zweischneidiges Spiel.

Romanischin–Damjanović
Hastings 1976/77

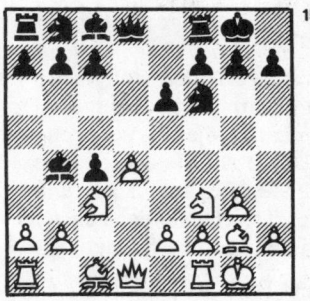
155

Weiß hat einen Bauern geopfert, ohne dafür allerdings genügend Kompensation vorweisen zu können. Hauptsächlich ist es ihm nämlich um den komplizierten Kampf und die Initiative zu tun. Tatsächlich verläuft das Spiel höchst originell.

7. ... Sd5 (Beachtung verdient 7. ... c5) 8. Dc2 Le7 9. Td1 Sc6 10. e4 Sdb4 11. De2 Sd3 12. Le3 a6 13. b3! b5 14. Tab1 ...

Weiß hat sich bei den Verwicklungen besser zurechtgefunden und die aussichtsreichere Stellung erlangt. Bald geht es noch turbulenter zu.

14. ... La3 15. bc bc 16. e5 Ld7 17. Sg5 f6?!

Dieser Aufzug schwächt verschiedene kritische Punkte, doch nach 17. ... S:d4 18. Dg4! hätte

Weiß ebenfalls am längeren Hebel gesessen.

18. ef D:f6 19. Sce4 Dg6 (falls 19. ... Df5, so 20. Lh3 Dg6 21. Dc2 h6 22. D:c4 Sb2 23. T:b2 L:b2 24. Sc5! mit unbestreitbarem weißem Vorteil) 20. Dc2 h6 21. D:c4! Sb2 22. T:b2 L:b2 23. Sc5! Sa5

Schwarz verteidigt sich noch recht geistreich, aber seine Stellung ist objektiv verloren. Man achte auf die zahlreichen hängenden Figuren. Solch einem wüsten Durcheinander begegnet man im modernen Schach oft.

24. Db4 Dc2! 25. Dd2! D:d2 26. L:d2 Lc6 27. Sg:e6 L:g2 28. K:g2 Sc4 29. S:f8 T:f8 30. Lf4 c6 31. S:a6. Weiß siegte bald.

Timman–Olafsson
Tilburg 1977

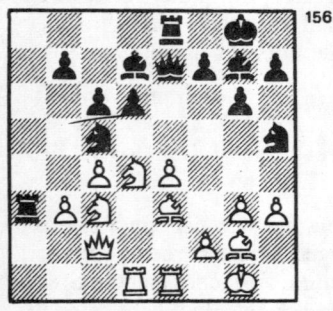

156

Auf dem Brett hat sich eine Stellung dynamischen Gleichgewichts ergeben, in der Fragen der Logik und Berechnung einander durchdringen. In der Partie folgte:

21. Lc1 Ta1 22. b4 Sa6 23. Db2 T:c1!? 24. D:c1 S:b4

Ein schon lange geplantes Qualitätsopfer, für das Schwarz einen Bauern und gutes Figurenspiel erhält. Nüchtern beurteilt sind die Chancen noch immer ungefähr gleich. Doch der Kampf spitzt sich so zu, daß es immer schwieriger wird, sich von festen Regeln leiten zu lassen.

25. Db1 c5 26. Sdb5 Le5 27. Dc1 Df6 28. Se2 L:b5 29. cb De6 30. Dd2 Ta8 31. Sc1 Ta3 32. Te3 T:e3 33. D:e3 Sc2 34. Dg5! Sd4 35. b6 ...

Der Anziehende wehrt kaltblütig die gegnerischen Angriffsversuche ab und stellt zugleich unbeirrt Gegendrohungen auf. Bald erweist sich, daß Schwarz der strengen Prüfung eines solchen Kampfes nicht gewachsen ist.

35. ... Kg7 36. Kh2 Dc4 37. Sd3 Db3 38. Dd2 c4 39. S:e5! de 40. Tc1 Sf6 41. f4! Sd7 42. fe Dd3 43. Df2 S:e5 44. Tf1 Sdc6 45. Df6+ Kf8 46. Ta1 Ke8 47. Ta8+ Kd7 48. Ta7!, und Weiß ging als erster zum Königsangriff über.

Im nächsten Beispiel produziert sich Timman in einer ganz anderen Rolle, und zwar in der des Opfernden.

Timman–Hulak
Amsterdam 1977

157

Die folgende originelle taktische Operation läuft auf ein schwer wägbares Positionsopfer hinaus, bei dem ein ungewöhnliches Kräfteverhältnis zustande kommt.

17. gh!? Sg6 18. L:e7 S:f4
19. L:d6 Db6 20. L:f4 Ld7 21. g4
Lc6 22. g5 0–0 23. h4 Tad8
24. Tdg1 Kh7 25. Tg2 Tg8 26. Tf1
f6 27. Tg3 fg 28. Le3 Dc7 29. Tgf3
Le8 30. L:g5 Td7

Beide Seiten müssen bei jedem Zug tief in die Geheimnisse der Position eindringen. Äußerlich ändern sich zwar die Stellungsbilder, aber der innere Gehalt des Kampfes bleibt unverändert. Da beide Spieler Herr der Lage bleiben, wird das Gleichgewicht nicht gestört.

31. Lf4 Dc4 32. Le3 Lh5 33. Tf4
Tg3 34. e5 D:f1+ 35. T:f1 T:e3
36. Sc5 Tf7 37. T:f7 L:f7 38. S:b7
T:e5. Remis!

Derartige Zwangslagen sind für die Verfechter des neuen Stils typisch. Nun wird vielleicht der eine oder andere Leser einwenden, daß ein solches Herangehen auch für die Vertreter des dynamischen Stils charakteristisch ist. Das trifft sicher zu. Ich behaupte ja gar nicht, daß die neue Richtung den Stil der Dynamik ablehnt oder im Widerspruch zu ihm steht. Im Gegenteil, sie gründet sich auf ihn und unterscheidet sich von ihm nur dadurch, daß sie bemüht ist, neue Ausdrucksformen für die Dynamik zu finden.

Die Anhänger des neuen Stils bringen gern „irrationale" Opfer dar, nehmen diese aber ebenso gern auch an. In den 50er und 60er Jahren waren die Wortführer der dynamischen Stellungsbehandlung dagegen mehr spezialisiert. In der Regel opferten sie lieber (wie Spasski und Tal), als daß sie sich in die Rolle des Verteidigers drängen ließen. Diejenigen, die es vorzogen, Opfer anzunehmen, waren in der Minderheit.

Beispielsweise zeigen Timmans Partien, daß für ihn das dynamische Streben nach Initiative nicht Vorrang hat. Sein Element ist vielmehr der zweischneidige Kampf, wobei es ihm gleichgültig ist, welche Rolle er dabei übernimmt.

Die taktischen Grundlagen des Planes

Studiert man die Partien von anerkannten Vertretern der jungen Generation, gelangt man zu dem Schluß, daß ihren Plänen meist das Streben nach taktischem Kampf zugrunde liegt, den sie bei der ersten sich bietenden Gelegenheit entfesseln.

Nehmen wir als Beleg noch einmal das Schaffen von Timman, einem Vorkämpfer der jungen Generation. Er läßt kaum je eine Möglichkeit aus, dem Gegner vermittels kombinatorischer Schläge Kopfzerbrechen zu bereiten (man vergleiche etwa seine Partie gegen Tatai, Diagramm 59).

Timman lauert geradezu darauf, das Spiel zu verwickeln und die Stellung durcheinanderzubringen. Darum ist es ein Fehler, gegen ihn dieselbe Taktik zu befolgen und zweifelhafte oder gar inkorrekte Spielverschärfungen heraufzubeschwören. In diesem Fall fühlt er sich ganz in seinem Element.

Dazu ein Beispiel.

Vierspringerspiel
Hartoch–Timman
Le Verdon 1978

1. e4 e5 2. Sf3 Sf6 3. Sc3 Sc6 4. d4 ed 5. Sd5 S:e4 6. De2 f5 7. Lf4 d6 8. 0–0–0 Se7 9. S:e7 L:e7 10. g4?! ...

10. ... c5! 11. Lh3 fg 12. D:e4 d5! 13. De5 0–0 14. Thg1 Lf6 15. Dh5 gf 16. Tg3 Lh4 17. L:c8 T:c8 18. Lg5 L:g5 19. T:g5 De8 20. Dh6 Tf7 21. Tdg1 Tcc7 22. T:d5 Tce7 23. Kd1 Te5 24. T:e5 D:e5. Weiß gab auf.

Oft ist es nicht leicht, die Absichten der Vertreter der neuen Richtung zu erraten. Auch davon zeugen Timmans Partien. Bei gekünstelten Aktionen des Gegners ändert er rasch seine Entschlüsse und sucht diese streng zu bestrafen. Dasselbe gilt auch für die anderen Anhänger dieses Stils. Die folgenden Beispiele erhärten das Gesagte.

Königsindische Verteidigung
Hübner–Timman
Bad Lauterberg 1977

1. c4 Sf6 2. Sc3 g6 3. e4 d6 4. d4 Lg7 5. f3 0–0 6. Le3 a6 7. Ld3 c5!? 8. dc dc 9. e5 Sfd7 10. f4 Sc6 11. Le4?! ...
Natürlicher sieht 11. Sf3 aus; falls dann 11. ... f6, so 12. ef ef 13. 0–0 f5 mit annähernd gleichem Spiel.

11. ... f6! 12. ef S:f6 13. L:c6?!
bc 14. D:d8 T:d8 15. Tc1(?) e5!

Von diesem Augenblick an geht
Schwarz sehr energisch zu
Werke und weist die sonderbare
Eröffnungsbehandlung des An-
ziehenden in ihre Schranken.

16. Sge2 ef 17. L:f4 Sh5 18. Lg5
Tf8 19. Tf1 Te8! 20. Kf2 Lg4
21. Tce1 Te5 22. Ld2 Td8 23. Lc1
Tf8+ 24. Kg1 Tfe8! 25. Kf2 Tf5+
26. Kg1 Tfe5 27. Kf2 T5e6 28. h3
L:e2 29. S:e2 Lf6 30. Ld2 Lh4+
31. g3 T:e2+! 32. T:e2 T:e2+
33. K:e2 S:g3+ 34. Kf2 S:f1
35. K:f1 Kf7 36. Ke2 Ke6 37. Kf3
Kf5 38. b3 Le7 39. Lf4 g5
40. Lh2 h5

Man erkennt mühelos, daß die
weiße Stellung hoffnungslos ist.

41. Lc7 Lf8 42. Lb8 Le7 43. Lc7
Lf8 44. Ld8 ...

Nach 44. Lb8 Le7 45. Lc7 g4+
46. hg hg+ 47. Kg2 Lh4! 48. Ld6
Ke4 49. L:c5 Kd3 50. Ld6 Kc2
51. b4 Kc3! 52. b5 ab 53. cb cb
54. Kh2 Kb2 55. a3 Kb3 entscheidet der Marsch des schwarzen Königs nach e6, gefolgt von
Le7.

44. ... Ld6 45. Lb6 g4+ 46. hg
hg+ 47. Ke3 Lh2 48. Kf2 Ke4!
49. L:c5 Le5 50. Ke2 g3. Weiß
gab auf.

Und nun ein analoges Vorbild
aus dem Schaffen von Miles,
einem weiteren Verfechter des
neuen Stils.

Angenommenes Damengambit
Gligorić—Miles
Bugojno 1978

1. d4 d5 2. c4 dc 3. Sf3 Sf6 4. e3
Lg4 5. L:c4 e6 6. Sc3 Sbd7 7. Le2
Ld6 8. e4 Lb4 9. Lg5(?) ...

Ein gekünstelter Zug, der die
eigentliche Ursache für die
späteren Sorgen von Weiß ist.
Richtig war 9. e5 Sd5 10. Db3
mit scharfem Spiel.

9. ... h6! 10. L:f6 L:c3+! 11. bc
S:f6 12. Se5 L:e2 13. D:e2 0—0
14. 0—0 c5 15. Tad1 cd 16. cd
Tc8 17. Td3 Da5 18. Tg3 Tc3!
19. Sd3 Td8

Der Nachziehende spielt stark
und folgerichtig — in den besten
Traditionen der positionellen
Schule.

20. De3 Se8! 21. d5 ed 22. e5 d4
23. De2 Da6 24. f4 f5! 25. ef D:f6
26. f5 Df7 27. Dd2 Sf6 28. Te1
Te8 29. Se5 Dd5 30. Sg4!?
T:e1+ 31. D:e1 Se4 32. S:h6+
Kh7 33. Tg4 d3! 34. D:e4 D:e4
35. T:e4 d2 36. Td4 Tc1+
37. Kf2 d1D 38. T:d1 T:d1
39. Sf7 Td2+ 40. Kf3 T:a2
41. h4 a5 42. Sd6 a4 43. g4 a3
44. g5 Td2 45. Se4, und Weiß
gab gleichzeitig auf.

Doch kehren wir zu Timman
zurück. Wie jeder bedeutende
Meister ist auch er imstande, ein
klassisches Positionsspiel aufzu-
ziehen. Daß er eine scharfe
Klinge beim Angriff führt, haben wir schon erwähnt.

Timman—Pomar
Las Palmas 1977

161

Es folgte:

12. Le5! Dc7 13. Te1 Sh5 14. L:c4
dc 15. Sbd2 b5 16. Se4! L:e5
17. S:e5 0—0

Schwarz hat bereits mit ernsten
Schwierigkeiten zu kämpfen.
Schwach war sowohl 17. ... Sf6?
18. Sg5 0—0 19. Sg4! als auch

17. ... h6 18. Sc5! Sf6 19. Se:d7
S:d7 20. T:e6+! fe 21. Dg6+ Ke7
22. D:e6+ Kd8 23. Dd5; beidemal
mit Zertrümmerung.

18. Te3 Lc6 19. Sg5 g6 20. Th3
Sf6 21. Dd2 (mit der Drohung
21. S:h7!) 21. ... Se4 22. S:e4
L:e4 23. Df4! Db7 24. Df6! L:g2
25. Sg4! Tfe8

Nach 25. ... h5 26. T:h5! gh
27. Dg5+ Kh8 28. Dh6+ Kg8
setzt 29. Sf6 matt.

26. Sh6+ Kf8 27. Sf5! Schwarz
gab auf.

Nicht minder gefährlich ist es,
gegen ihn eine passive Stellung
ohne Gegenspiel einzunehmen.

Timman—Ree
Holländische Meisterschaft 1978

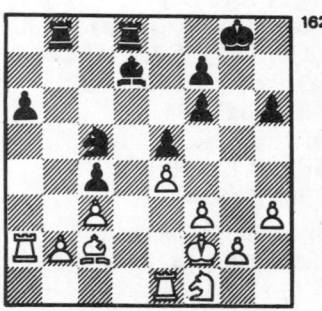

162

Der Anziehende verwertete
scharfsinnig seine positionellen
Vorteile.

31. Td1 Le6 32. T:d8+ T:d8
33. Ta5 Tc8 34. Se3 Kf8 35. h4
Tc6 36. g3 Sb7 37. Ta2 Sd6 38. f4
Kg7 39. Kf3 Tb6 40. Ld1! Lc8
41. Le2 Lb7 42. S:c4 L:e4+

43. Ke3 S:c4 44. K:e4 S:b2
45. Ke3! (das Endspiel ist klar
vorteilhaft für Weiß) 45. ...
a5? (zäher war 45. ... Kg6)
46. Kd2 e4 47. Kc2 Sd3 48. L:d3
ed+ 49. K:d3 Td6+ 50. Kc4 Tc6+
51. Kd4 Td6+ 52. Kc5!, und
Weiß gewann.

Insgesamt gesehen behandelt
Timman jedoch selbst strategische Strukturen dynamisch und
gibt sich kaum damit ab, an positionellen Feinheiten zu feilen.
Er zieht es vor — auch wenn das
mit einem Risiko verbunden
ist —, im geeigneten Augenblick
taktische Schläge auszuteilen.
Hier ein Beispiel dieser Art.

Damengambit
Timman—Donner
Amsterdam 1977

1. d4 d5 2. c4 e6 3. Sc3 Sf6 4. Lg5
Le7 5. e3 0–0 6. Tc1 h6 7. Lh4
Se4 8. L:e7 D:e7 9. cd S:c3
10. T:c3 ed 11. Ld3 c6 12. Lb1
Te8 13. Se2 Sd7 14. 0–0 Sf8
15. f3! ...

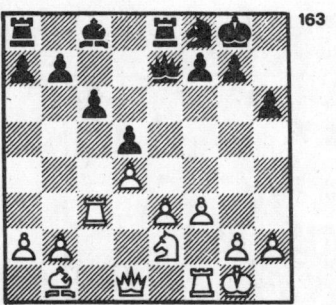
163

Der ruhige und solide weiße Aufbau scheint den in dergleichen

Situationen natürlichen Plan
eines Bauernsturms am Damenflügel zu verlangen. Mit dem
Textzug bekundet Weiß indes
seine Absicht, auf beiden Flanken offensiv vorzugehen. Er
stützt sich auf taktische Mittel
und leitet sein Vorhaben am
Königsflügel ein.

15. ... Le6 16. Sf4 Dd6 17. a3
Te7 18. Dd2 Td8 19. b4 a6
20. Lc2 Lc8 21. Tb1 Tde8 22. a4
Ld7 23. Tbb3 g5?! 24. Sh5 f5
25. Tb1 Sh7 26. Tf1 Sf6 27. S:f6+
D:f6 28. e4! Weiß ist Herr der
Lage und bewies die Weitsichtig-
keit und Korrektheit seiner
Strategie.

Man sieht mehr,
als man berechnet

Für viele namhafte Vertreter der
jungen Generation ist es kennzeichnend, daß sie im praktischen Kampf mehr Wert auf die
Suche nach urwüchsigen taktischen und kombinatorischen
Ideen legen als auf die ins einzelne gehende Berechnung der
Varianten.
Diese Methode hat — wie jede
andere — ihre historischen Quel-
len. Sie war zum Beispiel für
Bogoljubow charakteristisch
und fand ihre Bestätigung in der
Praxis von Tolusch. Von Anfang
an gehörte sie auch zum Schaffen Spasskis, dessen originelle
taktische Einfälle den Vorrang

211

vor der detaillierten Ausarbeitung genossen. Ähnliches läßt sich von Tal sagen.
Auch dazu ein Beispiel.

Spasski—Suetin
25. Meisterschaft der UdSSR, 1958

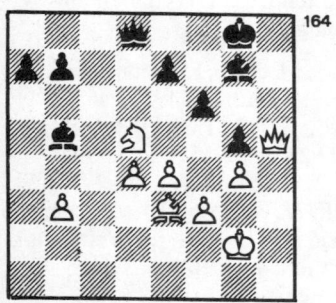
164

Weiß steht aktiver, aber die schwarze Stellung ist genügend fest. Dank seiner Beharrlichkeit glückt es Spasski jedoch, sich Gewinnaussichten zu verschaffen.

30. Dh2 Lc6 31. Sc7 Ld7 32. d5 b6 33. Kh3 Dc8 34. Dc2 e5 35. Dc4 Kh7 36. d6 Kg6 37. Kg3 Db7 38. Sd5 Lf8

Der Anziehende ist in eine eigentümliche Sackgasse geraten. So hätte er weder mit 39. Se7+ L:e7 40. Dg8+ Kh6 41. de Dc6 42. Ld2 a5 43. b4 a4 44. b5 D:b5 45. Lc1 Dc5! noch mit 39. Dc7 D:c7 40. dc Kf7 41. L:b6 ab 42. S:b6 Ke6 43. c8D L:c8 44. S:c8 Lc5 45. b4 Kd7 46. bc K:c8 47. Kf2 Kc7 48. Ke3 Kc6 49. Kd3 K:c5 50. Kc3 Kb5 51. Kb3 Kc5 etwas ausgerichtet.
In dieser Lage kam Spasski ein

interessanter, aber objektiv untauglicher Einfall:

39. S:f6?! K:f6 40. Dg8 Lh6?

Ein Zeitnotfehler. Die einfache Erwiderung 40. ... Lg7! hätte das weiße Vorhaben widerlegt. Jetzt hingegen errang der Anziehende nach 41. Dh7! den Sieg.
Heutzutage ist ein solches Verhalten öfter anzutreffen und gleichsam Bestandteil des modernen Stils. Diese Art des Vorgehens hat ihre Licht- und Schattenseiten. Zu den ersteren gehören Kühnheit und Originalität des praktischen Entschlusses, zumal diese ihre psychologische Wirkung auf den Partner (besonders wenn er zu schablonenhaftem Denken neigt) meist nicht verfehlen. Die Kehrseite ist, daß oberflächliche Berechnung in taktisch zugespitzten Situationen ganz unangenehme Folgen haben kann.
Die nachstehenden Beispiele bestätigen das.

Karpow—Miles
Tilburg 1977

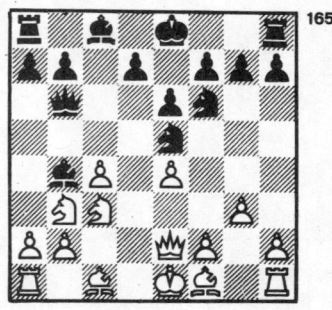
165

Schwarz entschied sich mit
9. ... a5?! für einen extrava-
ganten Plan, den sein Gegner
energisch und präzis beant-
wortete.

10. Le3! Dc6 11. f3 0–0 12. Sd4
Da6 13. Sdb5 d5?

Der Nachziehende fährt fort,
sich herausfordernd zu betra-
gen. Ohne auf materielle Verluste Rücksicht zu nehmen,
strebt er nach Initiative. Doch
gestützt auf leidenschaftslose
Berechnung, widerlegt Weiß
unerbittlich das gegnerische Ab-
lenkungsmanöver.

14. Sc7! Dd6 15. S:a8 de 16. fe
S:e4 17. Td1! ...

166

Dieser feine Zug sorgt dafür,
daß die Pläne des Nachziehenden wie Seifenblasen zerplatzen.
Die schwarze Stellung ist forciert verloren.

17. ... Dc6 18. Lg2 S:c4 19. Ld4
L:c3+ 20. bc f5 21. 0–0! Scd6
22. Sb6 e5 23. S:c8 T:c8 24. L:e5
Dc5+ 25. Ld4. Schwarz gab
auf.

Im großen Stil

Ein weiteres charakteristisches
strategisches Merkmal besteht
darin, daß freigebig und im
großen Stil gespielt wird. Etwa
nach dem Motto: Leben und
leben lassen!
Dabei kommen relativ oft Positionen zustande, in denen beim
Vorhandensein gleicher Aussichten ideenvolles und eigen-
williges Spiel Trumpf ist.
Der Nachteil ist, daß der Gegner
im Verlauf der Partie so manche
Gegenchance erhält.
Betrachten wir dazu zwei gegensätzliche Beispiele, und zwar
zwei schöpferische Auseinandersetzungen zwischen Großmeister Romanischin, einem
Vertreter der neuen Richtung,
und Exweltmeister Petrosjan,
dem Virtuosen des Positionsspiels.

Englische Eröffnung
Romanischin–Petrosjan
Meisterschaft der UdSSR 1975,
Höchste Liga

1. c4 Sf6 2. Sc3 e6 3. Sf3 b6 4. e4
Lb7 5. Ld3!? d6 6. Lc2 c5 7. d4
cd 8. S:d4 Le7 9. 0–0 0–0 10. b3
Sc6 11. Lb2 a6 12. Kh1 Dc7
13. f4 Tad8 14. Tc1 Db8 15. Tf3!?
g6 16. Sd5!? ed 17. ed S:d4
18. D:d4 Tde8 19. f5 Ld8 20. Dh4
Te5

167

21. Dh6 Dc7?

Danach erweist sich das interessante Vorhaben des Weiß-
spielers als völlig berechtigt.
Durch 21. ... Sg4! 22. Df4 Sf6
konnte es vereitelt werden, da
Weiß wohl kaum etwas besseres
hat, als mittels 23. Dh6 ins
Remis einzuwilligen.

22. Tg3 Lc8

Es gab schon keine Rettung
mehr. So wäre die Lage von
Schwarz nach 22. ... Se8 23. Tf1
Lf6 24. Th3 bzw. 23. ... De7
24. L:e5 de 25. Th3 Sf6 26. ᵗfg fg
27. L:g6! Dg7 28. L:h7+ S:h7
29. D:h7+ D:h7 30. T:f8+ K:f8
31. T:h7 hoffnungslos gewesen.

23. L:e5 de 24. fg fg 25. L:g6!
Sg4 26. Lh5 Tf6 27. Dd2 Tf4
28. d6! Dg7 29. d7! Lb7

Zäher war 29. ... D:d7, obwohl
die schwarze Stellung nach
30. D:d7 L:d7 31. L:g4 T:g4
32. Td1 Lh4 33. T:d7 L:g3 34. hg
ebenfalls sehr schwierig gewesen wäre.

30. D:f4! Schwarz gab auf.

214

In der nächsten Partie triumphiert
eiserne Strategie.

Englische Eröffnung
Romanischin–Petrosjan
Meisterschaft der UdSSR 1977,
Höchste Liga

1. Sf3 Sf6 2. c4 g6 3. b4 Lg7
4. Lb2 0–0 5. e3 d6 6. Le2 e5
7. d3 b6 8. Sfd2 Lb7 9. Lf3 Dc8
10. Sc3 Sbd7 11. L:b7 D:b7
12. Df3 D:f3 13. gf Tfc8 14. Ke2
c6 15. Thc1 d5 16. Tab1 d4
17. Sce4 a5 18. b5 c5 19. S:f6+
S:f6 20. Tg1 Te8 21. Sf1 Sd7

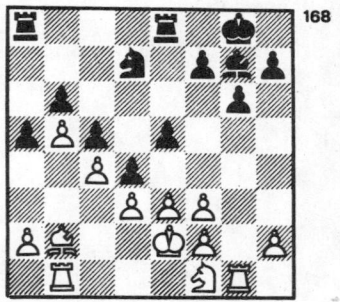

168

22. e4? ...

Das ist ein ernstes Zugeständnis.
Der Nachziehende bekommt
nicht nur den Punkt f4 in die
Hand, er erhält auch die Möglichkeit, die wichtige f-Linie zu
öffnen, auf der im weiteren seine
schwere Artillerie aufmarschiert.

22. ... Sf8 23. Lc1 Se6 24. Sg3
h5 25. Kd1 Kh7 26. Se2 Lh6

Die erste Etappe des Plans ist
abgeschlossen. Schwarz erwirkt
den für ihn günstigen Abtausch
der Läufer, wonach die schwar-

zen Felder im Lager des Anziehenden empfindlich geschwächt sind.

27. Kc2 Tg8 28. Tg2 Taf8 29. L:h6 K:h6 30. Te1 Tg7 31. h4 f5! 32. ef T:f5

169

Damit ist auch die zweite Etappe vorüber, in der Schwarz wirkungsvoll die f-Linie geöffnet hat. Angesichts der Aussichtslosigkeit seines Spiels nach 33. Sg3 T:f3 34. T:e5 Sf4 entschließt sich Weiß, den Kampf zu verschärfen. Doch seine Bemühungen sind vergebens.

33. f4?! Tgf7! 34. Teg1 Sf8 35. fe T:f2 36. Kd2 T7f5 37. Tg5 T:g5 38. hg+ Kg7 39. Ke1 Tf5 40. Tf1 Se6. Weiß gab auf.

Nie den Mut sinken lassen!

Ein kennzeichnender Zug des neuen Stils äußert sich darin, daß Kampfstimmung und Einfallsreichtum selbst in verzweifelter Lage nicht leiden – sofern die Stellung nicht völlig hoffnungslos ist.

Seinerzeit hat schon Lasker festgestellt, daß es zum Aufgeben nie zu spät sei. Danach haben unter anderen Bronstein und Tal mehrfach durch ihre Praxis bewiesen, wie wichtig es in schwieriger Lage ist, den Mut nicht zu verlieren und sich auf seine Erfindungskraft zu besinnen.

Das folgende Beispiel ist charakteristisch.

Tal–Bannik
23. Meisterschaft der UdSSR, 1956

170

Schwarz hat in der Eröffnung die aussichtsreichere Stellung erhalten. Darum entschloß sich Weiß im 15. Zug zu einem unerwarteten Figurenopfer. Dieses ist zwar nicht korrekt, führt aber zu scharfen taktischen Verwicklungen, bei denen man auf Schritt und Tritt mit unliebsamen Überraschungen rechnen muß.

11. L:f7+?! K:f7 12. Dd5+ Le6 13. Dh5+ Kg8 14. 0–0 Se5! 15. Sf5?! g6 16. Dh3 gf 17. ef Lc4 18. f4 Sd7 19. Tf3 Lg7 20. Sc3

215

Sf6 21. Le3 c5 22. Lf2 b5 23. Lh4
b4 24. Se4 Ld5 25. L:f6 L:f6
26. Te1 Ld4+ 27. Kh1 Th7?
28. Tg3+ Tg7! 29. Tg6 T:g6
30. fg Df8 31. Dd7 Lg7 32. Sg3
Td8 33. Dg4 Te8 34. Td1 L:a2
35. f5 c4 36. h4 d5 37. Tf1 Lf6
38. Dd1 d4 39. Da4 Lb3 40. Dc6
De7 41. Sh5! Tf8 42. Dd5+ Kh8
43. S:f6 D:f6 44. Db7! Dg7
45. D:b4 Kg8 46. h5! Dd7 47. f6!
Dg4 48. f7+ Kg7 49. Dc5 Dh4+
50. Kg1. Schwarz gab auf.

In unseren Tagen ist solch ver-
bissener Widerstand in objektiv
verlorenen Stellungen noch häufiger anzutreffen. Wahrscheinlich
drücken sich darin allgemein-
menschliche Charakterzüge der
jungen Generation aus, wie z. B.
ausgeprägter Realismus, Ehrgeiz,
großes Selbstvertrauen usw.
Natürlich spielt auch das Wissen
um die Schwierigkeiten eine
Rolle, die der Lösung praktischer Aufgaben bei beschränkter
Bedenkzeit entgegenstehen.
In dieser Hinsicht sind die weiter
oben angeführten Beispiele
Portisch—Miles (Diagramm 72)
und Romanischin—Smyslow
(Diagramm 91) typisch.
Der Gang der Ereignisse in der
nächsten Partie ist gleichfalls
kennzeichnend.

Timman—Gligorić
Bad Lauterberg 1977

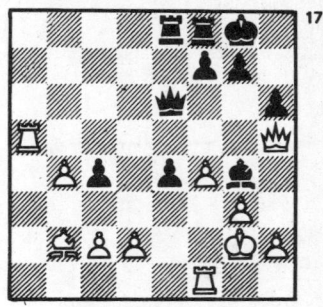
171

Die weiße Stellung sieht kritisch
aus. Nichtsdestotrotz entwickelt
sich aus dieser für Timman fast
ausweglos erscheinenden Situation eine spannende Schlacht.

26. f5! Lf3+ 27. Kh3 Dd7
28. T:f3! ef 29. Dg4 f6 30. D:c4+
Kh8 31. Dd5! D:d5 32. T:d5 Te1
33. Ld4! ...

Der Anziehende bietet seine
ganze Erfindungskraft auf.
Schon seit geraumer Zeit findet
er praktisch die einzigen Züge.

33. ... Tfe8 34. Kg4 Tf1 35. Kf4
Te2 36. Le3 T:h2 37. b5 f2
38. Kf3 Tc1 39. L:f2 Tf1 40. c4
Tf:f2+ 41. Ke3 ...

Zu guter Letzt hat Schwarz
einen Turm erobert, aber damit
ist der Kampf keineswegs beendet. Im Gegenteil, er entbrennt mit erneuter Heftigkeit.

41. ... Te2+ 42. Kd4 T:d2+
43. Kc5 Tb2 44. Kc6 Thc2 45. c5
Tc3 46. Kb6 h5 47. c6 Tbc2
48. Kc7 Kh7 49. Td6 T:g3 50. b6
Tb3 51. b7 Tcb2 52. Td4! ...

Der einzige Zug, der es Weiß gestattet, die Partie zu retten. Bei 52. Td8 h4 53. b8D T:b8 54. T:b8 T:b8 55. K:b8 h3 hätte Schwarz Gewinnaussichten behalten.

52. ... Tb5 53. Ta4 Tb1 54. Td4 T1b3 57. Ta4 Tb2. Remis.

Soweit einige Kennzeichen des neuen Stils, der sich indes noch nicht endgültig herausgebildet hat. Ziehen wir eine kurze Bilanz.

Der moderne Stil ist in allen seinen Spielarten in erster Linie darauf ausgerichtet, dem Gegner praktische Schwierigkeiten zu bereiten. Man bedient sich gern psychologischer Mittel, um den Partner vor unangenehme Probleme zu stellen. Das Ziel ist, dessen praktische Spielstärke zu testen. Zu diesem Zweck werden neue Wege beschritten. Dabei werden ständig neue Hilfsmittel und Methoden ersonnen. Dazu gehören unter anderem:

1. Eine immer umfangreicher werdende Praxis. Das erfordert große Widerstandskraft sowie physische und moralische Kraftreserven.

2. Das Neue in der Eröffnungsvorbereitung. Dies äußert sich in einem umfangreichen Eröffnungsrepertoire und der unvermuteten Anwendung bestimmter Varianten, die einen Überraschungseffekt bewirken. Das Eröffnungsstudium vollzieht sich größtenteils in der Praxis. In einigen Fällen kommen Neuerungen sogar durch Improvisationen während des Spiels zustande.

Bei der Suche nach Neuem in der Eröffnung legt man gegenwärtig auch Gewicht auf die kritische Analyse von Systemen, die in der Theorie seit langem einen zweifelhaften Ruf genießen.

3. Das Streben nach zweischneidigen, schwer durchschaubaren Verwicklungen im Mittelspiel. Man übernimmt durch Materialopfer die Rolle des Angreifers, ist aber auch bereit, sich für Materialgewinn in die Verteidigung drängen zu lassen.

4. Das beständige Streben nach taktischem Kampf. Manchmal werden streng positionelle Formationen nicht ihrer klassischen Auslegung gemäß behandelt, d. h. unter Beachtung der strategischen Feinheiten, sondern dynamisch angepackt, indem man bei der ersten sich bietenden Gelegenheit in taktische Bahnen einlenkt.

5. Bei taktischen Unternehmungen hat Ideenreichtum den Vorrang vor rechnerischer Kleinarbeit (man sieht mehr, als man berechnet).

6. Man spielt in großem Stile. Dabei werden dem Partner unter Umständen beträchtliche Gegenchancen eingeräumt.

7. Kampfstimmung und Einfallsreichtum werden selbst in verzweifelten Lagen nicht beeinträchtigt.

8. Der erweiterte Begriff des Risikos, das als Methode des praktischen Spiels aufgefaßt wird.

9. Das Bemühen um Ökonomie und Leichtigkeit des Denkens. Während des Spiels wird darauf verzichtet, Varianten (sind diese auch noch so verlockend) zu berechnen, wenn sie vom Hauptweg wegführen.

10. Die Verbesserung der Technik auf der Grundlage der Praxis. Der moderne Stil ist untrennbar mit Fehlern zweiter Ordnung verbunden, die sich unablässig durch das Spiel ziehen (man vergleiche beispielsweise die Partie Petrosjan—Spasski, Diagramm 114). Er eröffnet dem Schöpfertum neue, verheißungsvolle Horizonte, zwingt aber zugleich, über seine Mängel nachzudenken. Im Grunde stellt die Suche nach Neuem ja immer wieder die Grundsätze der klassischen Schachschule (darunter auch die aus dem wichtigen Bereich der Eröffnungstheorie) in Frage. Das Ergebnis des Meinungsstreits zwischen dem Neuen und der Klassik steht noch aus.

7. Kapitel

Die schachliche Spielstärke und ihre Grenzen

Die Fragen, die mit der schachlichen Spielstärke zusammenhängen, sind methodisch fast gar nicht erforscht. Allerdings bezieht man sich in gängigen Formulierungen, die schon seit eh und je zur Alltagssprache der Schachjournalistik gehören, regelmäßig auf die Spielstärke. Solche feststehenden Redewendungen sind beispielsweise: tiefes Positionsverständnis, weite Berechnung, kombinatorischer Scharfblick und anderes. Alle diese Eigenschaften sprechen nicht nur für sich selbst, sie bezeichnen auch einen Vergleich zwischen der Stärke eines Spielers und der eines anderen.

Eine charakteristische Besonderheit moderner schachlicher Meisterschaft ist deren Allseitigkeit. Es ist geradezu ein Axiom, daß in unserer Zeit jeder Schachspieler, der sportliche Höchstleistungen erstrebt, daran gemessen wird, wie sicher er alle Kampfmittel beherrscht. Bedeutet das aber nicht, daß das Anwachsen der Spielstärke, die ein Synonym für Allseitigkeit ist, als das Wichtigste angesehen werden muß?

Die Spielstärke und ihre Abhängigkeit von Fehlern

Der Begriff der schachlichen Spielstärke umfaßt, abgesehen von den eben genannten grundsätzlichen Merkmalen, eine ganze Reihe feiner Abstufungen. In dieser Hinsicht hat der folgende Ausspruch Tartakowers bis heute nichts von seiner Gültigkeit eingebüßt: „Bei der Offenbarung der Schachstärke spielt das Willensprinzip eine bedeutende Rolle. Für die Erringung des Erfolgs sind solche Eigenschaften besonders wichtig, wie die kaltblütige Durchführung des eigenen Planes, die zähe Organisation der Verteidigung und das rechtzeitige Erkennen der Krisis."

Doch wenden wir uns wieder dem Begriff des Fehlers zu. Letztlich spielt derjenige stärker, der sich seltener Fehler zuschulden kommen läßt. In seiner Blütezeit wurde Fischer einmal gefragt, ob er sich neuer Spielmethoden bediene. Fischer antwortete schlicht: „Nein, durchaus nicht. Entscheidend sind in erster Linie die Fehler der Gegner. Ich nutze diese nur geschickt aus."

Genau darauf kommt es an. Geschicktheit ist bei jeder Art von Betätigung vonnöten. Die hauptsächliche Ursache wird davon aber nicht berührt, denn Fehler bleibt nun einmal Fehler.

Nicht selten ergibt sich der Tatbestand, daß ein Schachfreund, der einen Mißerfolg erlitten hat, mit dem Zufall hadert. Er verstehe selber nicht, so sagt er, warum er einen solchen Zug gegen Ende des Spiels gemacht habe. Er habe doch den Hauptteil der Partie so gut gespielt, beim Positionskampf standgehalten und sich auch bei den taktischen Verwicklungen nicht blamiert. Der Lapsus sei ihm erst in einem — noch dazu gleichstehenden — Endspiel unterlaufen.

Um die Wahrheit zu sagen, der Autor hat in seiner Jugend ähnliche Klagelieder angestimmt. Doch später, als er es gelernt hatte, den Dingen tiefer auf den Grund zu gehen, kam hinter dem scheinbaren Spiel des Zufalls fast immer irgendeine Fehlleistung des Denkens zum Vorschein (im angeführten Fall: mangelhafte Technik).

Einige Illustrationen werden uns zeigen, wie korrektes Spiel Fehler bestraft.

Ljubojević–Karpow
Manila 1976

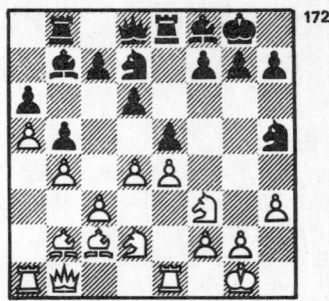

In dem Bestreben, die Initiative an sich zu reißen, wählte Ljubojević einen gewagten Plan.

18. c4?! (ruhiger war 18. Sf1)
18. ... bc 19. S:c4 ed 20. L:d4
c5 21. Le3 cb

Weiß ist in ernste Schwierigkeiten geraten. Zwar gelingt es ihm, den Bauern zurückzugewinnen, doch seine Stellung bleibt schlechter.

22. Sb6 Shf6 23. D:b4 d5 24. Db3
de 25. Sg5 Ld5 26. Da4 S:b6
27. L:b6 De7!

Ein bemerkenswerter Zug. Die schwarze Dame begibt sich auf die Linie des weißen Turmes, aber das läßt sich nicht ausnutzen.

28. f3 T:b6!

Der Auftakt zu einer weit berechneten Kombination, die zwangsläufig zum Sieg führt.

29. ab Dc5+ 30. Kh1 Lc6! 31. Da5
(das einzige) 31. ... ef! 32. S:f3
...

Nach 32. D:c5 T:e1+ 33. Dg1 fg+ 34. Kh2 wird Weiß durch 34. ... Ld6 matt gesetzt.

32. ... D:c2 33. D:a6 L:f3 34. gf T:e1+ 35. T:e1 Sh5! 36. Te8 Df2 37. T:f8+ K:f8 38. Da3+ Ke8 39. Da4+ Ke7 40. Db4+ Kf6 41. Dd6+ Kg5 42. De5+ Kh6. Weiß gab auf.

Englische Eröffnung
Uhlmann–Sikora
Dečin 1977

1. c4 c5 2. Sf3 Sc6 3. Sc3 g6 4. e3! Lg7 5. d4 b6 (?) Ein schwerwiegender Fehlgriff. Richtig war 5. ... Sf6. Jetzt hingegen erhält Weiß ein großes Übergewicht im Zentrum.

6. d5 Se5 7. S:e5 L:e5 8. Le2 d6 9. 0–0 Lg7 10. e4 Sf6 11. f4 0–0 12. a4 a6 13. Ta3! Tb8 14. Kh1 Ld7

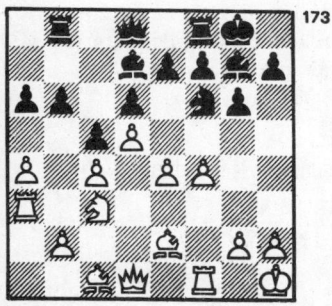
173

15. f5! ...

Der weiße Druck wächst unerbittlich. Die unscheinbaren, im Eröffnungsstadium begangenen Fehler kommen dem Nachziehenden teuer zu stehen.

15. ... Se8 16. De1 e6 17. Ld3 ef 18. ef Dc8 19. Dg3 b5 20. ab ab 21. cb c4 22. Lc2 L:b5 23. Dh4! Lf6 24. Lg5 Dd8

Auch nach 24. ... L:g5 25. D:g5 f6 26. fg! fg 27. gh+ Kg7 28. T:f8 steht der weiße Erfolg außer Frage.

25. Se4 L:g5 26. S:g5. Schwarz gab auf.

Und nun ein weiteres Vorbild für die Ausnutzung „kleiner", doch wesentlicher Fehler, das ebenfalls aus Uhlmanns Praxis stammt.

Englische Eröffnung
Uhlmann–Augustin
Dečin 1977

1. c4 Sf6 2. Sc3 e6 3. Sf3 Lb4 4. Dc2 0–0 5. a3 L:c3 6. D:c3 b6 7. b3 Lb7 8. g3 d5 9. Lg2 d4? 10. Db2! c5 11. 0–0 Sc6 12. d3 De7 13. b4! Tfd8 14. bc D:c5 (14. ... bc 15. Lf4!) 15. a4! h6 16. Lf4 Sh5 17. Ld2 Tab8 18. Db5! Sf6 19. Tfb1 Sd7 20. a5! La8 21. ab T:b6

Nach 21. ... ab 22. Lf4 e5 23. D:c5 bc 24. T:b8 T:b8 25. S:e5! ist der weiße Vorteil ebenfalls unbestritten. Der Leser beachte, mit welcher Genauigkeit und Energie der Anziehende die ganz und gar nicht auf der Hand liegenden Vorzüge seiner Stellung zur Geltung bringt.

22. D:c5 T:b1+ 23. T:b1 S:c5

24. Se1 f6 25. f4! Kf7 26. Sc2
Ke8

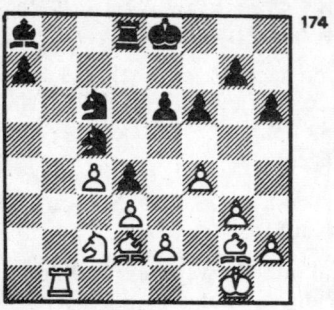

174

27. Kf2 Kd7 28. Tb2 Kc7
29. Tb5! Sb7 30. Lc1! Sd6
31. Tb1 e5 32. La3 Sf5 33. Le4
Sfe7 34. fe! fe 35. Lc5! Tb8?

Ein bereits nicht mehr wieder-
gutzumachender Fehler. Hartnäckiger geschah 35. ... Te8,
obwohl Schwarz nach 36. Ta1 a5
37. Sa3 nebst 38. Sb5(+) gleichfalls mit ernsten Schwierigkeiten
zu kämpfen hat.

36. T:b8! K:b8 37. Ld6+ Kc8
38. L:e7. Schwarz gab auf.

Fazit: Wer seltener Fehler macht,
spielt stärker! Es kommt vor,
daß diese Binsenwahrheit beim
tiefsinnigen Meinungsstreit über
unterschiedliche Stile vergessen
wird.
Auf gar keinen Fall möchte ich
die Bedeutung von Ideenreichtum und schöpferischer Vielfalt
herabsetzen. Man muß allerdings
die filigranartige Technik des
Denkens von Trockenheit und
Einengung des Schöpferischen
abgrenzen. Nehmen wir als Beispiel Capablanca, Smyslow,

Petrosjan und Fischer. Ihnen ist
gemeinsam, daß sie über eine
ausgezeichnete Technik verfügen. Viele ihrer Partien sind so
leicht zu verstehen und strategisch einleuchtend, daß man den
Eindruck gewinnt, ihre Art zu
spielen sei jederman zugänglich.
Nicht zufällig hat sich die Vorstellung eingebürgert, daß Ge-
nialität in der Einfachheit liege.
In Wirklichkeit jedoch ist eine
solche Beherrschung der Technik
nur schwer und längst nicht von
jedem zu erreichen.
Insgesamt gesehen ist das
Schaffen jedes dieser Schach-
könner reich an schöpferischen
Leistungen. Doch wird all das
von ihrem gewaltigen Kombinationstalent überstrahlt.
Man muß zwischen wahrer Technik, welche die Kraft des Denkens veranschaulicht, und rein
äußerlicher Präzision unterscheiden, die oft lediglich
Trockenheit und Pedanterie
widerspiegelt.

Warum die Schachkunst
ohne Fehler
undenkbar ist

Der idealen Spielstärke stehen
immer wieder Fehler im Wege.
Irren ist menschlich – dieser
alte Ausspruch gilt auch für das
Schach. Dessen Geschichte
lehrt, daß nur wenigen jene Harmonie des Intellekts und Charak-
ters (sowie die erforderliche

Sonderbegabung) vergönnt war, die nun einmal nötig ist, will man von Fehlern weitgehend verschont bleiben. Selbst in der kurzen Liste der Weltmeister zeichnen sich in dieser Beziehung eigentlich nur Capablanca, Fischer, Karpow und teilweise Petrosjan aus.

Die übrigen Weltmeister, angefangen bei Steinitz und Lasker, verdankten ihre Vorrangstellung wohl vor allen Dingen ihrem Ideenreichtum und der Originalität ihres Stils.

Es erscheint angebracht, sich den schöpferischen Werdegang Aljechins auf dem Wege zur Weltmeisterschaft zu vergegenwärtigen. In seiner Jugend war er ein ausgesprochener Romantiker. Opferreiche Angriffe, effektvolle Kombinationen und weite Berechnung der Varianten waren kennzeichnend für seine Begabung.

Doch der mit ungewöhnlichem Verstand ausgestattete Aljechin begriff sehr schnell, daß er die Hohe Schule des Positionsspiels absolvieren und die Kunst der Behandlung einfacher Stellungen beherrschen mußte, wollte er im Ringen um höchste Erfolge bestehen. Er sann auf Abhilfe und ging bei Capablanca in die Lehre. Das Ergebnis war, daß er Mitte der 20er Jahre mit diesem – was Technik, Vielseitigkeit und Stärke anbetrifft – zumindest Gleichstand erzielt hatte. Ihr Wettkampf um die Weltmeisterschaft 1927 bestätigte das.

Aljechin siegte nicht so sehr dank seinem Kombinationstalent (dieses war zwar wichtig, blieb aber im Hintergrund), sondern vielmehr durch die allseitige Beherrschung der verschiedenen Seiten der Schachkunst. Aljechins eindringliche und wirksame Art, Mängel zu überwinden, hat Maßstäbe gesetzt, die heute noch gültig sind.

Dennoch drängt sich die Schlußfolgerung auf, daß Fehler und schachliche Unvollkommenheiten selbst bei den hervorragendsten Meistern anzutreffen sind.

Untersuchen wir unter dem Gesichtswinkel der Entstehung von Fehlern die verschiedenen Schachschulen und -stile. Weiter oben war die Rede von den positiven und negativen Merkmalen des Dogmatismus. Darunter verstanden wir einerseits das feste Einstehen für die eigenen Überzeugungen und andererseits daraus ableitbare Fehlhaltungen, wie z. B. mangelhafte Anpassungsfähigkeit des Denkens, eine gewisse Vorliebe für Künsteleien und anderes.

Im vorigen Kapitel haben wir die Entwicklungsrichtung des modernen dynamischen Stils besprochen. Dieser birgt manches Widersprüchliche in sich, so daß es schwerfällt, die Spreu vom Weizen zu sondern.

Denken wir nur daran, wie kristallklar und kunstvoll geschliffen der klassische Positionsstil war. Aber auch er hatte verwundbare Stellen und Grenzen, die aus heutiger Sicht sogar ziemlich eng anmuten.

Erneut gelangen wir zu dem Schluß, daß alle Schachschulen und -stile – so vollendet sie zu sein scheinen – bestimmte Unvollkommenheiten aufweisen. In noch höherem Maße trifft das für ihre Wegbereiter zu – die namhaftesten von ihnen nicht ausgeschlossen. Im vorangehenden haben wir uns beispielsweise mit den unscheinbaren, doch störenden Unzulänglichkeiten Portischs befaßt. Eine andere Hauptperson dieses Buches ist der junge Großmeister Timman. Sein unverbrauchtes Schaffen steckt voller Ideen und wirkt sehr anregend. Auf seinem Weg zu höheren Leistungen wird er jedoch noch auf manche Hindernisse stoßen, bei denen man nicht weiß, ob er sie zu überwinden vermag. Unter anderem muß er gründlich an seiner positionellen Spielführung arbeiten. Obzwar Timman ein hervorragender Taktiker ist, kommt er nicht selten in Schwierigkeiten, wenn sein Gegner die Initiative besitzt.

Timman–Ligterink
Wijk aan Zee 1977

Der Nachziehende hat eine zweischneidige Eröffnungsvariante gewählt und für den geopferten Bauern eine gewisse Kompensation erhalten. Nun wäre es am klügsten gewesen, mit 12. Dc1! fortzusetzen, um möglichst schnell a2–a3 folgen zu lassen und auf diese Weise die Fesselung auf der Diagonale a5–e1 abzuschütteln.

In der Partie geschah jedoch:

12. Dd2?! a6! 13. ba L:f3 14. gf Sc6 15. Le2 d5 16. a3 d4 17. Dc1? ...

Jetzt ist dieses Manöver völlig fehl am Platz und zeitigt schlimme Folgen. Nötig war 17. 0–0 dc 18. ab D:a1 19. D:c3 Da4 20. b5 Se7 21. D:c5 Dh4! mit beiderseitigen Chancen.

17. ... L:c3 18. bc Td8! 19. Dc2 c4! 20. ed S:d4 21. Db2 S:e2 22. K:e2 Dd5! 23. Thd1 D:f3+ 24. Ke1 Dh1+ 25. Ke2 De4+

Wie man sieht, steht Weiß vor einem Scherbenhaufen und

sollte den kürzeren ziehen. Doch der Zufall kam Timman zu Hilfe. Nach 26. Kf1 zog Schwarz (statt 26. ... Tdf8!, was den Sieg sichergestellt hätte) 26. ... T:d1+? 27. T:d1 Dh1+ 28. Ke2 T:f2+(?) 29. K:f2 D:h2+ 30. Kf1 D:b2?? (um wenigstens remis zu halten, war unbedingt 30. ... Dh1+ erforderlich) und verlor nach 31. a7! die Partie.

In schlechteren Endspielen fehlt es Timman ebenso an der nötigen Ausdauer wie in einfachen Stellungen, in denen sein Gegner leicht im Vorteil ist. Seine verwundbarste Stelle ist zweifellos die unzureichende Kenntnis der klassischen Eröffnungstheorie. Mitunter läßt er sich darum aufs Geratewohl auf Verwicklungen ein (vergleiche Diagramm 98).
Es ist verhältnismäßig leicht, die starken und schwachen Seiten eines bestimmten Spielers zu ermitteln. Etwas ganz anderes ist es, wirksame Methoden zur Überwindung dieser Fehlhaltungen anzugeben. Man darf nicht vergessen, daß die Vorzüge und Mängel des Denkens organisch mit der Wesensart des betreffenden Spielers verbunden sind. Mit seiner Natur zu brechen, ist jedoch sehr gefährlich. Solche Versuche enden in der Regel mit einem Fehlschlag.
Mitte der 30er Jahre leuchtete das Kombinationstalent des jungen sowjetischen Meisters Bondarewski hell auf.

Es seien hier zwei Beispiele für seine schachliche Phantasie eingeflochten.

Bondarewski–Ufimzew
Sowjetunion 1935

176

Sachlich beurteilt stand der Anziehende, der zwei Bauern eingebüßt hatte, auf verlorenem Posten. Der letzte schwarze Zug Lh3–g2? erlaubte es ihm aber, eine prachtvolle Kombination anzubringen.

1. Th8+! Kf7 2. Le8+!! S:e8 3. Kg5!, und Schwarz hat gegen das auf f8 drohende Matt keine Parade.

Kotow–Bondareski
Sowjetunion 1936

177

Schwarz krönte die Partie mit einer wunderbaren Mattkombination:

1. ... f4+! 2. S:f4 Df2+! 3. Kd3 D:d4+! 4. K:d4 Lc5+ 5. Kd3 S:e5 matt.

Auch späterhin verdankte Bondarewski seinem kombinatorischem Geschick und seiner Energie noch manchen sportlichen Erfolg. Der Höhepunkt seiner Laufbahn war die Teilung des 1.–2. Platzes in der 12. sowjetischen Meisterschaft 1940 — unter anderem vor Botwinnik, Keres und Smyslow, punktgleich mit Lilienthal. Trotzdem verstummten die Kritiker nicht, die fortgesetzt seine ungenügende Technik bemängelten. In den folgenden Jahren änderte Bondarewski deshalb seinen Stil von Grund auf und verlagerte das Schwergewicht auf die positionell-technische Seite der Spielführung, wobei er seiner Phantasie immer festere Zügel anlegte. Plötzlich begann seine Kombinationskraft, seine kostbarste Naturgabe, nachzulassen. Schließlich nahm seine Spielstärke merklich ab, und in den 50er Jahren zog sich Bondarewski praktisch aus der Schacharena zurück. Es ist nicht ausgeschlossen, daß auch andere Ursachen mitwirkten, aber dies war wohl die entscheidende. Vorläufig sind die Wege zur Vervollkommnung beschwerlich und manchmal unergründlich. Es läßt sich beobachten, daß die Spielstärke manch eines Schachmeisters frühzeitig abzusinken beginnt, und zwar nicht wegen seines Alters oder schwachen Gesundheitszustandes. Die Hauptursache liegt vielmehr im Nachlassen des lebendigen Denkens und dem Unvermögen, sich auf neue Stilrichtungen einzustellen. So fiel beispielsweise vielen namhaften Vertretern des strengen Positionsstils der Übergang zu dynamischen Denkmethoden schwer, da diese Formen aufweisen, die mit klassischen Begriffsbildungen unvereinbar sind. Das fängt schon bei den Eröffnungsvarianten an. Tatsächlich war es für einen Schachmeister, der an die „orthodoxen" Strukturen des Damengambits gewöhnt war, nicht leicht, sich in den vom Standpunkt alter Vorstellungen über den Kampf um das Zentrum als unregelmäßig anzusehenden Systemen der Königsindischen oder der Modernen Benoni-Verteidigung zurechtzufinden. Ebenso unbehaglich mußte Spielern zumute sein, die sich in sicheren Systemen wie der Steinitz-Verteidigung der Spanischen Partie oder der Caro-Kann-Verteidigung wohl fühlten, es nun aber ständig mit verwirrenden Spielweisen wie z. B. dem gegenwärtig beliebten Najdorf-System der Sizilianischen Verteidigung zu tun bekamen, d. h. mit Varianten folgenden Typs: 1. e4 c5 2. Sf3 d6 3. d4 cd 4. S:d4 Sf6 5. Sc3 a6 6. Lg5 e6

7. f4 Db6 8. Dd2 D:b2 9. Tb1 Da3
10. e5 de 11. fe Sfd7 usw.

Die Fähigkeit, mit der Zeit
Schritt zu halten, ist für jeden
modernen Schachspieler unentbehrlich.

Eine weitere Fehlerquelle sei
genannt. Schach ist vor allen
Dingen ein Experiment! Letztlich unterliegt jeder Plan und
jede Partie, selbst wenn sie
eisernen Gesetzen folgen, ihren
eigenen Regeln, die meist ein
konkretes Herangehen und eine
gewisse Risikobereitschaft verlangen. Daraus kann ein weiteres
Mal die Unvermeidlichkeit von
Fehlern abgeleitet werden.

Nun wollen wir zu einem Thema
übergehen, das dem Leser helfen
soll, zu verstehen, wie die Stärken und Schwächen eines Spielers miteinander in Einklang gebracht werden können.

Schwäche
oder Achillesferse?

Im Vorangehenden haben wir
das kritische Urteil Botwinniks
über Schaffen und Charakter
von Keres zitiert, der während
eines großen Teils seines Lebens-
weges einer der Hauptkonkur-
renten des Exweltmeisters war
(vergleiche S. 175).

Nun möchte ich den Eindruck
schildern, den ich im Jahre 1950
von Keres gewann. Damals war
ich ein ganz junger Spieler, der
bei der 18. sowjetischen Meister-

schaft zum erstenmal ins Finale
vorgestoßen war. Dort traf ich
auf die stärksten Meister des
Landes.

Zu jener Zeit war Keres (der die
Meisterschaft gewann) 34 Jahre
alt, sah aber jünger aus. Sein
Äußeres schien das herkömmliche Bild vom Schachspieler,
den man sich oft als durch-
geistigten Schwächling vorzustellen pflegte, Lügen zu
strafen.

Auch die Art, wie er spielte,
war beeindruckend. Es schien,
als ob er sich dabei gar nicht an-
zustrengen brauchte. Sogar in
Augenblicken des wildesten Ge-
tümmels blieb sein Gesicht ruhig
und undurchdringlich.

Wenn Keres seinen Zug ausgeführt hatte, erhob er sich meist.
Er ging auf der Bühne auf und
ab und schaute sich die interessantesten Kampfmomente in
den anderen Partien an. Es
schien, daß er dabei neue Informationen in sich aufnahm und
seinen Erfahrungsschatz er-
gänzte.

Nebenbei bemerkt, es ist gar
nicht so einfach, gleichzeitig
Kämpfer und aktiver Zuschauer
zu sein. Eine solche Doppel-
funktion setzt anstrengende Arbeit
an der Entwicklung des schachlichen Denkens voraus.

In der Partie gegen mich ge-
staltete sich der Eröffnungsverlauf ungünstig für Keres. Doch
auf seinem Gesicht zeichnete
sich keine Sekunde lang auch
nur der Schatten eines Unmuts

ab. Das ist aber nicht so sehr Sache des Temperaments, an dem es Keres wohl kaum mangelte, sondern eine Frage der inneren Disziplin. Nicht Reizbarkeit, sondern eiserne Zielstrebigkeit, so lautete der Wahlspruch des estnischen Großmeisters. Seine ganze Energie richtete er während des Kampfes auf die geistige Arbeit. Ähnlich sollte sich jeder Schachfreund zur Selbstbeherrschung erziehen, da diese der Konzentrationsfähigkeit zuträglich ist, indem sie die Geistes- und Nervenkraft auf die grundlegende schöpferische Arbeit lenkt.

Später war ich gut mit Keres bekannt und überzeugte mich von seiner außerordentlichen Liebe zum Schach. Mit jedem Partner war er bereit, stundenlang Stellungen zu analysieren. Seine gewaltige schachliche Beschlagenheit war kein Zufall. Mir schien es, so paradox das klingt, daß Keres manchmal unter seinem ungewöhnlichen schachlichen Können litt. Davon konnte ich mich bereits bei der gemeinsamen Analyse unserer ersten Begegnung, von der hier die Rede ist, vergewissern.

Es ergab sich, daß es mir glückte, eine klar gewonnene Stellung zu erlangen. Doch im entscheidenden Augenblick befiel mich eine verhängnisvolle Verzagtheit. Als der Sieg schon greifbar nahe war, schoß mir plötzlich durch den Sinn, daß ich gegen einen großen Meister spielte. Ich glaubte nicht an mein Glück, machte einige unbegreiflich schwache Züge und mußte mich mit Remis begnügen.

Wir begannen zu analysieren. Wie groß war jedoch mein Erstaunen, als Keres auf zahlreiche Möglichkeiten hinwies, von denen viele besser waren als die von ihm gewählten. Es erhob sich die Frage, warum er sich für schwächere Züge entschied, wenn er soviel sah und erkannte. Die Antwort drängt sich auf. Keres sah dank seinem ausgeprägten schachlichen Sehvermögen sehr viel und auch sehr tief. Doch unter den Zwängen des praktischen Spiels kann ein großes analytisches Arbeitspensum eine eigenartige Lähmung des Denkens bewirken.

Wer nur wenig Erfahrung und Wissen besitzt, den wandeln bei der Wahl des Planes oder eines bestimmten Zuges selten Zweifel an. Demgegenüber kann sich ein Spieler, der von Ideen sprüht, verschiedenerlei Bedenken und widerstreitenden Gefühlen kaum entziehen.

Wie bei jedem überragenden Schachmeister zog auch vor Keres' geistigem Auge eine ganze Galerie schachlicher Vorbilder vorüber. Allein, selbst der größte Meister vermag nicht in jeder Partie seine wohldurchdachten Absichten zu verwirklichen. Hier der Verlauf unserer Partie:

Zweispringerspiel im Nachzuge
Suetin–Keres
18. Meisterschaft der UdSSR,
1950

1. e4 e5 2. Sf3 Sc6 3. Lc4 Sf6
4. Sg5 d5 5. ed Sa5 6. Lb5+ c6
7. dc bc 8. Le2 h6 9. Sf3 e4
10. Se5 Ld6 11. f4 Dc7 12. d4 0–0
13. c3!? . . .

Damals ein neuer Zug; gewöhnlich spielte man 13. 0–0.

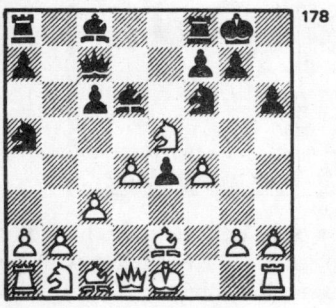

178

13. . . . c5 14. Sa3!? a6(?)

Nach der Partie wies Keres auf
die bei weitem stärkere Entgegnung 14. . . . Td8! hin. 15. Sb5
braucht er nicht zu befürchten,
da nach 15. . . . Db6 16. S:d6 T:d6
der Punkt d4 unhaltbar ist. Das
kleinere Übel bestand daher in
15. Sc2, aber dann hätte Schwarz
ein wichtiges Tempo gewonnen.

15. Sc2 Td8 16. 0–0 Tb8?

Sowohl hier als auch einen Zug
früher hätte Sd5! geschehen
sollen.

17. De1 Sc6 18. Kh1 Se7 19. Lc4
Tf8 20. Se3 cd 21. cd Sf5?

Das ist ein Versehen. Aussichten auf Rettung bot 21. . . . Da7!
(auch diesen Zug hatte Keres
gesehen!) und falls 22. Dc3, so
22. . . . Lb4. Bei 22. Dd1 hätte es
Weiß ebenfalls schwer gehabt,
seinen Vorteil zu verwerten.

22. S:f5 L:f5 23. L:a6 Le6 24. b3
Sd7 25. Lc4? (25. D:e4! gewann
sofort) 25. . . . L:e5! 26. fe L:c4
27. bc D:c4 28. La3 Tfe8 29. Ld6
Tb6 30. Df2? (vermittels 30. De3
Tb2 31. a4 Te2 32. Tfc1 Da6
33. Dh3 ließen sich die Gewinnchancen behaupten) 30. . . . e3!
31. Df5 Sf8 32. Lc5 Tb2 33. Tac1
D:a2 34. L:f8 T:f8 35. Tc8. Remis.

Keres war ein großartiger Analytiker und besaß ein seltenes
Kombinationstalent. Doch manchmal kehrten sich diese Gaben
gegen ihn. Er vertiefte sich gar
zu sehr in die Analyse einzelner
Besonderheiten und neigte dazu,
die philosophische Seite des
Schachkampfes zu unterschätzen.
Das war seine „Achillesferse".
Keres schied früh aus dem Leben. Noch heute stelle ich mir
seine elegante, sportliche Erscheinung vor. Seit 1938, als er
(gerade erst 22jährig) Sieger eines
inoffiziellen Kandidatenturniers
wurde, zählte er viele Jahre hindurch zu den ernsthaftesten An-
wärtern auf die Weltmeisterschaft. Keres ist kein Weltmeister geworden, aber sein
Name ist mit goldenen Lettern
in die Schachgeschichte einge-
gangen. Seine Partien haben
denselben bleibenden Wert wie

die von Morphy, Lasker oder Aljechin.

Das schachliche Schicksal Boleslawskis ist ebenso ursprünglich und unwiederholbar wie das jedes begabten Menschen. Ein untrügliches Zeichen für überdurchschnittliches Schachtalent ist der rasche Aufstieg zu den Höhen der Meisterschaft. Im Jahr 1939 war der äußerst bescheidene, ja sogar schüchterne 20jährige Student noch Meisteranwärter, aber schon 1940 gelangte er bei der 12. sowjetischen Meisterschaft unter die sechs stärksten Spieler des Landes, indem er mit Botwinnik den 5.–6. Platz teilte.

Gipfelpunkt der sportlichen Laufbahn Boleslawskis wurde sein hervorragendes Abschneiden im Budapester Kandidatenturnier 1950, wo er gemeinsam mit Bronstein den 1.–2. Rang belegte. Aus diesem Turnier ist sein gehaltvolles, schöpferisch anregendes Spiel, das sich durch eine Fülle kombinatorischer Ideen auszeichnete, in angenehmer Erinnerung geblieben.

Unwillkürlich kommt mir ein Gespräch mit Gligorić, dem langjährigen Vorkämpfer des jugoslawischen Schachs, in den Sinn. „Für mich", äußerte Gligorić, „ist der Schachstil Boleslawskis ideal. Wer sonst von den modernen Spielern hat Strategie und Taktik, Logik und Phantasie so harmonisch aufeinander abgestimmt?"

Boleslawski hat viele echte

Kunstwerke geschaffen, aus denen noch manche Generation von Schachspielern lernen wird. Hier eines seiner kombinatorischen Meisterstücke.

Alatorzew–Boleslawski
18. Meisterschaft der UdSSR, 1950

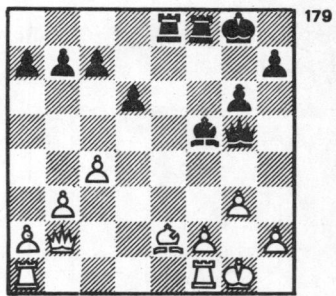

179

Der Nachziehende entschied den Ausgang des Kampfes durch eine schöne Kombination.

19. ... Lh3 20. f4 (20. Tfe1 T:f2!!) 20. ... L:f1! 21. fg T:e2 22. Dc3 Lg2! 23. Dd3 Lf3 24. Tf1 (etwas zäher war 24. Kf1 T:h2 25. Dd4 c5! 26. D:d6 Th1+ 27. Kf2 Lc6+ 28. Ke2 Te8+ 29. Kd2 T:a1, obwohl Schwarz gleichfalls gewonnen hätte) 24. ... Tg2+ 25. Kh1 Lc6! 26. T:f8+ K:f8 27. Df1+ Tf2+! Weiß gab auf.

Ein derartiger Stil erfordert neben außergewöhnlicher Begabung unbedingt eisernen Fleiß. Und über den verfügte Boleslawski.

Für viele ist es bis heute ein Rätsel geblieben, warum der 30jährige Boleslawski, der inner-

halb kurzer Zeit zu schwindel-
erregenden Höhen emporge-
stiegen war, nach seiner Niederlage im Stichkampf 1950 gegen
Bronstein langsam, aber stetig
seine sportliche Position einbüßte.

Von außen gesehen waren keine
einschneidenden Veränderungen
eingetreten. Bis zum Ende seines
Lebenswegs zeichnete sich Boleslawski durch hohe Konzentrationsfähigkeit und einen streng
sportlichen Lebenswandel aus.
Doch wenn man dem jungen
Spieler manchmal vorwerfen
mußte, daß er schachlich zu ag-
gressiv sei, so zieh man den
reifen Meister immer häufiger
übertriebener Friedfertigkeit.
Hier stoßen wir auf einen wichtigen und instruktiven Gesichtspunkt. Studiert man den Stil
eines bestimmten Spielers, muß
man berücksichtigen, daß er
nicht ausschließlich ein Produkt
der schachlichen Begabung ist.
Der Stil wird wesentlich auch
vom Charakter des Menschen
geformt. Boleslawskis Charakter
war aber wohl nicht hart genug;
ihm fehlte offensichtlich der
sportliche Antrieb. Seiner Natur
nach war er vor allem Forscher
und erst dann Sportler. Es ist
ganz gewiß kein Zufall, daß sein
Name — selbst als sich sportliche Erfolge im Laufe der Zeit
immer seltener einstellten — nichts
an Bedeutung und Autorität
einbüßte. An die Stelle des hervorragenden Praktikers war der
nicht minder geachtete Theore-

tiker und Methodiker getreten.
Der Schluß liegt nahe, daß die
Verbindung großer Vorzüge und
kleiner Schwächen beträchtliche
Nachteile in sich bergen kann.
Wir haben soeben über zwei
Klassiker des modernen Schachs
gesprochen. Nun wollen wir uns
mit zwei Zeitgenossen ausein-
andersetzen, die sich beide
durch einen eigenen originellen
Stil auszeichnen.

Zwei Porträts
zeitgenössischer
Großmeister

Bent Larsen

Eine der belebendsten und belieb-
testen Gestalten der modernen
Schachszenerie ist der dänische
Großmeister Larsen.
Will man über ihn berichten, kann
man nicht umhin, einen Blick
zurückzuwerfen. Zum ersten
Mal war sein Name auf der
12. Schacholympiade in Moskau
in aller Munde, wo er am 1. Brett
das beste Ergebnis erzielte. Für
diese Leistung wurde ihm außer
der Reihe der Titel Internationaler Großmeister verliehen.
Danach brach eine Periode
schöpferischer Unruhe für ihn
an, in der Larsen trotz urwüch-
siger Spielauffassung keine
stabilen Resultate zu erreichen
vermochte. Der Umschwung
vollzog sich 1964. In diesem
Jahr errang Larsen seinen ersten

großen Erfolg in der internationalen Turnierarena: Er belegte beim Interzonenturnier in Amsterdam den 1.–4. Rang zusammen mit Spasski, Tal und Smyslow. Damit hatte er sich für die Kandidatenwettkämpfe qualifiziert.

Larsens Auftreten 1965 in diesem Wettbewerb blieb lange im Gedächtnis haften. Nachdem er im Viertelfinale Ivkov überzeugend ausgeschaltet hatte, lieferte er Tal einen verbissenen und ausgeglichenen Kampf, den er erst durch die letzte Partie verlor.

Sein Abschneiden wurde als Sensation und Versprechen auf die Zukunft gewertet. Heute muß man allerdings feststellen, daß sich Larsens hochfliegende Pläne im nächsten Zyklus nicht erfüllten. Zwar besiegte er 1968 im Viertelfinale Portisch, doch im Halbfinale mußte er eine empfindliche Niederlage gegen Spasski einstecken. Es verstrichen drei Jahre. Erneut gehörte Larsen zum Kreis der Kandidaten und drang bis ins Halbfinale vor. Doch hier erwartete ihn eine bittere Enttäuschung, die ihn meines Erachtens zwar nicht gebrochen, aber doch für Jahre aus dem seelischen Gleichgewicht geworfen hat: Fischer bereitete ihm eine vernichtende 0 : 6-Niederlage! Es scheint, daß Larsens Willensstärke durch diese Abfuhr für immer gelitten hat. Das offenbart sich vor allem in besonders verantwortungsvollen Augenblicken. Beispielsweise ist Larsens überragendes Spiel in der ersten Hälfte des Interzonenturniers 1973 in Leningrad noch in bester Erinnerung. Er stand bereits mit einem Bein im Kandidatenturnier, zu dem die ersten drei Plätze berechtigten. Doch bedurfte es nur eines Mißerfolgs, um ihn wie ausgewechselt erscheinen zu lassen, und so schnitt er in den letzten Runden ganz schlecht ab.

Allmählich fing sich Larsen wieder. Diesem Umstand verdankte er 1976 offenbar sein Vordringen in den Zyklus der Kandidatenwettkämpfe. Aber schon im ersten Zweikampf mit Portisch war von dem früheren Draufgänger Bent Larsen nicht viel zu spüren. Er handelte impulsiv, sein Eröffnungsspiel wirkte monoton, und er verlor im Grunde ohne besondere Gegenwehr.

Bereits eine flüchtige Analyse seines schachlichen Werdegangs zeigt, daß Larsen seinen Zenit schon seit langem überschritten hat. Wahrscheinlich liegt die Ursache dafür in seinen schöpferischen Anschauungen. Sicherlich wäre es unzutreffend, in Larsen einen schlechten Matchkämpfer zu sehen. Auf seinem Konto stehen nicht wenige Siege, die er teils in freundschaftlichen, teils in offiziellen Zweikämpfen errungen hat. Unter den von ihm Bezwungenen befinden sich auch zwei

namhafte sowjetische Großmeister. 1966 besiegte er in
einem zusätzlichen Wettkampf
um die Vorberechtigung für das
Interzonenturnier Geller mit 5 : 4
und drei Jahre später in einem
ebensolchen Vergleich Tal mit
5,5 : 2,5.
Larsen zeichnet sich durch eine
ganze Reihe wertvoller Charaktereigenschaften aus. Er ist kaltblütig und temperamentvoll zugleich, zielstrebig und ehrgeizig
sowie dem Schach treu ergeben.
Mit einem Wort, seine sportlichen
Qualitäten stehen auf hohem
Niveau.
Enttäuschungen hat Larsen
mehr als genug durchlitten.
Manchmal drohten sie das Feuer
seiner Energie zu ersticken. Doch
völlig gelang ihnen das nie.
Erst vor kurzem, nach der Niederlage im Wettkampf 1977
gegen Portisch, erlebte Larsen
einen neuen schöpferischen
Aufschwung. Schon im Frühjahr
des gleichen Jahres errang er
in bedeutenden Turnieren in
Genf, Ljubljana-Portoroz
(1. Platz) und Las Palmas (Zweiter hinter Karpow) mehrere Erfolge hintereinander.
Widmen wir uns jetzt den eigentlichen Schaffensproblemen Larsens, wobei wir besonders bei
seinen positiven Denkeigenschaften verweilen wollen. Hierbei muß betont werden, daß der
Däne durchaus imstande ist, im
klassischen Positionsstil zu
spielen, was einmal mehr sein
großes Können beweist. Inter-

essanterweise hat sich in letzter
Zeit der Anteil positioneller
Spielweise an seinem Gesamt-
schaffen deutlich erhöht.
Hier einige Beispiele dafür.

Larsen—Pomar
Las Palmas 1977

Es geschah:

15. Sd5! L:d5 16. cd Da5
17. Da4!! ...

Eine scharfsinnige Erwiderung,
denn im Endspiel erwarten
Schwarz die größten Unannehmlichkeiten.

17. ... D:a4 18. ba b5 19. Tc6! ba
20. T:a6 Tc2 21. T:a4 T:e2
22. Lf3 Tc2 23. Ta7 h6 24. Le3
Tec8 25. Tb1, und Weiß realisierte bald sein Übergewicht.

Die nachstehenden Vorbilder,
in denen Larsens positionelle
Meisterschaft organisch mit
weiter und präziser Berechnung
verschmolzen ist, sind ebenfalls
kennzeichnend.

233

Larsen—Sax
Ljubljana-Portoroz 1977

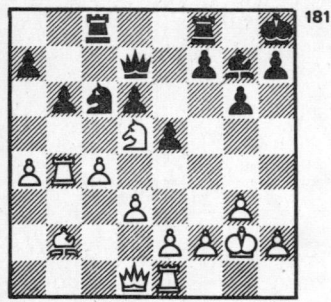

181

Weiß, der am Damenflügel die
Initiative ausübt, verstärkt ge-
konnt den Druck. Obgleich die
Position fast symmetrisch aus-
sieht, hat Schwarz Zug um Zug
mit wachsenden Schwierigkeiten
zu kämpfen.

21. Tb5 Se7 22. S:e7! D:e7
23. La3! e4?!

Ein verwegener Versuch, das
Spiel zu komplizieren, der
Weiß indes nicht unvorbereitet
trifft.

24. f3! ...

Eine ausgezeichnete Entgegnung. Jetzt wäre sowohl 24. ...
ef+ 25. ef Dd7 26. Td5 Tc6
27. De2! als auch 24. ... Lc3!?
25. de L:e1 26. L:d6 Dd8 27. Td5!
usw. eindeutig vorteilhaft für
Weiß.

24. ... f5 25. de Tfd8 26. ef T:c4
27. fg hg 28. h4 De3 29. Tb3 De8
30. a5! b5 31. Dd2 d5 32. Dg5 Tc3
33. Lb2! ...

Zum Abschluß ein eleganter tak-

tischer Schlag: 33. ... T:f3?
verbietet sich wegen 34. Dh6+!

33. ... d4 34. T:b5 Te3 35. Kf1
Dd7 36. h5 Tde8 37. g4 Dc6
38. Dd5 Dc7 39. hg T3e5 40. Df7.
Schwarz gab auf.

Larsen—Balaschow
Bugojno 1978

182

Auch hier beutete Larsen geschickt seine positionellen Vorteile aus.

16. dc! L:c5 (erzwungen, denn
nach 16. ... bc 17. Sc4! hat
Schwarz Mühe, Materialverlust
zu vermeiden) 17. S:c5 bc 18. Dd2
Db6 19. Dc3 Tc7 20. Sg4! S8d7
21. b4! Tec8 22. S:f6+ S:f6 23. bc
T:c5 24. Dd2 T:c1 25. T:c1 T:c1+
26. D:c1 Se4 27. Ld4 ...

Ungeachtet der Vereinfachungen
sind die Schwierigkeiten des
Nachziehenden nicht geringer
geworden. Herr der Lage ist der
Läufer auf d4.

27. ... Db5 28. h3 Lc6 29. Kh2
f6 30. Le2!? Db7?

Das entscheidende Versehen.

234

Bedeutend hartnäckiger war
30. ... D:e2!

31. Da3! Lb5 32. Lg4! Kf7 33. Da5
Ke7 34. Lf5 g6 35. Db4+! Kf7
36. L:e4 de 37. a4! Lc6 38. Dd6
L:a4 39. D:f6+ Ke8 40. Dh8+
Kd7 41. D:h7+. Schwarz gab auf.

Fürwahr beeindruckende Beispiele. Doch ein Umstand verdient hervorgehoben zu werden.
Sogar wenn man ausschließlich
Partien dieser Art von ihm nach-
spielt, kann man Larsen trotzdem nicht als Positionsspieler
bezeichnen. Zu oft ist er nicht
imstande, sie folgerichtig zu
Ende zu führen — selbst wenn er
die richtige positionelle Linie erkannt hat. Typisch ist der folgende Fall.

Larsen—Olafsson
Genf 1977

183

Der Anziehende hält das Heft
in der Hand und setzt den Gegner weiterhin unter Druck.

14. Lb5! De7 15. L:d7 (ein be-
rechtigter Abtausch, da in dieser
Lage der weiße Springer dem
schwarzen Läufer überlegen ist)

15. ... D:d7 16. Se5 De7 17. Sd3
b6 18. Df3? ...

Das ist inkonsequent und sollte
durch 18. a5! ersetzt werden.
Jetzt gleicht Schwarz das Spiel
nahezu aus.

18. ... cd 19. cd Tc3! 20. Sf4 Dd6
21. h4 Tac8 22. g3 T8c4 23. Dh5
Tb4 24. Tfd1 a5!

Vom weißen Übergewicht ist
keine Spur geblieben. Aber der
Nachziehende bleibt die Antwort
nicht schuldig und greift ebenfalls fehl.

25. g4!? (typisch Larsen! Er will
ein zweischneidiges Spiel vom
Zaun brechen) 25. ... Dd7
26. Tdb1 f6 27. Kg2 Df7?

Ein ernster Fehler, der nicht wiedergutzumachende Folgen nach
sich zieht. Nach der weißen Antwort wird die schwarze Stellung
schnell unhaltbar.

28. T:b4! ab 29. a5 ba 30. T:a5
D:h5 31. gh Lf7 32. Ta8+ Kh7
33. Tf8 Tc7 34. Tb8 Tc4 35. Kg3,
und Schwarz befand sich in
tödlichem Zugzwang.

Seine Unzulänglichkeiten im
Positionsspiel gleicht Larsen
durch Energie und Unternehmungslust aus. Überhaupt fühlt
er sich wohl, wenn er die Stellung des Gegners (vor allem,
wenn dieser schwächer ist)
bei der erstbesten Gelegenheit
in die Zange nehmen kann. In
diesem Fall beflügelt sein eigen-
sinniger, willensstarker Charakter
ihn zu großen Taten.

Beim Nachspielen dieser Partien drängt sich unbeabsichtigt der Gedanke auf, daß Larsen bei anderer Ausbildung vielleicht sogar ein Virtuose des Positionsspiels hätte werden können. Doch wie die meisten westlichen Meister unserer Tage schmiedet er seine schachlichen Waffen hauptsächlich im praktischen Spiel. Und dabei zog es Larsen zur Originalität. Von Jugend an war Nimzowitsch sein Idol, und dieser Einfluß auf sein Schaffen dauert auch heute noch an. Ist in der folgenden von Larsen weitsichtig und kühn angelegten Partie etwa nicht Nimzowitschs Handschrift zu erkennen!

Larsen—Westerinen
Lone Pine 1978

184

Der letzte Zug 11. ... Sc6(?) erlaubte es Weiß, einen originellen Angriffsplan am Königsflügel in Szene zu setzen. Außerdem entbrennt der Kampf an allen Fronten des Schachbretts.

12. L:c6 bc 13. g4! Le6 14. Dc2 a5 15. Sa4 Sd7 16. Se4 f6 17. f3 Db8 18. h4 Db4 19. Lc3 De7

20. 0—0—0 Teb8 21. h5 f5 22. Sg3 Da3+?!

Auch nach 22. ... fg 23. hg Dg5+ 24. Kb2 D:g6 25. Sh5! wäre es um Schwarz schlecht bestellt.

23. Lb2 D:a2 24. hg fg (ungenügend war 24. ... T:b3? wegen 25. gf D:a4 26. fe Sc5 27. e7 usw.) 25. T:h7 Sf6 26. T:g7+ K:g7 27. Sh5+ Kf8 28. S:f6 D:b3 29. D:b3 T:b3 30. Sc5 Tb4 31. S:e6+ Ke7 32. S:c7 T:c4+ 33. Kb1 Tc8 34. S:g4 T:c7 35. S:e5 Tb4 36. g7 Tb8 37. f4 Ke6 38. e4 T:g7 39. f5+. Schwarz gab auf.

Das positionelle Denken Larsens kommt gegen schwächere Gegner oder in sportlich ruhigen Situationen stärker zur Geltung. Dagegen tritt es im Feuer des Kampfes gegen Gleichwertige in den Hintergrund. Oft versucht Larsen positionelle Ziele vermittels taktischer Einfälle durchzusetzen. Bezeichnend dafür ist die nächste Partie. In ihr provozierte er frühzeitig taktische Verwicklungen, doch ließ er — im Unterschied zu seinem Partner — keinen Augenblick lang die strategischen Feinheiten aus dem Auge. Schließlich lenkte er das Spiel in rein positionelle Bahnen und nutzte den von Weiß im 27. Zug begangenen taktischen Fehler tadellos aus. Hier der Gang der Ereignisse nach dem 17. Zug von Weiß.

Sigurjonsson—Larsen
Ljubljana—Portoroz 1977

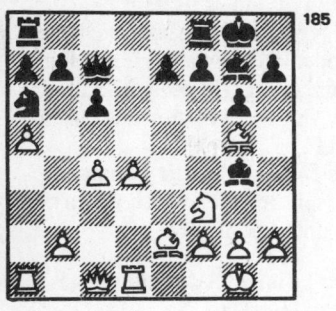

17. ... e5! 18. de Tfe8 19. Lf6
L:f3 (natürlich nicht 19. ...
L:f6 20. ef T:e2? wegen 21. Dh6,
und Schwarz wird matt) 20. L:f3
L:f6 21. ef De5 22. b4 Tac8
23. Tb1 D:f6 24. Db2 D:b2
25. T:b2 Tc7

Das Spiel trägt nun positionelles Gepräge. Bei symmetrischer
Bauernverteilung bekommt es
der schwarze Springer mit dem
weißen Läufer zu tun. Grundsätzlich besitzt in dergleichen
Positionen — d. h., wenn bei der
vorliegenden Bauernformation
noch Türme auf dem Brett
sind — der Springer die etwas
besseren Aussichten. Doch hier
sind die Chancen beider Seiten
vorerst annähernd gleich.

26. b5 Sc5 27. bc? ...

Richtig war 27. a6! cb 28. ab S:b7
29. cb mit der Absicht 30. b6!,
was gleiches Spiel ergeben hätte.
Nach der Partiefortsetzung gerät
Weiß in ernste Schwierigkeiten.

27. ... bc 28. Kf1 Kf8 29. g3 Te5

30. Td6 Te6 31. Td8+?! (etwas
besser war 31. T:e6) 31. ... Ke7
32. Tbb8 Sb7! 33. Te8+ Kd6
34. T:e6+ fe 35. a6 Sc5 36. Td8+
Ke5 37. Lg4 S:a6 38. f4+ Kf6
39. Td6 Sc5 40. Lf3 a5 41. Td8
Ta7 42. L:c6 a4. Weiß gab auf.

Hat Larsen einen geringfügigen
Vorteil, läßt er sich völlig unbe-
fangen auf Vereinfachungen
ein. Im Endspiel bemüht er sich
dann beharrlich zu gewinnen.
Schon so manches Mal hat er aus
scheinbar hoffnungslosen Remis-
stellungen heraus den Sieg zu erringen gewußt.

Positionelle Auseinandersetzungen gehören also zu Larsens
Stärken. Sie werden aber von
seinen Positionsopfern — eine
besondere Vorliebe hat er für
Qualitätsopfer — in den Schatten
gestellt. Diese tragen geradezu
sein ,,Firmenzeichen".
Das folgende Beispiel ist charakteristisch.

Larsen—Visier
Las Palmas 1977

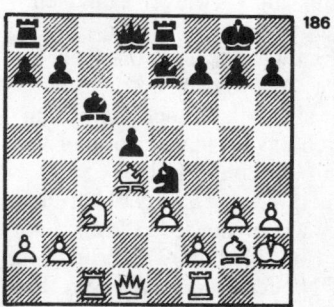

Hier fand Larsen einen interessanten Weg, das Spiel zu ver-

schärfen. Gleichzeitig zwang er den Gegner, selbständig zu denken. Bewerkstelligt wurde das durch ein Qualitätsopfer.

16. S:e4!? de 17. T:c6 bc 18. L:e4 Tc8 19. Df3 c5 20. Lc3 Lf6 21. Lb7! L:c3(?)

Aufmerksamkeit verdiente 21. ... Tb8 22. Lc6 Te6 23. Ld5 Td6 24. e4 mit schwierigem Kampf, in dem Weiß die Initiative besäße.

22. L:c8 D:c8 23. bc Da6 24. Kg2! D:a2 25. Dc6 De6 26. D:e6! T:e6.

Unzureichend war auch 26. ... fe 27. Ta1 Ta8 28. Ta6 Kf7 29. Kf3.

27. Ta1 Te7 28. Kf3 Kf8 29. Ta5 Tc7 30. Ke4 Td7 31. T:c5 Td2 32. f4 Tg2 33. g4. Schwarz gab auf.

Fazit: Larsen ist dank seinem hohen Spielniveau durchaus schöpferischer strategischer Leistungen fähig, obwohl er von Natur aus vorwiegend taktisch begabt ist.
Sehen wir uns auch die Kehrseite der Medaille an. Diese läßt sich bekanntlich am besten durch das Prisma verlorener Partien betrachten. Larsens Spiel ist seit jeher sehr ergebnisfreudig. Wer wie er um jeden Preis auf Gewinn spielt, muß natürlich auch auf Niederlagen gefaßt sein. Eine wesentliche Ursache für seine Mißerfolge war und ist mangelnde Anpassungsbereitschaft,

die sich mitunter im eigensinnigen Beharren auf zweifelhafte Ideen äußert. Mit dem gleichen Eifer vermag er strategisch gut, aber auch schwach zu spielen. Kurz gesagt, in einigen Fällen läßt ihn das Positionsgefühl im Stich.
Die folgende Partie behandelte Larsen beispielsweise unvernünftig und gekünstelt.

Pirc-Ufimzew-Verteidigung
Stean—Larsen
Las Palmas 1978

1. e4 g6 2. d4 Lg7 3. Sf3 d6 4. Sc3 Sf6 5. Le2 0—0 6. 0—0 a5?! 7. h3 Sa6 8. Lf4 c6 9. Dd2 b5 10. e5! de 11. S:e5 Lb7 12. Lf3 Db6 13. a4 Sb4 14. Se2 Tfd8 15. c3 Sd5 16. Lg5 b4 17. Sd3! La6 18. Sc5 Lc4 19. Tfe1 Sc7 20. Sc1 e6 21. S1d3 Ld5 22. Df4 Sce8 23. Se5 L:f3 24. D:f3 ...

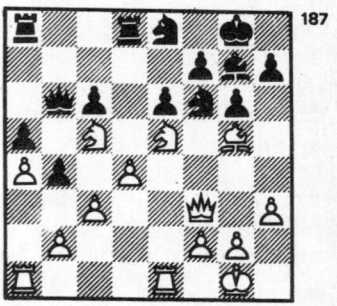

187

Man überzeugt sich leicht davon, daß der Nachziehende die Schlacht strategisch verloren hat. Angesichts der Drohungen des Schlagens auf c6 und des Springerzuges nach g4 büßt er Material ein.

24. ... h6 25. L:f6 S:f6 26. D:c6 Sd5 27. D:b6 S:b6. Weiß hat Gewinnstellung. (Nebenbei bemerkt, Larsen hatte Glück: Stean geriet in Zeitnot und verlor sogar noch durch grobe Fehler.)

Manchmal hat man den Eindruck, Larsen vergißt in seinem Eigensinn, daß er Schach spielt und nicht irgendein Hasardspiel, bei dem der Erfolg Glücks- oder Zufallssache ist.
In Larsen leben gleichsam zwei Schachspieler. Der eine, bedeutendere ist ein vielseitiger Meister von hohem Rang, der andere ein regelrechtes Original. Nun, gegen Originale ist eigentlich nichts einzuwenden. Aber bei seiner schöpferischen Suche kann Larsen jederzeit den Sinn für die Realität verlieren und vom Ziel abschweifen.
Wer von dieser Schwäche profitieren will, muß versuchen, seine Originalitätssucht zum Klingen zu bringen, oder er muß geduldig auf eine entsprechende Wendung des Partieverlaufs warten. Larsen ist eine aktive Natur; er läßt keine Langeweile aufkommen, weil er selber fast nie eine abwartende Haltung bezieht. Merkwürdigerweise treibt Larsen die Dinge gerade in wichtigen Entscheidungspartien auf die Spitze, indem er sich betont waghalsig verhält.
Sein Glaubensbekenntnis ist — wie bei einigen anderen hervorragenden Großmeistern — die Originalität des Denkens, die jedoch zu einer empfindlichen Schwäche ausarten kann. Nicht zufällig ist es eine erprobte Kampfmethode, das Spiel zum Schein so zu lenken, daß die Vorzüge im Stil des Gegners zur Geltung kommen. Der Hintergedanke ist, eine Situation heraufzubeschwören, in der diese Stärken sich nicht entfalten können, der Partner aber durch die Macht der Gewohnheit auf einen unheilvollen Weg gedrängt wird.
Gewissermaßen ein Antipode von Larsen ist der tschechoslowakische Großmeister Hort, dessen Schaffen wir jetzt analysieren wollen.

Vlastimil Hort

Hort ist in erster Linie Schachpraktiker. Er spielt sehr viel, nämlich mehr als 100 Partien im Jahr — und das jahrein, jahraus. Ich bin 18 Jahre älter als Hort und schon lange mit ihm befreundet. Vor nicht allzu langer Zeit äußerte ich in der Unterhaltung mit ihm, daß ich in meinem Leben ungefähr schon 2 000 Turnierpartien gespielt habe. „So wenig?", wunderte er sich zu meinem Erstaunen. „Ich habe bedeutend mehr auf meinem Konto als Sie!" (Zum Vergleich: Lasker und Capablanca haben jeder etwas weniger als 600 Turnierpartien in ihrem Leben gespielt!)
Horts Ergebnisse zeichnen sich

durch Beständigkeit aus. Man spürt seine Routine und hohe Technik. Er hat schon vergessen, wie es ist, in die untere Tabellenhälfte abzurutschen. Zugleich findet man ihn verhältnismäßig selten an der Spitze eines Turniers. Gewöhnlich nimmt er bei starken internationalen Veranstaltungen einen Rang um den 3. bis 6. Platz ein.

Lange Zeit hindurch ließ er es an sportlichem Ehrgeiz fehlen. Doch ohne diesen ist es bekanntlich schwierig, sich voll zu verausgaben und alle Kräfte dem Schach zu widmen. Im Sport vermag man ohne Ehrgeiz und Härte nie den Gipfel zu erstürmen.

An den Weltmeisterschaftszyklus 1976/77 ging Hort zielstrebig heran. Sein Spiel war härter und sein Erfolgsstreben ausgeprägter als sonst. Doch nach der „tragikomischen" Niederlage im Wettkampf mit Spasski wurde er wieder der gutmütige Vlastimil, der sich mit achtbaren Resultaten begnügt, ohne zum Höchsten zu streben. Es ist nicht ausgeschlossen, daß sich hierin die Niedergeschlagenheit über den unglücklichen Mißerfolg im Viertelfinale der Kandidatenwettkämpfe äußert. Wie dem auch sei, Hort hatte sich für kurze Zeit über seine persönlichen Durchschnittsleistungen erhoben, war danach aber sogleich wieder abgefallen.

Indessen ist ihm bei seinem Fleiß und hohen Können ein erneuter Höhenflug durchaus zuzutrauen. Horts Spiel ist logisch und weniger widersprüchlich als etwa das von Larsen oder Portisch. Es ist ungekünstelt und frei von Dogmatismus. Theoretische Vorurteile belasten ihn nicht. Er lernt aus der Praxis und läßt sich vom gesunden Menschenverstand leiten.

Sein Spiel zeichnet sich durch große Harmonie aus. Er genießt den Vorzug, keine klar erkennbaren Schwächen zu haben. Andererseits kann man sich nur schwer vorstellen, daß Hort mit schöpferischen Überraschungen aufwartet (hierin ist ihm z. B. Larsen überlegen). Gesunder Schachpraktizismus hat bei ihm den Vorrang vor Tiefe und Originalität.

Wie schon erwähnt, Hort hat sich lange zurückgehalten und Wagnisse gescheut. Doch mit der Zeit ist sein Ehrgeiz erwacht. Vielleicht ringt er sich noch dazu durch, seine schöpferischen Beschränkungen abzustreifen. Seinen Gewohnheiten entrinnt man jedoch nur sehr schwer.

Hort ist ein leidenschaftlicher Anhänger der positionellen Schule, und zwar sowohl beim Angriff wie auch in der Verteidigung, die er kaltblütig und umsichtig zu organisieren versteht. Er ist mit sicherem Positionsgefühl ausgestattet. Zugleich ist er ein starker Taktiker mit unbestreitbarem Kombinationstalent.

Das folgende Beispiel ist bezeichnend für ihn.

Hort—Sosonko
Tilburg 1977

Es geschah:

19. O—O—O! Sd7 20. g3 Se6 21. h5!
Sdc5 22. b3 Tb8 23. Le2 Sg5
24. h6 g6 25. Sd5 Dd8 26. b4!
ab 27. cb Sce6 28. b5! (verhindert ein für allemal die
Sprengung c7—c6 und beschneidet dadurch das schwarze
Gegenspiel) 28. ... f5 29. Le3
Lb7 30. ef T:f5 31. f4! ef 32. gf
L:d5 33. cd S:f4 34. Lg4 Tf8
(genauso schwach ist 34. ...
Tf7 35. Thf1 Sfh3 36. T:f7 K:f7
37. Dg2!, und Weiß gewinnt)
35. Ld4! Tf7 36. La1 Te7 37. Lf6
Te2 38. L:d8 T:c2+ 39. K:c2
T:d8 40. The1 ...

Dem Nachziehenden ist es gelungen, den Angriff abzuschlagen und das Endspiel zu
erreichen. Dabei hat er aber
die Qualität eingebüßt. Den
Schluß der Partie behandelt
Hort mit sicherer Technik.

40. ... Sf7 41. Te7 S:h6 42. Le6

S:e6 43. de Sf5 44. T:c7 Se3+
45. Kd2 S:d1 46. K:d1 h5
47. a5! h4 48. Ke1 Tf8 49. ab h3
50. e7 Tb8 51. Kf2 h2 52. Kg2
Kf7 53. b7. Schwarz gab auf.

Beim Positionskampf läßt
Hort in der Regel die beiden
Komponenten des schachlichen Denkens, Variantenberechnung und Stellungsbeurteilung,
zu ihrem Recht kommen. Ständig ist er bestrebt, einer positionellen Linie zu folgen.

Hort—Torre
Polanica Zdroj 1977

Weiß hat in der Brettmitte ein
deutliches Übergewicht erlangt.
Sein weiteres Vorgehen ist klar
umrissen: Zuerst raubt er dem
Gegner jede Hoffnung auf
Gegenspiel, dann setzt er den
entscheidenden Durchbruch im
Zentrum ins Werk.

16. Le1! Dd7 17. Dd3 Sc8
18. Ta2 Sa7 19. e5! Sab5
20. Se2! ...

Gemäß dem klassischen Grundsatz, bei Raumvorteil soviele
Figuren wie möglich auf dem

Brett zu behalten. Außerdem wird der Stützzug c2–c4 vorbereitet.

20. ... Sa7 21. c4 Sc8 22. Sg3 e6(?) 23. ed D:d6 24. Se4 Db6 25. La5 Da7 26. d6! ...

Der entscheidende Vormarsch. Schwarz erleidet empfindlichen Materialverlust.

26. ... Sd5 27. d7 Sce7 28. d8D Tf:d8 29. L:d8 Sc6 30. Lh4 Sdb4 31. Db1 S:a2 32. D:a2 T:b2 33. Da4 Db6 34. Sf6+ L:f6 35. L:f6 Tb1 36. T:b1. Schwarz gab auf.

Da sich Hort meist keine weitgesteckten Ziele setzt, wirkt sein Spiel etwas farblos. Mitunter zeigt er sich bei scharfem, viele Berechnungen erforderndem Kampf der Anspannung nicht gewachsen – besonders wenn er in die Defensive gedrängt ist.
Hier zwei charakteristische Beispiele.

Torre–Hort
London 1977

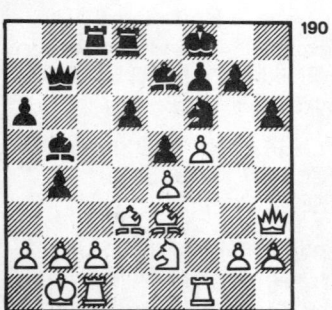

Die Eröffnung ist günstig für den Nachziehenden verlaufen, so daß er objektiv die besseren Chancen besitzt. Auf der Suche nach Verwicklungen stürmt Weiß unbesonnen am Königsflügel vor.

22. g4?! S:e4! 23. L:b5 D:b5 24. Sg3 Sc3+ 25. Ka1 Da5?

Hort versäumt es, sich in die Besonderheiten der Stellung zu vertiefen. Das kommt ihm teuer zu stehen. Vermittels 25. ... Da4! 26. bc T:c3 27. f6 Ta3 28. fe+ Ke8!! 29. edD+ K:d8 konnte er den Sieg an seine Fahnen heften.

26. bc T:c3 27. f6! Ta3 28. fe+ K:e7 (28. ... Ke8 29. edD+ K:d8 30. Lb6+!) 29. Kb1 T:a2 30. Ld4! ed 31. T:f7+! K:f7 32. Df1+ Kg8 33. Dc4+ d5 34. D:a2, und Weiß errang einen schnellen Erfolg.

Hort–Gulko
Nikšić 1978

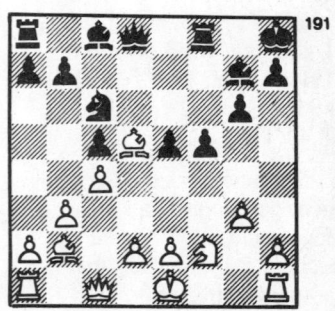

Hier entspinnt sich ein schwer durchschaubarer, zweischneidiger Kampf, in dem Weiß

nicht auf der Höhe der Anforderungen steht.

15. L:c6? bc 16. Sd3 De7 17. Dc3?!
(besser war 17. La3 Td8 18. L:c5
mit annähernd gleichem Spiel)
17. ... a5 18. a4?! Lf6 19. Dc2
f4 20. gf ef 21. L:f6+ D:f6
22. Dc3 D:c3 23. dc Lg4!
24. Tg1 Lh5 25. Kd2 Tad8!
26. Tae1 (26. Taf1 L:e2!) 26. ...
f3! (das Signal zum Angriff)
27. ef T:f3 28. Te3 Tf2+ 29. Ke1
Tc2 30. Tg5 T:c3 31. Kd2 T:b3
32. Kc2 Ta3 33. Tge5 T:a4
34. T:c5 Ta3?

Offenbar ein Versehen in Zeitnot, durch das Schwarz einen
großen Teil seines Vorteils
einbüßt. Richtig war 34. ...
Lg4 oder 34. ... Tb8.

35. T:c6 Lg4 36. c5! Ta4 37. Se5?
(die „Revanche"; nach 37. Td6!
hatte Weiß gute Aussichten,
sich zu retten) 37. ... Lf5+
38. Kc1 Ta1+ 39. Kb2 Tdd1
40. Sf7+ Kg7 41. Tc7 Tdb1+
42. Kc3, und Weiß gab zu-
gleich auf.

Eine gewisse Trivialität und
einseitiger Praktizismus haben
also dem reich begabten Hort
geschadet. Wie man sieht,
kann auch undogmatisches Spiel
seine Nachteile haben.

Denktypen der Schach-
spieler und Spielstärke

Zu Beginn des Buches haben
wir über die beiden hauptsächlichen Denktypen der Schachspieler gesprochen. Der eine
Typ bevorzugt das konkrete
Spiel, d. h. die Taktik, und
orientiert sich an den jeweiligen
Besonderheiten der Stellung.
Der andere neigt zu Verallgemeinerungen und abstraktem
Denken. In der Regel verläuft
der Kampf zwischen leiden-
schaftlichen Verfechtern beider
Richtungen höchst erbittert,
weil die Gedankengänge der
Spieler im scharfen Gegensatz
zueinander stehen. Davon
zeugen die meisten der von
uns auf den Seiten 18 bis 27
angeführten Beispiele. Dennoch
pflegen solche psychologisch
zugespitzten Situationen nicht
gar so häufig vorzukommen.
Meist ergibt sich nämlich, daß
die auf rechnerischem Wege
von einem Spieler gewonnenen
Einsichten kaum von den Denk-
resultaten des Gegners ab-
weichen, die dieser aus allgemeinen Prinzipien und den
absolut notwendigen Varianten
abgeleitet hat. Das gilt nicht
allein für die fragliche Ausgangsstellung, sondern auch für
den weiteren Spielverlauf.
In diesem Zusammenhang sind
Tals Anmerkungen zur 9. Wettkampfpartie des 1960 ausgetragenen Matches mit Bot-
winnik aufschlußreich, in der

beide Betrachtungsweisen zu ein und demselben Ergebnis führten. Tal schrieb damals: „Als ich schnell wie der Blitz die während der Partie berechneten Varianten herunterzuhaspeln begann, die die Festigkeit der schwarzen Stellung bewiesen, sagte Botwinnik — Mir schien diese Position zunächst angenehmer für Weiß zu sein, doch dann fand ich den richtigen Plan: Die Türme mußten getauscht werden, die Damen dagegen auf dem Brett bleiben. — Zuerst schien mir diese Stellungseinschätzung reichlich abstrakt zu sein. Als ich aber daranging, die Varianten zu überprüfen, blieb nichts anderes übrig, als zu der Schlußfolgerung zu gelangen, daß Botwinnik vollkommen recht hatte: Im Endspiel ohne Damen garantierte die geordnete Bauernkette von Weiß diesem dank der Unterstützung durch den aktiven Läufer ein gewisses Übergewicht."

Die Wahrscheinlichkeit des gleichen Resultats hängt indes auch von der Spielstärke ab. Je stärker die miteinander wetteifernden Rivalen beider Denktypen spielen, desto sicherer ist es, daß die Ergebnisse ihrer Gedankenarbeit übereinstimmen. Der Grund dafür ist, daß allein sehr starke Schachspieler die wirklichen Triebkräfte der Schachkunst zu begreifen vermögen. Das zeigt sich immer wieder beim Enträtseln der

Stellungsgeheimnisse, die sich beim praktischen Kampf ergeben. Dazu sind nur wahre Meister in der Lage. Ihr Ziel können sie aber auf verschiedene Weise erreichen. Selbstverständlich stimmen die Denkergebnisse, die der Kampf der Auffassungen zeigt, auch auf höchstem Niveau nicht immer völlig überein. Zu viele zusätzliche Hindernisse türmen sich vor dem einzelnen auf. Manchmal ist es zudem problematisch, Art und Umfang der geleisteten Arbeit gegeneinander abzuwägen. Mit anderen Worten, die unterschiedlichen Denkweisen machen sich trotz allem bemerkbar.

Zu diesem interessanten Thema zwei Beispiele.

Portisch–Tal
Wettkampf 1965

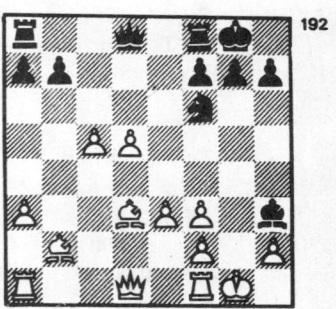

192

Es folgte:

15. ... D:d5!?

Dieser Zug Tals führt zu ungewöhnlich scharfem Spiel und erforderte eine weite Berech-

nung. Verlockend war 15. ...
Se4, doch nach 16. f4 D:d5
17. Df3 D:d3 18. D:h3 S:c5 19. f5
ist der weiße Vorteil offensichtlich. Aufmerksamkeit verdiente
indes 15. ... L:f1 16. L:f6 D:f6
17. L:f1 Tad8! mit gutem Gegenspiel für Schwarz.

16. L:f6 gf 17. Kh1 (natürlich
nicht 17. L:h7+ K:h7 18. D:d5
Tg8+, und Weiß wird matt)
17. ... Tad8 18. Tg1+ Kh8
19. Le2 ...

Der Anziehende läßt sich vorrangig von positionellen Überlegungen leiten, ohne es an der
nötigen taktischen Umsicht
fehlen zu lassen. So war
19. Le4? wegen 19. ... Lg2+!
ganz schwach.

19. ... D:d1 (19. ... D:c5
20. Da4! wäre gefährlich für
Schwarz) 20. Ta:d1! T:d1
21. L:d1 Tc8 22. Lb3! T:c5
23. L:f7 h6

Nach erbittertem Kampf, bei
dem sich die in ihrer Schachauffassung so verschiedenen
Rivalen nichts geschenkt haben, ist eine Stellung dynamischen Gleichgewichts entstanden. Für den Bauern hat
Schwarz ausreichende Kompensation, da seine Figuren aktiv
stehen und der weiße König
abgeschnitten ist.

24. f4 Tc3 25. Ta1! Tc2?!
26. Kg1 b5 27. Ld5! a5 28. Lg2
Lf5 29. Lf1 Tb2 30. Td1 b4
31. ab ab 32. Td8+ Kg7 33. Kg2

b3 34. Tb8 Le4+ 35. Kg3 Tb1
36. f3! Ld5!

Der Nachziehende, der nach
seinem 25. Zug in gewisse
Schwierigkeiten geraten war,
vertraut auf präzise Berechnung. Bei 36. ... T:f1 37. fe Tb1
38. Kg4! Kg6 39. f5+ Kg7
40. Tb7+ Kf8 41. Kh5 b2
42. K:h6 usw. wäre er verloren
gewesen.

37. Ld3 Tg1+! 38. Kf2 Th1!
39. Kg2 ...

Gestützt auf konkrete Berechnungen, findet jetzt Weiß den
besten Weg. Schwach war dagegen 39. Lf1 L:f3 40. T:b3 Ld5
41. Td3 T:h2+ 42. Kg3 Th1!

39. ... Te1 40. Kf2 Th1 41. e4
T:h2+ 42. Ke3 Lf7 43. Tb6!
Th5 44. f5 Th1! (nicht aber
44. ... Tg5? wegen 45. Kf2!)
45. f4 Th3+ 46. Kd2 Tf3 47. e5
T:f4 48. T:f6 Lc4 49. Tg6+ Kf8
50. Tf6 Ke7 51. L:c4 T:c4, und
die Partner einigten sich auf
Remis.

Nehmen wir noch den folgenden Zweikampf. In ihm setzt
der Weißspieler den lebhaften,
doch sehr konkreten Absichten
seines Gegners gesunden
Menschenverstand und sichere
Stellungsbeurteilung entgegen.

Dorfman—Tal
Meisterschaft der UdSSR 1977

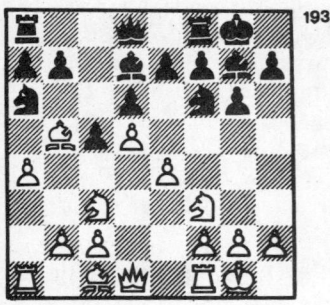

193

Hier geschah:

9. L:a6!? ba 10. Sd2 Tb8! 11. De2
(Weiß spielt unverkennbar auf
die gegnerischen Bauernschwächen) 11. ... e6! 12. D:a6
(12. de L:e6 13. D:a6 d5 hätte
Schwarz reichlich für den
Bauern entschädigt) 12. ... ed
13. D:d6 ...

In erster Linie muß man auf die
Besonderheiten der Stellung
achten. So konnte hier auf die
natürliche Fortsetzung 13. ed
nachhaltig 13. ... Lf5! folgen.

13. ... d4 14. Sb5! Te8 15. D:c5
S:e4 16. S:e4 T:e4 17. Lg5!
Db6! 18. D:b6 T:b6 19. Tad1 ...

Weicht einer gefährlichen Klippe
aus, denn nach 19. c3? L:b5
20. ab T:b5 21. Lc1 dc 22. bc
a5! wäre die weiße Lage ver-
dächtig.

19. ... a6 20. f3 Te8 (20. ... Te5
21. Ld8 Tb7 22. Sd6! hätte Weiß
die Initiative gelassen) 21. S:d4
T:b2 22. a5 La4 23. Lh4! ...

Scheinbar haben sich über der
Position des Anziehenden un-
heilverkündende Wolken zusammengezogen. Doch dieser
reagiert kaltblütig und pocht auf
seine Verteidigungsressourcen.
Das beweist sein letzter Zug,
der die feingesponnenen taktischen Drohungen des Gegners
entkräftet.

23. ... L:c2 24. S:c2 (24. Td2?
Tb4!) 24. ... T:c2 25. Tfe1
Tec8 26. Ld8 Lc3 27. Te4 Lg7.
Remis.

Wir haben in beiden Partien den
Kampfverlauf bis zum Ende
vorgeführt. Doch galt unser
Hauptaugenmerk jeweils der
Einschätzung der Ausgangsstellung. Mir scheint, die Spieler beurteilten diese sowie ihre
gegenseitigen Hilfsmittel als
ungefähr gleich, obwohl sie sich
in der Denkweise grundsätzlich
voneinander unterscheiden. In
beiden Fällen stand das konkrete
Herangehen Tals den posi-
tionellen Methoden seiner
Gegner gegenüber.
Bei der Beurteilung der Spielstärke eines Schachspielers darf
man dessen Denktyp nicht
außer acht lassen. Es verbietet
sich allerdings, große Meister
zu geradlinig einschätzen zu
wollen. Sobald man gedanken-
los irgendeiner Schablone vertraut, muß man auf unan-
genehme Überraschungen gefaßt sein (das bezieht sich nicht
allein auf rein schachliche
Probleme).

Insgesamt gesehen hilft das Studium des Denktyps eines bestimmten Partners, dessen schwache Seiten zu erkennen. Die zweite Aufgabe – die eng mit der ersten verbunden ist – besteht dann darin, den Kampf geschickt in Bahnen zu lenken, die diesem nicht behagen. Die Stärke vieler Schachspieler (auch solcher höchster Qualifikation) beruht auf angeborenen und durch andauerndes Training eingeschliffenen Denkweisen. Folglich muß man danach trachten, sie aus dem gewohnten Trott zu bringen, und sie zwingen, wenig vertraute Pfade zu betreten. (Dieses Thema haben wir schon mit allen seinen Einschränkungen betrachtet.)

Als Ideal bietet sich daher der schachlich allseitige Denktyp an. Über den österreichischen Großmeister Schlechter schrieb Lasker 1909: „Schlechter schätzt die Position völlig objektiv ein. Ist sie gut, dann greift er an: konsequent, standhaft und klug. Ist sie gleich, dann spielt er vorsichtig, zurückhaltend und ohne falsche Illusionen. Ist seine Stellung gefährdet, dann wird er verwegen: Er stellt dem Partner listige Fallen, stürzt sich in verzweifelte Attacken oder verteidigt sich den Umständen zum Trotz ungewöhnlich zäh. Er ist das Muster eines echten Kämpfers."

Und weiter heißt es: „Wie kann man gegen jemanden gewinnen, der sein Ziel mit solcher Wissenschaftlichkeit anstrebt und, falls nötig, auch mit Scharfsinn und Feingefühl. Zunächst läßt sich folgendes sagen: Wäre die Schlechtersche Strategie in angemessener Weise mit der Initiative verbunden, dann hätten wir den modernen Stil, und Schlechter wäre unbesiegbar."

Hier urteilt Lasker im Grunde über die Besonderheiten des fast völlig fehlerfreien allseitigen Stils. Doch bis zur Verwirklichung dieses Ideals ist es noch sehr weit. Außerdem fragt sich, ob es überhaupt so erstrebenswert ist.

Das Schachspiel erlaubt es, den lebenden Menschen ebenso wie die Stärken und Schwächen seines Denkens zu erkennen. Das Studium der hauptsächlichen Denktypen spielt dabei keineswegs eine untergeordnete Rolle.

Fehler in Kommentaren

Erinnern wir uns eines weiteren Aphorismus' von Tartakower: „Der einzige Fehler ist oft das Fragezeichen des Glossators!" Tatsächlich sollte man sich stets vor Augen halten, daß oberflächliche Kommentare heutzutage häufiger anzutreffen sind als in der „guten alten Zeit" (als die großen Schachmeister in ihren Anmerkungen sehr gewissenhaft zu sein pflegten und pein-

lich genaue Analysen lieferten).
Dieses Umstands muß man sich
vor allem dann bewußt sein, wen
Meisterpartien von „Sonntags-
spielern" kommentiert werden,
die allenfalls Fertigkeiten als
Schachjournalist vorweisen
können.

Obgleich die Methoden der
Partiekommentierung eine
lange Tradition in der Schachliteratur haben und ständig
weiterentwickelt werden, hat
sich doch eine gewisse negative
Schablone herausgebildet.

Doch wenden wir uns zuerst
den richtigen Methoden zu.
Hierbei gibt es zwei Haupt-
richtungen. Die eine bevorzugt
Urteile allgemeiner Art. Die
konkreten Varianten veranschaulichen und bestätigen
lediglich die allgemeinen
Überlegungen. Einer der hervorragendsten Vertreter dieser
Methode war Tarrasch. Aus
seinen Anmerkungen haben ganze
Generationen von Schachspielern
gelernt.

Auch das andere Vorgehen, das
im Gegensatz zu dem eben be-
schriebenen steht, hat seine
Berechtigung. Bei ihm verlaufen
die Überlegungen vom Besonderen zum Allgemeinen. Man
beeilt sich nicht, Verallgemeinerungen zu treffen, sondern
bevorzugt detaillierte Analysen
und forscht nach verborgenen
Kombinationsmöglichkeiten.
Gerade diesem Herangehen hatte
sich Tschigorin verschrieben.
Es gibt also zwei unterschied-

liche Arten der Glossierung, die
beide einander ebenbürtig sind.
Jede von ihnen spiegelt auf ihre
Weise die schachliche Realität
wider, und zwar die deduktive
Methode (vom Allgemeinen zum
Besonderen) den strategischen
Inhalt und die induktive Methode
(vom Besonderen zum Allgemeinen) den taktischen Inhalt
der Partie.

Moderne Partiekommentare sind
bemüht, beide Betrachtungsarten
miteinander zu verschmelzen,
indem sie die konkrete Analyse
harmonisch mit verallgemeinern-
den Bewertungen verbinden.
Doch obgleich diese Ver-
fahrensweisen seit langem bekannt sind, lassen Kommentare
heutigentags nur allzuoft das
nötige Niveau vermissen.
Immer wieder begegnet man
offensichtlichen Widersprüchen
bei der Beurteilung der Wendepunkte des Kampfes sowie
Fehlern in der Analyse.
Oft sind die Anmerkungen —
nach dem Motto: Über den Sieger sitzt man nicht zu Gericht! —
vom Resultat der Partie her
beeinflußt. Besonders schwerwiegend sind Verstöße gegen
die folgerichtige Besprechung
des Kampfverlaufs.
Betrachten wir als Beispiel für
einen solchen Kommentar die
Anmerkungen Romanowskis
zum folgenden Partieabschnitt.

Réti-Eröffnung
Aljechin–Milner-Barry
Margate 1938

1. Sf3 d5 2. c4 e6 3. g3 Sf6
4. Lg2 c5 5. cd S:d5 6. 0–0 Le7
7. d4 cd 8. S:d4 0–0 9. e4 ...

Romanowski schrieb seinerzeit
in der Zeitschrift „Schachmaty
w SSSR": „Dieser unmittelbare
Angriff im Zentrum, der vor
allem auf 9. ... Sb4 berechnet
ist, hat offensichtliche Schattenseiten: die vorzeitige Schwächung
der Punkte d3 und d4, die Zu-
lassung einer künftigen Verein-
fachung des Spiels durch
Schwarz auf der d-Linie und die
zeitweilige Schließung der
Diagonale des eigenen Königs-
läufers. Ziel des Textzuges ist
die möglichst schnelle Entwicklung (Sc3, Le3, Tc1), die im
Augenblick durch den zentralisierten schwarzen Springer
gestört wird."
Nach seiner Meinung war für
Weiß 9. Db3 stärker. (Vom heutigen Standpunkt aus macht
9. Sc3!? einen guten Eindruck.)
Schwarz zog nun:

9. ... Sc7!

Das Ausrufezeichen weist darauf
hin, daß der Glossator diesen
Zug für besser hält als 9. ... Sb4.
In der Partie geschah weiter:

10. Sc3 e5 11. Sf5 Sc6 12. Le3 Le6

Der Kommentator heißt die
schwarzen Aktionen weiterhin
gut und bezeichnet sie als kaltblütig. Seiner Ansicht nach
hätte ein Abtausch auf d1 oder
f5 den weißen Druck erheblich
verstärkt.
Scheinbar ist die Partie bisher
gut und folgerichtig erläutert
worden, indes ...

13. Sd5

Hierzu bemerkt Romanowski:
„Anstelle des Textzuges hätte
Aljechin 13. De2 spielen sollen,
wonach er sich wahrscheinlich
nicht mit einem schwierigen,
vielzügigen Endspiel zu plagen
brauchte. (!) Die Drohung Td1
wäre schwer zu parieren gewesen."
Zum Beweis für die Güte des
Zuges 13. De2 führt er folgende
Varianten an: 13. ... Sd4 (oder

249

13. ... Sa5 14. Tfd1 De8 15. S:e7+
D:e7 16. Sd5 mit weißem Vorteil) 14. S:d4 ed 15. Tfd1 Lc5
16. Dh5 mit den Drohungen
D:c5 und Se2 bzw. 13. ... L:f5
14. ef Sd4 15. Dg4. Dazu stellt er
fest: „Weiß steht überlegen:
Er hat zwei furchtbare Läufer
und übt die Herrschaft über die
weißen Felder aus."
Hier löst der Kommentar Be-
fremden aus. Der Anziehende
hat doch die Eröffnung angeblich nicht zum besten behandelt
(siehe Anmerkung zu 9. e4), während Schwarz darauf mit 9. ...
Sc7 die stärkste Antwort gefunden und in der Folge genau
gespielt haben soll. Dennoch
konnte Weiß – laut Kommentar
– im 13. Zug ein bedeutendes
Übergewicht erlangen. Das
kann nach Logik des Schachkampfes aber nicht sein!
Die zitierten Anmerkungen
sind offenkundig irgendwo
fehlerhaft. Aber an welcher
Stelle? Mir scheint, daß die
Lobpreisungen des schwarzen
Eröffnungsspiels völlig unangebracht sind. Meines Erachtens war 9. ... Sc7 schwach (statt
dessen wäre 9. ... Sb4, gefolgt
von 10. ... S8c6 oder 10. ... S4c6,
weit besser gewesen und hätte
gleiches Spiel ergeben), und noch
schlechter war der Vorstoß 10. ...
e5?, der wichtige Felder im
Zentrum schwächte und Weiß
den starken Vorposten f5 überließ.
Man könnte noch viel über
charakteristische Fehler sagen,

die bei Kommentierungen begangen werden. Häufig gelingt
es den Glossatoren nicht, die
Wendepunkte des Kampfes zu
erfassen. Das ist natürlich auch
nicht ganz einfach. Trotzdem
darf diese Schwierigkeit nicht
als Entschuldigung vorge-
schoben werden.
Die Fähigkeit, Partieanmer-
kungen kritisch zu studieren,
d. h. mit anderen Worten, selbständig zu denken, ist für den
Analytiker unentbehrlich. Man
darf selbst den Kommentaren
von Autoritäten nicht blindlings
vertrauen. Das Vermögen, tief
in die Zusammenhänge einer
Partie einzudringen, ist im
Schach ein Prüfstein für echte
Meisterschaft.
Nehmen wir als Beispiel den
schöpferischen Meinungsstreit,
der sich an der folgenden Position entzündete.

Petrosjan–Spasski
4. Wettkampfpartie 1969

In der Partie zog Weiß fehlerhaft 32. b4? und geriet nach
32. ... Tac8! in eine hoffnungs-

lose Lage. Zahlreiche Kritiker haben diese Begegnung kommentiert und ohne Ausnahme den unbesonnenen weißen Ausfall getadelt. Jedoch nahmen fast alle davon Abstand, irgendwelche konkreten Empfehlungen auszusprechen. Sie beschränkten sich auf den allgemeinen Rat, daß Weiß vorerst eine abwartende Haltung einnehmen mußte. Allein Großmeister O'Kelly war mutig genug, sich auf die Varianten 32. f3 Sg3 33. b3 T:d4 34. ed D:d4+ 35. Kh2 bzw. 34. ... Se2+ 35. Kh1 Sc3 36. Tc1 usw. festzulegen, in denen er die weißen Chancen als völlig annehmbar einschätzte.

Doch schon die nächste Analyse, die von Großmeister Geller stammte, widerlegte O'Kellys Urteil, denn nach 32. f3 Sg3! 33. b3 Tc3! 34. Db2 Tac8 35. ba h5! 36. Sf4 De5 37. Df2 Tc1! oder 36. Df2 T:d3 37. T:d3 Tc1+ 38. Kh2 h4 gewinnt Schwarz. Diese Analyse setzt aber keinen Schlußpunkt. Geller selbst behauptete nur, daß er die Stellung als günstig für Schwarz ansehe.

In den vorgeführten Beispielen haben wir Anmerkungen der namhaften Schachmeister Romanowski und O'Kelly kritisch unter die Lupe genommen. Es zeigte sich, daß auch erfahrenen und ernst zu nehmenden Meistern beim Kommentieren offensichtliche Fehler unterlaufen können. Um wieviel mehr gilt das für weniger starke und ungeübtere Glossatoren.

Es sei auf zwei charakteristische Fehler hingewiesen, die immer wieder in Partiekommentaren auftreten.

Im Eröffnungsbereich ist das die Abneigung, bei Partiebesprechungen die einschlägigen Theoriewerke zu Rate zu ziehen. Aus diesem Grunde werden des öfteren halbvergessene theoretische Empfehlungen und sogar allgemeinbekannte Züge als Neuerungen ausgegeben. Besonders desorientiert eine oberflächliche und verantwortungslose Analyse oder Beurteilung wesentlicher Kampfmomente den Leser und lenkt sein Denken in völlig falsche Bahnen.

Hier ein Beispiel.

Englische Eröffnung
Timman–Tal
Montreal 1979

1. c4 c5 2. Sf3 Sf6 3. Sc3 d5
4. cd S:d5 5. e4 S:c3 6. dc!? D:d1+
7. K:d1 Sc6 8. Le3 e6

197

Ein Schachjournalist schrieb zur Wahl der wenig populären und zweifellos auch ziemlich harmlosen Fortsetzung durch Weiß: „Tal mußte gegen diese Variante, die sein Partner von zu Hause mitgebracht hatte, am Brett ein Gegengift ersinnen. Und das kostete viel Zeit." Unwillkürlich erhebt sich die Frage, worin die Rätselhaftigkeit des von Weiß gewählten Abspiels eigentlich bestehen soll. Taktische Probleme (und gerade diese sind es, die den auf sie Unvorbereiteten zwingen, lange nachzudenken) stellt es ja wohl kaum.

Wäre es nicht richtiger zu sagen, daß diese Variante ungeachtet ihrer objektiven Harmlosigkeit auch Tücken hat? Schließlich engt sie schwarze Aktivitäten ein und sichert Weiß bei beinahe völliger Symmetrie einen geringfügigen Positionsvorteil. Eine solche Strategie ist aber für Tal, der stets nach aktivem Gegenspiel Ausschau hält, ziemlich unangenehm. Darum zettelt er sogar in dieser Lage unklare Verwicklungen an, um das Gleichgewicht zu behaupten. Das gelingt ihm schließlich dank durchgehend dynamischer Stellungsbehandlung.

Bleibt festzustellen, daß Tal nicht lange überlegte, weil die Neuerung des Gegners ihn etwa aus der Fassung gebracht hätte, sondern weil er nach einer originellen dynamischen Spielweise fahndete.

9. a4 b6 10. Sd2 Lb7 11. Sc4 0–0–0+ 12. Kc1 Le7 13. f3 f5 14. ef ef 15. Kc2 Td5 16. Le2 Thd8 17. Thd1 T:d1 18. L:d1 h6 19. a5! b5!? 20. a6 bc 21. ab+ K:b7 22. Le2 Se5! 23. f4 Sd3 24. g3 Lf6 25. Lh5 Td7 26. Lg6 Te7 27. Kd2 Kc6 28. L:f5 S:b2 29. Lg4 Sd3 30. Lf3+ Kb6 31. Tb1+ Kc7 32. Ld5 L:c3+

Gleicht die Chancen sofort und vollständig aus.

33. K:c3 T:e3 34. Tb7+ Kd6 35. K:c4 Sb4 36. T:a7 S:d5 37. Ta6+ Ke7 38. K:d5 Te2. Remis.

Die Fehler der Schachkritik sind also ebenso vielfältig und schwerwiegend wie die der Spieler.

Selbständig denken lernen

Unsere Ausführungen nähern sich ihrem Ende. Vergleicht der Leser noch einmal die Porträtskizzen, die wir von einigen in der Welt führenden, in Stil und Schachauffassung scharf voneinander abweichenden Großmeistern verdeutlicht haben, so wird er erkennen, daß bei ihnen positive und negative Eigenschaften vielfältig miteinander verflochten sind. Das aufmerksame Studium ihres Schaffens gestattet darüber hinaus, unscheinbare und bisher nicht beachtete Fehler zu entlarven. Dies wiederum wirft interessante Probleme auf und erweitert die

Grenzen der Schachkunst. Zudem gewinnen die Gesetze der Sportpsychologie und des Kampfes immer mehr an Einfluß.

Die moderne Schachpartie ist meist streng reglementiert. Zu Beginn folgen die Partner (mitunter sogar recht lange) theoretischen Empfehlungen. Oft wird im Einleitungsteil der Partie gar nicht richtig gekämpft, sondern lediglich die Variante bis zum 15. oder sogar 20. Zug reproduziert. Dabei wird nicht nachgedacht; die Eröffnungszüge werden mechanisch ausgeführt, als ob ein Ritual vollzogen würde. Danach entwickelt sich das Spiel gemäß den Gesetzen der Strategie und Taktik (und wer ist damit heutzutage etwa nicht vertraut!). Verläuft die Eröffnungsphase ruhig, wie beispielsweise in den klassischen Varianten der Damenindischen Verteidigung, dann bringt die Logik des Spielverlaufs auch ein ruhiges Mittelspiel hervor. Daraus kann sich ohne eigentlichen Kampf ein sicherheitsbetontes Remis ergeben. Fürwahr eine langweilige Geschichte!

Doch nehmen wir einmal an, daß es sich unter so ungünstigen schöpferischen Bedingungen als nötig erweist, auf Gewinn zu spielen. Oftmals kann man die sportlich noch zugespitztere Situation erleben, daß beide Seiten — trotz der leicht überschaubaren Lage auf dem Brett — unbedingt siegen müssen.

Die Praxis zeigt, daß dann ein „Spiel ohne Regeln" gespielt wird, das häufig sehr schnell in ein wildes Handgemenge übergeht. Bald fordert der Kampf der Nerven seinen Tribut. Es kommen erstaunliche Mißgeschicke, unverhoffte Wendungen und manchmal sogar grobe Fehler vor. Vom Standpunkt der normalen Logik mutet dieser Sachverhalt unsinnig an — besonders wenn man die Partie nur an Hand der trockenen Zugfolge studiert. Jemand, der sich in modernen Schachschlachten nicht auskennt, vermag den Sinngehalt derartig verwirrender Zweikämpfe, die keinen Regieanweisungen unterworfen sind, gar nicht gebührend zu würdigen. Aber gerade bei dieser Gelegenheit zeigen sich die verborgenen Licht- und Schattenseiten im Denken der Spieler.

Solche Tatbestände werden für das moderne Schach immer charakteristischer, zumal bei ihnen jeder auf seine eigenen Kräfte angewiesen ist.

Aljechin wurde einstmals gefragt, wie er es zustande bringt, so überzeugend mit seinen Gegnern fertig zu werden. Seine Antwort lautete: „Ich zwinge sie mit jedem Zug, selbständig zu denken."

Also: Lernen Sie selbständig denken! Gerade dazu möchte Sie, lieber Leser, das vorliegende Buch aufrufen.

Inhalt

4. Kapitel – Subjektive und objektive Fehlerquellen   121

5. Kapitel – Fehler zweiter Ordnung   153

Eröffnungsregister